折射集
prisma

照亮存在之遮蔽

Le Siècle
Alain Badiou

当代激进思想家译丛
● 丛书主编 张一兵

世纪

[法] 阿兰·巴迪欧 著　蓝江 译

南京大学出版社

激进思想天空中不屈的天堂鸟
——写在"当代激进思想家译丛"出版之际

张一兵

传说中的天堂鸟有很多版本。辞书上能查到的天堂鸟是鸟也是一种花。据统计,全世界共有40余种天堂鸟花,在巴布亚新几内亚就有30多种。天堂鸟花是一种生有尖尖的利剑的美丽的花。但我更喜欢的传说,还是作为极乐鸟的天堂鸟,天堂鸟在阿拉伯古代传说中是不死之鸟,相传每隔五六百年就会自焚成灰,由灰中获得重生。在自己的内心里,我们在南京大学出版社新近推出的"当代激进思想家译丛"所引介的一批西方激进思想家,正是这种在布尔乔亚世界大获全胜的复杂情势下,仍然坚守在反抗话语生生灭灭不断重生中的学术天堂鸟。

2007年,在我的邀请下,齐泽克第一次成功访问中国。应该说,这也是当代后马克思思潮中的重量级学者第一次在这块东方土地上登场。在南京大学访问的那些天里,除去他的四场学术报告,更多的时间就成了我们相互了解和沟通的过程。一天他突然很正经地对我说:"张教授,在欧洲的最重要的左翼学者中,你还应该关注阿甘本、巴迪欧和朗西埃,他们都是我很好的朋友。"说实话,那也是我第一次听到这些陌生的名字。虽然在2000年,我已经提出"后马克思思潮"这一概念,但还是局限于对国内来说已经比较热的鲍德里亚、德勒兹和后期德里达,当时,齐泽克也就是我最新指认的拉康式的后马克思批判理论的代表。正是由于齐泽克的推荐,促成了2007年南京大学出版社开始购买阿甘本、朗西埃和巴迪欧等人学术论著的版权,这也开辟了我们这一全新的"当代激进思想家译丛"。之所以没有使用"后马克思思潮"这一概念,而是转启"激进思想家"的学术指称,因之我后来开始关注的一些重要批判理论家并非与马克思的学说有过直接或间接的关联,甚至干脆就是否定马克思的,前者如法国的维里利奥、斯蒂格勒,后者如德国的斯洛特戴克等人。激进话语,可涵盖的内容和外延都更有弹性一些。这一新的研究领域已经开始成为国内西方左翼学术思潮研究新的构式前沿。为此,还真应该谢谢齐泽克。

那么,什么是今天的激进思潮呢?用阿甘本自己的指认,激进话语的本质是要做一个"同时代的人"。有趣的是,这个"同时代的人"与我们国内一些人刻意标举的"马克思是我们的同时代的人"的构境意向却正好相反。"同时代就是不合时宜"(巴特语)。不合时宜,即绝不与当下的现实存在同流合污,这种同时代也就是与时代决裂。这表达了一切**激进话语**的本质。为此,阿甘本还专门援引尼采①在1874年出版的《不合时宜的沉思》一书。在这部作品中,尼采自指自己"这沉思本身就是不合时宜的",他在此书"第二沉思"的开头解释说,"因为它试图将这个时代引以为傲的东西,即这个时代的历史文化,理解为一种疾病、一种无能和一种缺陷,因为我相信,我们都被历史的热病消耗殆尽,我们至少应该意识到这一点。"②将一个时代当下引以为傲的东西视为一种病和缺陷,这需要何等有力的非凡透视感啊!依我之见,这可能也是当代所有激进思想的构序基因。顺着尼采的构境意向,阿甘本主张,一个真正激进的思想家必然会将自己置入一种与当下时代的"断裂和脱节之中"。正是通过这种与常识意识形态的断裂和时代错位,他们才会比其他人更能够感知乡愁和把握他们自己时代的本质。③我基本上同意阿甘本的观点。

阿甘本是我所指认的欧洲后马克思思潮中重要的一员大将。在我看来,阿甘本应该算得上近年来欧洲左翼知识群体中哲学功底比较深厚、观念独特的原创性思想家之一。与

---

① 尼采(Friedrich Wilhelm Nietzsche,1844—1900):德国著名哲学家。代表作为《悲剧的诞生》(1872)、《查拉图斯特拉如是说》(1885)、《论道德的谱系》(1886)、《偶像的黄昏》(1889)等。
② Friedrich Nietzsche,"On the Uses and Abuses of History to Life", in *Untimely Meditations*, trans. R. J. Hollingdale, Cambridge: Cambridge University Press, 1997, p. 60.
③ [意]阿甘本:《裸体》,黄晓武译,河南大学出版社2015年版,第7页。

巴迪欧基于数学、齐泽克受到拉康哲学的影响不同，阿甘本曾直接受业于海德格尔，因此铸就了良好的哲学存在论构境功底，加之他后来对本雅明、尼采和福柯等思想大家的深入研读，所以他的激进思想往往是以极为深刻的原创性哲学方法论构序思考为基础的。并且，与朗西埃等人1968年之后简单粗暴的"去马克思化"（杰姆逊语）不同，阿甘本并没有简单地否定马克思，反倒力图将马克思的批判精神与当下的时代精神结合起来，以生成对当代资本主义社会存在更为深刻的批判性透视。他关于"9·11"事件之后的美国"紧急状态"（国土安全法）和收容所现象的一些有分量的政治断言，是令西方资本主义国家政要为之恐慌的天机泄露。这也是我最喜欢他的地方。

朗西埃曾经是阿尔都塞的得意门生。1965年，当身为法国巴黎高师哲学教授的阿尔都塞领着整个西方马克思主义科学思潮向着法国科学认识论和语言结构主义迈进的时候，那个著名的《资本论》研究小组中，朗西埃就是其中的重要成员。这一点，也与巴迪欧入世时的学徒身份相近。他们和巴里巴尔、马舍雷等人一样，都是阿尔都塞的名著《读〈资本论〉》（*Lire le Capital*，1965）一书的共同撰写者。应该说，朗西埃和巴迪欧二人是阿尔都塞后来最有"出息"的学生之一。然而，他们的显赫成功倒并非承袭了老师的道统衣钵，反倒是因他们在1968年"五月风暴"中的反戈一击式的叛逆。其中，朗西埃是在现实革命运动中通过接触劳动者，以完全相反的感性现实回归远离了阿尔都塞。

法国的斯蒂格勒、维里利奥和德国的斯洛特戴克三人都算不上是后马克思思潮的人物，他们天生与马克思主义不亲，甚至在一定的意义上还会抱有敌意（比如斯洛特戴克作为当今德国思想界的右翼知识分子，就是反对马克思主义的）。可是，在他们留下的学术论著中，我们不难看到阿甘本所说的那种绝不与自己的时代同流合污的姿态，对于布尔乔亚世界来说，都是"不合时宜的"激进话语。斯蒂格勒继承了自己老师德里达的血统，在技术哲学的实证维度上增加了极强的批判性透视；维里利奥对光速远程在场性的思考几乎就是对现代科学意识形态的宣战；而斯洛特戴克的最近的球体学和对资本内爆的论述，也直接成为当代资产阶级全球化的批判者。

应当说，在当下这个物欲横流、尊严倒地，良知与责任在冷酷的功利谋算中碾落成泥的历史时际，我们向国内学界推介的这些激进思想家是一群真正值得我们尊敬的、严肃而有公共良知的知识分子。在当前这个物质已经极度富足丰裕的资本主义现实里，身处资本主义体制之中的他们依然坚执地秉持知识分子的高尚使命，努力透视眼前繁华世界中理直气壮的形式平等背后所深藏的无处控诉的不公和血泪，依然理想化地高举着抗拒全球化资本统治逻辑的大旗，发出阵阵出自肺腑、激奋人心的激情呐喊。无法否认，相对于对手的庞大势力而言，他们显得实在弱小，然而正如传说中美丽的天堂鸟一般,时时处处,他们总是那么不屈不挠。人类社会发展的历史已经明证,内心的理想是这个世界上最无法征服也是力量最大的东西,这种不屈不挠的思考和抗争,常常就是燎原之前照亮人心的点点星火。因此,有他们和我们共在,就有人类更美好的解放希望在!

目　录

中译者前言 ·· 001
献辞 ·· 001
1998 年 10 月 21 日　一　探寻方法 ················ 001
1998 年 11 月 18 日　二　野兽 ························ 016
1999 年 1 月 6 日　　三　不可调和 ················ 039
1999 年 1 月 13 日　四　一个新世界，是，但什么时候？
　　　　　　　　　　　······································ 057
1999 年 2 月 10 日　五　对真实的激情和伪装的蒙太奇
　　　　　　　　　　　······································ 070
1999 年 4 月 7 日　　六　一分为二 ················ 085
1999 年 5 月 5 日　　七　性危机 ···················· 098
1999 年 11 月 10 日　八　远征 ························ 115
2000 年 1 月 11 日　　九　七个变量 ·············· 140
2000 年 1 月 26 日　　十　残酷 ······················ 159

2000年3月1日	十一 前卫	187
2000年3月28日	十二 无限	211
后记	十三 人和上帝的共同消失	238
参考文献		256
译后记		259

中译者前言

相对于其他主要西方左翼思想家来说,巴迪欧的思想研究尚未成为中国的显学。尽管巴迪欧早已在西方声名鹊起,并早已成为西方左翼思想的领军人物之一,但是其至今并没有引起中国思想家的足够注意。当然,对巴迪欧的思想的引介并不是那种追随西方流行风气的时髦行为,而是因为巴迪欧的思想本身对于中国来说意义重大。事实上,巴迪欧本人对中国的关注甚至大于中国对巴迪欧的关注。在20世纪70年代,巴迪欧曾将张世英先生的《黑格尔的哲学》翻译成法文,他也是毛泽东的崇拜者,他对毛泽东的这种热情甚至延续到他的近著《世界的逻辑》之中。在同一本书中,他将毛泽东的革命同东汉的《盐铁论》进行对比,并在这种启示下提出了"世界的逻辑"的概念。不仅如此,巴迪欧自己的哲学作为一种具有独创性的左翼政治思想,对于今日之中国,同样意义卓然。毕竟,巴迪欧从一种崭新的视角帮助我们重新思考了唯物主义辩证法的问题,这使得中国在经济全球化和自身的市场经济建设的背景下,不得不重新思考自身的左翼根基问题。

一

阿兰·巴迪欧1937年出生于摩洛哥的拉巴特。他出生不久,那场荼毒生灵的世界大战就席卷了整个法国,即使是深处于殖民地的巴迪欧一家也概莫能外。阿兰·巴迪欧的父亲雷蒙·巴迪欧(Raymond Badiou)曾是巴黎高师的高才生,在巴黎高师期间,他积极参与左翼活动。法国沦陷之后,雷蒙·巴迪欧就加入了法国抵抗组织,参与到抵抗德国纳粹的侵略和维希政府的投降政治之中。严格来说,雷蒙·巴迪欧的左翼活动对年幼的阿兰·巴迪欧产生了很大影响,也正是在父亲的引导下,阿兰·巴迪欧开始对马克思主义、列宁主义、社会主义产生了浓厚的兴趣。

不过阿兰·巴迪欧并不喜欢父亲那带有官方色彩的左翼的形式。在法国光复之后,雷蒙·巴迪欧就在法国南部的主要城市图卢兹担任市长,而且一当就是13年。或许是那种天生的俄狄浦斯的情结,阿兰·巴迪欧对于这样一个带有官僚色彩的左翼父亲并不感冒。阿兰·巴迪欧曾说过:"我父亲传给我两个印象:在'二战'期间他参加反纳粹抵抗运动,以及他也是当权的社会主义的斗士,因为他在法国一个大城市图卢兹当了13年市长。"与这种官方化的马克思主义(主要针对的是法共)相比,阿兰·巴迪欧更感兴趣的却是毛泽东主义和无政府主义,这也奠定了他在今后的道路上走了一条不同于其父亲那种仕途化的激进左翼路线。

雷蒙·巴迪欧给予阿兰·巴迪欧的另一个重要影响就是数学。雷蒙·巴迪欧本身是一个数学家,而且,作为一个数学家,他不仅教会了自己的儿子用数学思维进行思考,还把数学上那种严谨和逻辑性作为一种处世风格赋予了阿兰·巴迪欧。这塑造了一个不同于法国左翼思想界众生相的数学化的巴迪欧的形象,与福柯、德勒兹、巴塔耶、鲍德里亚等人的放荡不羁,以及在文辞上颇具文学性张力的诗性表达不同,巴迪欧在其父亲的影响下,将一种哲性重新灌注在思想之中,在他那里,思想不再是一种恣意妄为随意越界的生命的脉动和欲望,而是一种现实性,或者从根本上说,是一种根源于数学的现实性。

1956年,巴迪欧考进了巴黎高师,并在1964年获得了索邦大学的教师资格。在巴黎高师和索邦期间,对巴迪欧影响最大的是当时法共首屈一指的理论家阿尔都塞。阿尔都塞既在课堂上影响着他的学生,也带领着他的学生思考一些现实的问题。在巴黎高师期间,巴迪欧去聆听过阿尔都塞的课程,尤其是阿尔都塞对《资本论》的解读深深吸引了年轻的巴迪欧,实际上后来巴迪欧和巴里巴尔、朗西埃、马舍雷等人一样,也是阿尔都塞的名著《读〈资本论〉》的撰写者。在阿尔都塞的左翼思想影响下,50年代末,巴迪欧参与了法共的一个分支组织——联合社会主义党(PSU),他积极地参与到当时反阿尔及利亚战争之中去。1967年,巴迪欧被阿尔都塞邀请去参与了他所主持的"科学家的哲学课堂",这是阿尔都塞直接为科学家们在巴黎高师讲授哲学的一个课堂。

不过,巴迪欧和阿尔都塞的其他学生一样,在随之而来的1968年的"五月风暴"中,对阿尔都塞的理论的科学革命产生了怀疑,他并不认为像阿尔都塞那种待在大学的研究室和教室中的知识分子的理论活动真的能够给法国带来革命性的转变,对巴迪欧来说,他更信任的是直接的斗争,直接走向街头,同警察的警棍和水枪进行搏斗的斗争。在毕业后,他来到巴黎第八大学(文森大学),作为一名教师,他带领学生罢课,甚至还带着那些极左翼的学生冲进被他称为"修正主义的最后堡垒"的德勒兹和利奥塔的课堂。在"五月风暴"中,巴迪欧坚定地转向了法国化的毛主义,这种毛主义坚持认为,依靠在大学教室中的咬文嚼字,或者从远离社会的大学中生产出来的思想根本无法指导实践中的运动和斗争。巴迪欧在这个阶段信奉的是毛泽东的话——"丢掉幻想,准备斗争"①。对巴迪欧来说,只有在实际的社会运动的战斗中形成的哲学才是真正的哲学,这一点始终为巴迪欧所坚

---

① 《丢掉幻想,准备斗争》是1949年8月14日毛泽东为新华社写的评论,目的是为了揭露美国对华政策的反动本质。

持,即使在他遭遇了他所谓的复辟的冬月(指的是20世纪80年代里根政府和撒切尔夫人上台导致新自由主义的兴起,保守主义开始抬头,相应的,作为激进思想的红色风潮在新自由主义的步步紧逼之下黯然退潮)之时,他仍然将这种不竭的斗争信念坚持到底。或许,将哲学视为真实斗争的武器是理解巴迪欧哲学的一个关键,直到今天,巴迪欧的这一坚定不移地同资本主义不妥协的斗争信念仍然是他的思想标志,在他2008年出版的新书《小万神殿》中,他再一次声明了这一主张:"无论在什么情况下,坚持真理,丢掉幻想,去战斗而不是投降。在我看来,这是唯一真实的哲学。"①

二

不过,左翼激进政治日趋沉寂的80年代,恰恰成为巴迪欧思想爆发的巅峰时期,也正是在这个时代,巴迪欧创造了一批具有原创性,并且在日后给他带来巨大声名的著作。从1982年的《主体理论》,到1985年的《政治能思考吗?》,再到1988年的他那本在西方思想界引发了巨大震动的《存在与事件》,巴迪欧试图向世人证明,他不仅仅是跟随在法国马克思主义以及其恩师阿尔都塞之后忙于诠释经典的小角色,

---

① Alain Badiou, *Petit Panthéon portatif*, Paris: La Fabrique, 2008, p. 2.

也不仅仅是只会在学生运动的浪潮中喊着革命口号,砸烂一切的激进分子。通过这些在今天已经成为20世纪经典的著作,巴迪欧成功跻身于哲学大师的行列。也正是这些著作有力地回击了那些认为巴迪欧思想浅薄的指责,他以深厚的哲学功底,将法国哲学的两大传统(自巴什拉、康吉莱姆、卡瓦耶斯一线的数学哲学传统和自柏格森、福柯、德勒兹一线的生命论传统)在新的层面上结合起来,他试图帮助哲学摆脱自海德格尔以降为哲学套上的诗学的囚笼,重新捡起了被法国左翼视之为糟粕的数学哲学,让哲学在一个新的平台上回归了数学传统。这个新的平台就是自康托尔以降的集合论传统。在《存在与事件》中,巴迪欧并不是单纯将集合论当作阐释哲学本体论的一种工具,那样,数学仍然是工具性的。他的理想是恢复作为本体论的数学,按照他的话说,就是"数学＝本体论"①。

不过,巴迪欧的目的并不在于以集合论数学为基础去构造一种新的体系哲学,毕竟,体系哲学的时代已经成为历史的烟尘,同时,巴迪欧的目的也不是去对世界进行理解,在巴迪欧看来,任何在现行世界框架内的解释模式都不过是保守主义的复辟。换句话说,巴迪欧对原原本本地将世界呈现或者再现出来的哲学理论并不感兴趣,这种暧昧的哲学理论,踯躅于知识与现实社会之间,并且被自己所谓的体系遮蔽了

---

① Alain Badiou, *L'être et l'événement*, Paris: Seuil, 1988, p. 12.

其双眼。这样,他们的理论体系走不出这样的怪圈,他们将给予的世界作为解释性的普遍的世界,他们从理论上赋予了这个世界以永恒性。在这些理论框架中,我们总是能读到某些普遍性的价值和范畴,实际上,他们或是有意或是无意地将一种偶然性的历史情势当作了永恒性的真理。换句话说,他们的理论对情势(situation)本身进行了结构化,使得原先显现的情势在一种结构或者模式中得以再现。再现不是对情势本身的复制,从某种意义上说,这种复制是不可能的,相反,再现是使不可见的情势变得可见化,亦即情势在某一模式中被描绘出来,而能够在该情势下描绘出情势的结构或者模式就是情势状态(état de la situation)。情势状态不仅对既定的情势予以结构化,而且对该情势下的诸多要素进行了计数,这种计数不是随意的,而是规则性的。或者说,情势状态为该情势的要素定义了进行计数的方式,即其情势之中的诸多要素在某种程度上可以被看成具有某种相同性的项值,说得更明确一点,这些要素可以在某种规则之下被计数为一(compte pour un),而这种对要素的项进行计数并计数为一的规则正是该情势状态下的真理。与那些后现代主义者和后结构主义者不同的是,巴迪欧并没有简单消解真理的存在,对巴迪欧而言,真理的确是存在的,在某一种具体的情势状态中,真理不仅存在,而且是唯一的。不过,唯一的问题在于,这些理论家将某种情势状态下的唯一真理当成了永恒的普遍性真理。

在他们在自己的情势之中并为这种情势状态之下的真理祷告时,他们试图将历史时钟的钟摆永恒性地定格在这一时刻,但是,恰恰是在这种理论表面的沉寂之下,被他们当作永恒性的真理成了他们逻辑之中最薄弱的一环,这种真理的逻辑不得不时时刻刻面对事件对该真理的溢出(excès),溢出的事件构成了在该真理之下的空(vide),这种空将原先在真理装饰下的平滑的情势状态显现为断裂和褶皱。由于偶然性的事件的发生,拉康意义上的真实界(réel)以一种零散的、断裂的、褶皱的形式显现出来,但这种显现不是可见的,它只是在事件导致的新的情势下,与原先的真理产生了断裂,这种断裂导致了在情势状态下的匮乏。由于匮乏的发生,需要主体重新对情势进行命名性操作,在忠实于事件的基础上,给予新的计数为一的方式,让处于空位的事件点之上的溢出得以在新的命名下重新被结构化。这意味着在命名中,新的情势状态得以形成,并构建了新的真理。

三

巴迪欧思想的宗旨在于,他试图借助如此方式,来重新理解唯物主义辩证法的可能性。历史在马克思那里被描述为一种线性发展的历史逻辑,即一种进步性的逐步上升的历史进步观,恩格斯晚年的历史合力论虽然在一定程度上消解了那种认为马克思的历史观是按照单一的经济因素来指引历史前进方向的经济决定论的模式,但是,他仍然赋予经济因素以"归根到底"的决定性作用。在历史合力论的模式中,恩格斯强调历史的"最终的结果总是从许多单个的意志的相互冲突中产生出来的,而其中每一个意志,又是由于许多特殊的生活条件,才成为它们所成为的那样。这样就有无数互相交错的力量,有无数个力的平行四边形,由此就产生出一个合力,即历史结果,而这个结果又可以看作一个作为整体的、不自觉地和不自主地起着作用的力量的产物"①。可以明显看出,恩格斯的历史观尽管强调了诸多因素的相互作用的成分,但是他仍然从整体性的高度描绘了一种连续性的历史发展进程,而这种整体的连续性的历史的客观结果仍然是"归根到底"受制于经济因素。恩格斯的历史仍然是一种线性发展的历史,尽管在具体的历史细节上,他认为不可预测,但是对于未来历史发展的宏观方向,他仍然是信心十足,因为,在"归根到底"的经济因素的决定作用之下,历史虽然百波九折,但最终会走向共产主义的彼岸。或者更明确地说,马克思和恩格斯都坚信,尽管存在偶然性因素,但是他们相信未来的历史发展仍然遵从的是必然性逻辑。

巴迪欧的恩师阿尔都塞则明显对恩格斯的解释表达出不满。在《矛盾与多元决定》一文的附录中,阿尔都塞曾详尽

---

① 《马克思恩格斯选集》(第四卷),人民出版社1995年版,第697页。

地分析了恩格斯的历史合力论。一方面,阿尔都塞不认为,恩格斯表述中的个人意志可以"产生"历史,更为重要的是,阿尔都塞在另一方面突出了历史发展的多元决定的模式,相对于恩格斯近乎肯定的必然性的历史线索而言,阿尔都塞的未来,只是相对于现在展现了一个可能性的未来。用阿尔都塞自己的话来说,恩格斯的历史合力论"只能想我们提供事件的可能性"①。在阿尔都塞看来,尽管经济因素是"归根到底"的决定因素,但是由于社会结构的复杂性和矛盾的多元性,在一定的历史时期,某一特殊矛盾会决定历史发展的方向,从而使必然性的历史线索发生偏移。阿尔都塞的多元决定势必会带来一种消极的判断,即在资本主义条件下,由于矛盾和多元决定,社会主义的实现只能作为一种可能性存在,而并非作为某种必然性而存在。更确切地说,阿尔都塞心目中的社会主义的实现是存在概率的,通过某种努力,它可能在未来得到实现,理所当然,它也有可能无法实现。事实上,阿尔都塞的矛盾与多元决定的理论与其说是在一种新的层面上重新阐述了马克思主义的历史观,不如说是从解释上,安慰了对未来处于遥遥无期期望中的西欧左翼的心灵。毕竟资本主义并没有在革命的风暴中衰落,相反是社会主义及其政党的官僚化导致了西欧左翼的普遍性的失望,在这种现实与传统马克思主义理论之间产生了一个巨大的缺口,而

---

① [法]阿尔都塞:《保卫马克思》,商务印书馆 2006 年版,第 117 页。

阿尔都塞的矛盾与多元决定理论正好作为一种可能性填补了西欧左翼的心灵中的那个巨大的伤口。在他们眼中,马克思许诺的未来美好社会是一种无限美好的乌托邦,与那种必然性逻辑相反,可能性逻辑或许更能抚慰他们那对"真实"的激情。

不过,对于巴迪欧来说,阿尔都塞的作为多元决定的历史理论仍然是粗糙的。实际上,通过他在《存在与事件》中提出的元本体论,他借用集合论的方式,重新描述了历史发展的可能性情境。与阿尔都塞不同,巴迪欧在具体历史情势中所关心的对象是"国家"(État),事实上,巴迪欧的"国家"不能理解为一个现实的国家,这种国家毋宁是一种具体划分的结构标准。也正是在这个意义上,巴迪欧提出:

> 马克思主义的一个巨大贡献是其对国家的理解在本质上不是从个人之间的关系来理解的……马克思主义的论述直接建立了国家同其因数(sous-multiple)的关系,而不是同其情势的项(terme)的关系。它提出国家确立的计数为一(compte pour un)在其起源上并不是由于个体的多,而是由于个体的阶级的多。即便我们抛弃了阶级这个词汇,国家的形式观念,即作为历史社会情势的状态,在本质上处理的是子集(sous-ensembles),而不是个体。这个观念必须这样理解:国家的本质并不必须认识个体,也就是说当在具体的例子中,不得不去认识

个体时，通常是按照计数原则来进行的，这种计数原则不关心个体本身的样子。①

也就是说，在巴迪欧看来，在一个国家中，重要的并不是其中作为个体的多，而是作为其计数为一的方式，也就是其划分子集的标准。在历史的运动中，与其说是个体的运动变化推动了历史的前进，不如说是某种计数为一的标准划分出了子集之间的矛盾关系。这样，历史情势中的多元的问题转变为这样一个问题：在历史的情势中，其被结构化的计数为一的标准是什么。而历史的发展不是别的，正好是历史的赘生物(l'excroissance)对计数为一的情势状态的绝对性溢出导致的，亦即所谓的异常状态对正常状态的挑战，从而将原先的计数为一的情势状态置于危机之中，最终酿成了历史情势的演变。相对于阿尔都塞的可能性的模式，巴迪欧为我们展现的是一种纯偶然性的解释，对于巴迪欧来说，作为集合中的项，对集合计数为一的规则的溢出的方向是不确定的，这样，未来的溢出并没有具体的方向性限制，它唯一的功能是创造出空位并由主体的命名来填补这一空位。如果说阿尔都塞的历史观尽管取消了历史的必然性逻辑，但仍然为我们设定了一个可以通过实践来实现的可能性未来的图像，在巴迪欧这里，连这种可能性的图像都彻底不存在了，对于巴迪欧来说，作为纯粹的过剩和溢出，未来只能是新

---

① Alain Badiou, *L'être et l'événement*, Paris: Seuil, 1988, p. 121.

(nouveau),一种纯粹的新,它是对历史中的情势状态的绝对性溢出,它超越了我们一切想象性的范畴,它作为一种纯粹的创造让我们置身于一种全然陌生的境界之中,或者用巴迪欧在本书中的说法,这是一种在完全陌生的国度之中的"远征"(Anabase)。

四

也正是从"远征"的意义上,巴迪欧的《世纪》一书切入了一个关键问题,20世纪是一个什么样的世纪?对于20世纪的定义有很多种,或许由于人类有史以来最残酷的战争的爆发,有人会将之定义为战争的世纪;或许由于希特勒政权对犹太人的清洗、斯大林政府的清洗和在古拉格的劳教营,有人会将之称为罪恶的世纪;当然,由于1917年的俄国革命,直到70年代那如火如荼的红色岁月,我们亦可将之称作革命的世纪。但是这些都不完全是巴迪欧想要的答案,对于巴迪欧来说,这些评判的标准都是外在于20世纪的,尤其是从20世纪80年代之后,新自由主义力量在全球复辟,一些评论者更喜欢从所谓人道主义或者人权的标准来审判那个业已成为历史的世纪。问题在于,这些对20世纪的审判是外在的,它是用一个不属于其中的价值来审判20世纪的方式,换句话说,任何外在于20世纪的标准对20世纪的评价对巴迪欧而言都是隔靴搔痒。

例如对于纳粹问题,有人一味地认为纳粹的行为是野蛮的,巴迪欧提醒说:"他们可能忘记了一个关键问题,纳粹们非常关心,也非常坚决地既想象着也理解着他们自己的行为。"① 在此,巴迪欧的意思并不是替纳粹翻案,而是明确指出,如果仅仅从情势外的标准来评判情势本身的内涵根本无益于对情势本身的理解,也就是说,外在的评价标准将纳粹这一事实仅仅当作"不应"存在的存在,试图在某种计数为一的程序中抹去。也正因为如此,纳粹在这些叙述中,总是被描述为非人的、野蛮的,甚至直接否认纳粹主义是一种经过深思之后的思想。毕竟,这些思想对于现在的计数为一的标准而言,是绝对的溢出物。

这种外在的评判,在巴迪欧看来,还有另外一个弊端。由于外在标准对情势的事实的切割,并将之作为赘生物的溢出来考察,则自然将纳粹及其行径当作一种兽行,这种行为不被视为人类应有的行为,从而试图从人的层面上否定纳粹作为"人"的范畴而存在。但是真正的问题是,在事实上,纳粹不仅是人,而且纳粹的行径并非一种无意识的恣意流露。相反,纳粹对犹太人的屠杀,包括斯大林对党内的大清洗,都是经过深思熟虑的思考之后决定的行为。正如齐格蒙特·鲍曼所指出的,纳粹的大屠杀是一种极其现代的产物,"只有

---

① Alain Badiou, *Le Siècle*, Paris: Seuil, 2006, p. 14.

在一个有完美社会的设计并通过有计划且持续不懈的努力来实施这个设计的环境当中",这种大屠杀才可能发生。①如果是这样,纳粹对犹太人的屠戮,就不是一种人的原始兽性的流露,而是基于一种极其现代性的未来社会的思考而导致的,这个思考本身内置于一个梦想——千年德意志帝国,或者真正自由的日耳曼的精神王国。如果将大屠杀和这种梦想接驳起来,就会发现,大屠杀本身并不是万恶昭昭的希特勒及其纳粹党人的非人行径,其中在其内在性上,这种屠戮链接的是一种自赫尔德、黑格尔以降,经由尼采、斯宾格勒(Spengler)等人阐述的一种纯粹的日耳曼的精神理想的衍生物。在这个宏大的"德意志理想王国"的计划之中,"纯粹的日耳曼血统"和"卑劣的犹太人"是一种区分的手段,为了前者,必须消灭后者。毕竟,在这种语境之中,"犹太人是无法被矫正的。只有保持一定的身体距离,或者断绝交流,或将他们隔开,或消灭他们,才能使他们变得无害"②。

因此,巴迪欧认为,这种将纳粹行径视为非人的兽性的外在性评判没有真正思考一个问题,即纳粹的思想是什么?或者在那个时刻,纳粹们在想什么?正因为如此,"这个方法完全堵塞了通向纳粹在想什么,或者想象他们思考的东西,做他们所做的事情的道路。但是,不从纳粹们自己想什么进

---

① 参见齐格蒙特·鲍曼《现代性与大屠杀》,译林出版社2002年版,第88—89页。
② 齐格蒙特·鲍曼:《现代性与大屠杀》,译林出版社2002年版,第88页。

行思考,也就无法让我们很好地思考他们的行为,最终,这也禁绝了所有可以防止重蹈他们覆辙的真正的政治。纳粹的思想没有被真正地思考过,它仍然存留在我们之中,未被思考也就没有摧毁它"①。由此可见,对巴迪欧而言,这种从外在拒绝纳粹的方式,不仅没有真正思考纳粹本身思想的历史事实,更重要的是,将这种思想作为一种简单的恶从表面排除出去,不过是从外部剪掉了射入我们骨肉之中箭的羽枝,而箭的箭镞仍然残留在我们的血肉之中,仍然恶化着我们的躯体。外在的人道主义的方式只是以它自己的方式设想了一个万恶的纳粹形象,并以自己的人道的价值标准从外面将这种形象简单地剔除掉。在他们看来,由于人性的存在,可以足以阻止未来社会再次爆发这种悲剧,但是他们忘记了,正是在这种所谓的人性的面具下,容忍了美军在伊拉克对平民的屠戮,容忍了关塔那摩基地的虐囚的丑闻,因为他们虐待和消灭的是非人的恐怖分子,或者说,用他们的价值标准,定义了恐怖分子的非人性的存在,虐待和消灭他们的行为便是合理的。

还有一个例子,2009年上映的陆川的影片《南京!南京!》在全国引起了巨大争议,争议的焦点正是陆川对这场巨大的浩劫的叙述方式。陆川没有从传统的"受难"的方式来叙述这场惨绝人寰的大屠杀,而是从一个"人性"的日本士兵

---

① Alain Badiou, *Le Siècle*, Paris: Seuil, 2006, pp. 13-14.

的角度，去目睹在当时南京城发生的一切。最让一些中国人无法忍受的是，影片中的日本人并不是中国以往的影片中那种杀红了眼的穷凶极恶的魔鬼形象。在这个影片中，一些日本士兵的嬉闹和玩乐如同一群平常的年轻人，他们与中国人心目中那种嗜血的"日本鬼子"的形象相去甚远。在影片的结尾，陆川更是花费了大量的篇幅来描绘了一场日军士兵祭奠战死在南京的亡灵的仪式，在这个仪式的喧嚣中，很明显刺激了那些从"受难"角度来思考南京大屠杀的人。按照陆川自己的话说，他的这部影片对南京大屠杀的表述是"去符号化"的。换言之，他不愿从传统的毫无人性的屠戮者和手足无措的受难者之间的二元划分去简单地描述这个事件，因为这种描述方式本身是刻板的，尽管这种刻板化的描述更可能为一些习惯于惯性思维的人所认同。陆川的"去符号化"实际上是摒除了一种在事件之外的审视事件的方式，在巴迪欧看来，事件是被命名的，但是这种命名并非一种忠实性的描述，但是这种描述在一定程度上是在既定情势的真理程序中出现的，这种真理程序外在于事件本身，和对纳粹的人道主义批判一样，这种符号化的形象解读本身就是外在性的方法。当然，并不是说陆川的电影改变了这种外在性，更不是说陆川忠实地还原了南京大屠杀的事件，但是他衍生了另一种外在于这种标准的标准，从而在平常人对南京大屠杀的思考和命名之间撕开了一道裂缝，而在这道裂缝之中蕴含的是主体的匮乏，而陆川正好以自己的方式来填补这个匮乏。

这正是巴迪欧极力号召用内在性方法来取代外在性方法的原因所在。对情势及其事件的理解,需要内在于情势,并依赖于情势所倚靠的情势状态的真理程序来得到描述。情势和事件本身是显现的,但是这种显现在一定程度上不可理解,也就是说,对历史情势和历史事件的理解必须内在于一定的真理程序才是可能的。在某种既定的情势之中,只有一种情势状态。但是情势状态本身会随着事件的发生而产生空位以及随着主体对之重新命名而发生改变,这种类型真理程序表现为在历史之中的断裂地连续,其连续性展现为其对先前情势的重新命名,其断裂性则意味着它的真理程序可能与既往的真理程序毫无关系。因此,在巴迪欧看来,从既定情势之外的某种类性真理程序对原有的情势状态进行评判是不合法的,这种外在于原有情势状态的评判根本不能触及问题的真正要旨之所在,其所再现出来的情势不过是对当下情势显现的镜像,历史的真理仍然在这种评判之外。所以,真正要去理解20世纪,那个短暂的20世纪,就不能从80年代复辟之后的新自由主义的话语外在性地去进行评判,这种庸俗的见解看到的只有屠戮和罪恶,而20世纪本身的波澜壮阔在这种外在的评价标准下被减除掉了。

五

如果排除了外在性的方法,那么对于巴迪欧来说,什么是评判20世纪的内在性方法呢?巴迪欧并没有在书中一开始就指出这一点,而是转向了苏联建国初期的诗人曼德尔施塔姆的一首名为《世纪》的诗。在这首诗中,曼德尔施塔姆写道:

> 为了从奴役中拯救出世纪,
> 为了开创一个崭新的世界。
> 新的岁月的衔接
> 需要用一根长笛,
> 这是世纪在掀动
> 人类忧伤的波浪,
> 而蝮蛇在草丛中
> 享受着世纪的旋律。

巴迪欧在这首诗中,所感兴趣的地方正是曼德尔施塔姆在这个世纪之初对这个世纪的憧憬和希望,与曼德尔施塔姆恰恰相反的是,巴迪欧在这个世纪的尾声用曼德尔施塔姆的诗来描绘整个世纪的情状。为什么偏偏是这一首诗?对20世纪进行预言、憧憬和描述的诗歌很多,为何巴迪欧恰恰对曼德尔施塔姆的这首诗感兴趣？问题正是在于，在这个世纪之初，人们在那种巨大的科学技术飞跃的轰鸣声中，对这个即将展开的20世纪充满的希望。在这个意义上而言，20世纪是充满着希望的世纪，这个世纪的希望不仅仅是寄望于新的科学技术被发明出来，人类的生活可以变得更为便利和美好。更重要的是，人们不仅将自己的能力付诸物质产品之上，他们试图去设想一种不同于以往的新的可能性，这种可能性正是让人们在社会制度和结构上进行合理的设计，让一切不符合人类发展意愿的现实在这种设计之中得到改变。在摒弃了现有的陈词滥调般的浑浑噩噩的社会生活之后，人们可以相信，他们在这个新的世纪即将面对的是一个更富有朝气和活力的生活世界，我们可以在这个世纪中，实现人类从未实现过的憧憬和希望。或许正是因为如此，曼德尔施塔姆在这首名为《世纪》的诗歌中，才毫不忌讳地企盼着去"开创一个崭新的世界"。

如果仅仅是新，并不能表明20世纪的特殊性，换句话说，人类社会在其进步的历程中，时时刻刻都在期盼着崭新的生活和世界，对新的向往，对未来的憧憬本来就是人类在这个世界上的巨大的动力。那么究竟是什么把20世纪同其他世纪区分开来？曼德尔施塔姆的诗句或许很好地表达了巴迪欧试图说明的意思："我的世纪，我的野兽，谁能直接穿透你的眼眸，谁又能用自己的黏稠的鲜血，黏接两个世纪的脊梁？"或许经历了十月革命的曼德尔施塔姆更能体会在创造一个崭新的世界的过程中的三色五味。当以往的人们去憧憬一个新的世界时,这种新的世界总是充满着玫瑰色的幻想,或者说,新的世界和我们挥手告别的那个世界是两个彼此不相干的世界,仿佛旅途中的两个驿站,当辞去一个世纪之后,自然而然地投入新的世界的温馨的怀抱之中。而十月革命的经历告诉曼德尔施塔姆,这种柔情蜜意的新的姿态对于既往的世界而言不过是一种惋伤,但是曼德尔施塔姆所说的"崭新的世界"不同,作为一种绝对的纯粹的新,它与原先的那个世界之间已经没有了那种温情脉脉的藕断丝连般的联系,从这个世界第一次崭露在新世纪之初时,它就表现得横冲直撞,难以驾驭。或者,在这个意义上,巴迪欧非常认同曼德尔施塔姆对20世纪初的描述——"野兽"。

在巴迪欧看来,这个野兽包含两个方面的意义。首先,这个新世界,作为"野兽",对于旧的世界来说,是一个绝对的溢出物,也就是说,新的世纪,新的世界,是一个在旧的世界之中无法理解的东西,它的行为和行动已经完全超脱于旧的世纪之外,甚至不能用任何旧有的概念和范畴来理解它。它是纯粹的新,一种不仅不能从现象上,也不能从本质上以迄今为止的一切方式进行理解的新。这种新践行了巴迪欧理想中的一种真正的无限,这种无限不是依照某种数列规律,无限向后延伸所得到的新(即这种新不能被看作现有状态的自然性延续的某种未来必然结果),而是一种在内在范畴中彻底断裂的新。这是一种真正的无限,这种无限扯开了真实和现实的距离,在真实与现实的裂缝之中,孕育出新的主体生命。这种新的世界,连同在其中诞生的新的主体,是一种在既有范畴中被视为"野兽"的东西,这种"野兽"之物正是"赘生物"概念在历史中的表现,它彻底地表现为一种不为任何传统和既有范畴所驾驭的新的概念。更为关键的是,这个新的野兽,在本质上,与那个厚重的此在世界是不可调和的,我们生于斯长于斯的世界是一个充满着种种羁绊的世界,对于一个到处流浪而奔跑的野兽而言,这个充满着羁绊的世界无疑是最大的障碍。革命,一定是革命,将这个曾经的世界在野兽那火焰般的身躯中将其燃烧殆尽,让野兽将旧的世界连根拔起。正如巴迪欧所指出的,这是一种不可调和的关系,在绝对的新从中跃出的时候,必定不是田园诗歌般的浪漫童话,而是一条用鲜血和骨架铺就而成的道路,它势必是同以往的一切最彻底的决裂,是一种纯粹的溢出和爆裂。野兽,孤独的野兽,在鲜血密布的荒野上奔跑着,身躯上裹挟着齿裂地沾满血渍的捕兽夹和猎人的枪眼,用它最锐利的犬齿叼着人们的残肢,它试图以这种方式宣告新世纪的诞生,宣告它必然以摧毁以往的一切世界为前提。那个野兽,正试图用最后的血腥来结束人类社会的一切血腥,正如毛泽东试图用一场正义的战争来消灭一切非正义的战争。

其次,"野兽"作为纯粹的新,它是新生的,又是脆弱的,这只被既有概念和范畴视为洪水猛兽的"野兽",不过如同婴儿的软骨一般,是易碎的。曼德尔施塔姆对这个野兽的形容,带有一种悲剧式的论调。由于其稚嫩的生命,其不可避免地面临两种命运:其一是这个新的世纪,其原生的轻盈和迅猛被笼罩上了巨大的骨架,曾经的轻盈在笨重的骨架之下难以为继,换来的就是一种更为悲惨的境地,它甚至堕落成更为僵化、更为血腥的场面(曼德尔施塔姆在写作《世纪》之时,苏联还没有经历斯大林的大清洗阶段,或许在那之后,他的《世纪》更能说明这一点);要么其二,一个纯粹的新,拒绝了那个庞大而笨重的骨架,它的软弱的软骨就会被击碎,成为历史的新的祭品。也正是由于这个原因,巴迪欧认为,曼德尔施塔姆已经指出,在这个世纪之初,新世界的脆骨已经被击碎,那个纯粹的新已经湮灭在历史之中,遗留下来的不过是曾经轻盈的新堕落而成的笨重而僵化的身躯。更准确地说,那个纯粹的新,永远都是昙花一现的,当其能够在这个世界上留存下来,就必然会被这个世界庞大的骨架所滞累,因而新的世界在刹那间已经被击碎了,而我们不得不去背负着其沉重而血腥的遗产。

巴迪欧将这种对新的憧憬与人们对真实的激情联系起来,他询问道:我们为什么需要开创一个新世界?巴迪欧解释说,这正是一种对真实的激情,这种激情是一种巨大的否定性力量,它从根本上怀疑了一切现实的东西,因为这些被视为真实的现实从根本上说是一种伪饰。这个世界有着太多的伪饰,"忠诚"是伪饰,"价值"是伪饰,"阶级立场"和"革命热忱"也是伪饰。这些伪饰的确玷污了我们的双眼,我们在这些伪饰之中不但是扭曲的,甚至被各种各样的伪饰所撕碎。我们必须穿越在我们各种伪饰的身份之中,如同《黑客帝国》中那个被视为真实的身份。我们有可能洞悉其中的真相,但是即便洞悉,我们也只能与之同流合污,这正好印证了齐泽克所谓他们明知道如此,仍然如此去做的犬儒主义的困境。或许,正是这样,在20世纪初,对于新世纪的向往,必然带着这种祛除伪饰给人带来犬儒式压抑的效果。而这正是人们对位于人之上种种伪饰的祛除,这是一种对真实的激情,当我们将旧有的世界斥责为一个充满伪饰的世界时,我们自然寄望于将新的世界当作一个真正真实的世界。在新的世纪,如何祛除伪饰,追求真实?一些人(如罗伯斯庇尔和斯大林)采取了极端的手法,将一切伪饰的东西都以最极端的方式加以清除。在大革命时期的法国和20世纪二三十年代的苏联,这种大清洗的逻辑成为血腥政治的最好验证,之所以要杀死那么多人,正是因为这个世界需要纯粹的新,而纯粹的新必须撕去一切伪装,包括我们自己。所以这种大清洗最后要么是连同清洗者一同葬送掉(如罗伯斯庇尔被送上自己建造的断头台),要么重返那种清洗之前的逻辑(如赫鲁晓夫对斯大林的修正)。显然,从清洗的道路来实现新的世界是多么的不现实,逻辑再次演化为反逻辑,辩证法的狡黠再次将人自己当成了理性的祭品,而那个纯粹的真实的世界又一次成为人类的神话。

巴迪欧不赞同通过清洗的方式来实现新的世界,他试图用一种更简单的方式来接近真实,这就是他提出的"减法"的方式,在其过程中,逐一减去来实现最小差异。巴迪欧列举的最典型的例子是马列维奇的《白色的白色》。这是一幅概念上的杰作,马列维奇试图在白色的背景上描画出白色的方块。在这幅艺术作品中,颜色、形状等日常的美术概念全部被清洗了,剩下的只是画面中的几何的暗示。按照巴迪欧的话说,这些暗示支撑起一种最小差异,"一种在背景和形状之间的抽象的差异,最重要的是,白色和白色之间空的差异,同一的差异,我们可以称之为消逝的差异"。这种清洗的法则追求的不是玉石俱焚的毁灭,而是一种小心翼翼的减除,它表达的不是一种对绘画艺术的彻底毁灭,而是一种内容上的清除,并在内容清除上赋予新的创造的可能性。巴迪欧给予这种减法途径以极高的评价,他指出:这是"一种用于建构最小差异的细微分别和区分,其致力于描绘出其原理。《白色的白色》是一种思想姿态,它用最小差异来反抗最大的毁灭"①。情同此理,20世纪,作为一个新的世纪,它的"新生",不在于去毁灭性地与旧世界同归于尽,而在于"抹去过去岁月的痕迹",这也正是巴迪欧借马列维奇所提出的"在最小差异之处去产生新的内容,那里几乎是空无",是"荒漠中的新的一天"②。

在这种清除了内容的最小差异的荒漠之中的新世界什

---

① Alain Badiou, *Le Siècle*, Paris: Seuil, 2006, p. 87.
② Alain Badiou, *Le Siècle*, Paris: Seuil, 2006, p. 88.

么样的？巴迪欧借用了一个古希腊的词汇"远征"（Anabase），这几乎是色诺芬的一部著作的名字（中译本翻译为《长征记》）。色诺芬参与的一支希腊雇佣军，在其雇主小居鲁士阵亡之后，变成了一支在陌生土地上，可能随时遭到攻击的部队。他们已经无法从原来的路返回希腊，他们必须在这个陌生的孤立无援的土地上独自完成对于任何希腊军队来说都从未经历过的远征。他们脚下的每一个脚印都是新的，当他们翻越一座座高山、跨过一片片原野之后，大海再次显露在他们眼前，故土和大海构成了一种天然性的关联。在巴迪欧看来，20世纪对新的世界的探索正如同这场远征，但是与色诺芬所在的古希腊军队不同的是，20世纪的远征不再是以返回故土为鹄的，20世纪的远征毋宁说是在茫茫大海之上没有明确目标的漂泊。巴迪欧比较了两位曾经以"远征"为题写作过诗歌的诗人，一位是圣-琼·佩斯，一位是保罗·策兰。对于巴迪欧来说，圣-琼·佩斯的"远征"仍然带有一种殖民主义的故土眷念，其主体是一种没有撕裂感的"我们"，因而，在一个带有田园诗歌般的殖民主义色彩的"远征"中，其主体"我们"是在一种当然的友爱结成集体关系中呈现出来的，"我们"代表着我们结伴而行，在旅途中相互友爱，相互帮助，去探索那个未知的世界。但是在保罗·策兰的远征中完全是另一种感觉，在经历了纳粹主义的肆虐之后，策兰显然没有圣-琼·佩斯诗中的"远征"的那种闲情雅致，策兰询问的是："路在何方？"没有现成的路，"我"，而不是圣-琼·佩斯的"我们",作为主体必须在"墙之间的裂缝"中找到一条前行的道路。与其说是前行,策兰更悲剧性地说这种自我磨难式的逡巡不过是不断的"上爬和返回",根本没有路,甚至看不到任何直接可以看到的目标,有的只是在心中留存的那个永远不会在现有的视野中出现的"心知肚明的未来"。而这里面"我们"这一概念是弱化的,完全没有了圣-琼·佩斯的友爱,人们在一起,仅仅是因为他们都在那里,在一起。正如巴迪欧列举的1995年发生在法国小城罗昂内的一场游行,没有我们,没有共同的目标,有的只是一句口号:"所有人一起,所有人一起,噢!噢!"

六

作为巴迪欧在1999—2000年在法兰西学院的演讲,《世纪》并不像他的其他著作那样,表现出很浓厚的数学本体论的色彩,相反,这部著作很少涉及数学和集合论,其本体论的意蕴也不如他的其他著作那么浓烈。但是,这部著作涉及大量的诗歌(他广泛地引述了曼德尔施塔姆、马拉美、布勒东、布莱希特、圣-琼·佩斯、保罗·策兰、佩索阿等人的诗作)、艺术、精神分析,这些内容恰恰是他试图为哲学去解缝的东西。因为在巴迪欧看来,自海德格尔之后,哲学和诗学缝合在一起,当海德格尔完全以"在通向语言的途中"来诠释哲学之后，哲学的诗化成为一种极其流行的哲学样式。当然，巴迪欧对此持反对态度，也正是巴迪欧，大声疾呼以数学本体论和"回到柏拉图"来取代海德格尔的诗学本体论和"回到前苏格拉底哲学"。而在《世纪》中，这几乎成为巴迪欧哲学的一个反注，因为在这个文本中，我们几乎看不到那个数学本体论的巴迪欧，巴迪欧在此应用的更多的是他试图解缝的诗学语言。

事实上，巴迪欧并不反对用诗歌的方式来诠释哲学和政治，关键在于，诗并不构成诠释哲学和政治的唯一方式，相对于数学的精确性，诗学语言赋予了诠释一种飘逸的色彩，词句在能指之间的来回梭动，以及那种自由的链接和阐释，都赋予了诗学话语在哲学表达上的一种独特性。巴迪欧本身就将马拉美看作自己思想的主要源泉之一（阿尔都塞的马克思主义、后康托尔的集合论数学，以及马拉美的诗学是巴迪欧思想的三大主要源泉），尤其是当巴迪欧将马拉美的诗《骰子一掷》中的偶然性的哲学意蕴充分表达出来的时候，它几乎成了一个全新的将诗学话语同哲学阐释结合在一起的方式。不过这种方式恰恰增添了阅读《世纪》的难度，尽管我们在阅读巴迪欧的其他著作，如《主体理论》、《存在与事件》、《世界的逻辑》时被那种不胜其烦的数学公式和图标的表达弄得晕头转向，但这篇带有明显诗学话语的文本同样也没有那么通俗易读。相反，在这个文本中，巴迪欧经常借助诗歌，大玩文字游戏，为其中的意蕴生产出许多衍生的意义来。或许这也是巴迪欧探讨"20世纪"这一主题的乐趣之所在。

为了更清晰地理解巴迪欧所表达的内容,作为中译者,需要对其经常使用的一些概念进行一点必要的说明:

1. situation。一般情况下,这个词被翻译成"情况"。但是这个词在巴迪欧那里具有更多的意义。在《存在与事件》中,巴迪欧在哲学上将其定义为"显现为一个整体的状况",在数学上,它是一个集合的统称。鉴于这种状况,将其简单地翻译为"情况"势必在中文的理解中会引起不必要的误解,因此,特地将之翻译成"情势"。

2. état de la situation。这个概念是同 situation 相对的一个概念,巴迪欧对之的解释是对原有情势以某种方式进行的再现。巴迪欧巧妙地利用了 état 一词的双关意义,état 既是指一个情势的具体状态,同时有国家的含义,也就是 état 包含了以某种方式对情势的结构化和秩序化,也只有通过这种结构化和秩序化,情势才变得可读。在一般情况下,巴迪欧用小写的 état 表示用于再现出某一情势的状态,对于整体出现的词组 état de la situation,统一翻译成"情势状态"。而大写的 État,在中译中一般都翻译成"国家"。

3. générique。这也是巴迪欧经常使用的一个词语,它指的是在某一情势的情势状态中,用以计数的一般规则,但是翻译成"一般性"也容易造成误会,这里统一翻译成"类性",如 vérité générique 翻译成"类性真理"。

4. compte pour un。巴迪欧经常用这个短语表明,在既定情势下,这种情势通过情势状态的类性真理,可以将情势中的多在计数规则上看成一,因此在中译上,统一翻译成"计数为一"。

此外,由于译者第一次从法语原文来翻译,加上译者本人在理论上的才疏学浅,难免在翻译上存在许多错误,对此,也希望国内的方家学者能够针对译本提出宝贵意见,也希望能够得到大家的谅解。在此,也向诸位读者表示感谢。

蓝 江
2009 年 11 月 4 日夜于武昌七十亩地陋居

献　　辞

　　本书中的这些思想唯一应当感谢的是娜塔莎·米歇尔(Natacha Michel),她反抗着今天对革命与斗争的遗弃和诅咒的潮流,对那些用所谓的今天的"民主"来彻底消灭革命斗争的人掷去最轻蔑的嘲笑,并大声宣判:"20世纪已经发生了。"

　　13篇讲座的主题是我在1998—1999学年、1999—2000学年、2000—2001学年,给哲学国际学院研究班开设的课程。

　　因此,我对学院表示感谢,尤其要感谢那个时期的主席让-克劳德·米尔内(Jean-Claude Milner)先生,因为他为我公开发表这些论述提供了支持。

　　我感谢研究班的听众们,仅仅他们的共同支持就使得这个事业变得更有意义。

　　我还要感谢伊莎贝尔·瓦杜(Isabelle Vodoz),正是她所做的精彩的笔记抓住了我那些空中飞舞的即兴言辞,并把它们打印出来,成为这本小书的原始材料。

1998年10月21日

一 探寻方法

什么是世纪？我记得让·热内在他的剧作《黑鬼》*①的序言中反讽地问道："什么是黑鬼？"立刻还可以加上："首先，他是什么颜色？"同样，我想问：一个世纪，有多少年？一

---

* 所有引述的材料都已列在后面的书目之中。

① 《黑鬼》像热内在第一部小说之后的所有作品一样（亦即，萨特的大部头的《喜剧演员和殉道者圣热内》出版之后的所有作品），是一个关于世纪的关键文本，因为它将白色的西方和我们所谓的黑色的历史无意识铰合在一起。同样，《屏风》试图创作一个远离阿尔及利亚殖民战争恐怖的舞台。他并没有从奇闻逸事的角度来排演，而是从主体在战争中如何开展的基础上进行创作。这正是这种类型的创作的目的，除了古约塔的华丽而孤寞的《五十万士兵的坟墓》之外，这部电影将电影转换成类似于卢克莱修那样的唯物主义的诗篇。

热内的文学造诣在我们视作他的代表作的《爱的囚徒》中达到巅峰。这一次，我们面对的是一本散文式的著作，而不再是一本剧作。《爱的囚徒》将巴勒斯坦反以战争中的一个关键瞬间永恒化了，同时，和美国黑豹党一起，将我们所谓的合众联邦中的秘密的和持久的内战的瞬间也永恒化了。

百年吗？在这时，博叙埃（Bossuet）的问题需要引起我们的注意："在其中的一个瞬间湮没它时，那么一百年，一千年是什么？"①我们必须探寻，那个湮没20世纪的特殊的瞬间是什么？是柏林墙的倒塌吗？是基因组图的绘制吗？还是欧元的发行？

即便假定我们能够建构这个世纪，即把它建构为思想的对象，这关系到哲学的对象，难道其展现出来的唯一的愿望就是思辨的愿望？难道这个世纪不是历史长河中最重要的世纪吗？

让我们按照历史的航标前行。历史通常被看作所有政治学的支撑。我完全有理由这样说：这个世纪开始于1914—1918年的战争，这是一个包括1917年十月革命的战争，结束于苏联的崩溃以及冷战的终结的世纪。这是一个很短的世纪（75年），一个高度统一的世纪。一句话，苏联的世纪。我们借助历史和政治的标尺将这个世纪建构为众所周知也是极为传统的一个世纪：战争与革命的世纪。在这里，战争与革命都同"世界"有着特殊关联。这个世纪是一个复杂性交织的世纪，一方面，它萦绕着两次世界大战；另一方面，它与

---

① 我并不认为博叙埃——尤其是我引用的他的《死亡的召唤》——在今天被读得很多。不过，他在法国历史上是那些最强有力的声音之一。我们必须感谢菲利普·索雷（Philippe Sollers），正是他多年来坚持不懈地呼喊着博叙埃的重要性。对于所有那些对于世纪的清单感兴趣的人（这也是我希望本书的读者去做的）来说，非常值得将博叙埃读解成对神赐，也是理性的人类历史景象的最必然的保卫者，尽管他超出了我们的理解。

作为全球性的"共产主义"阵营的肇始、展开和崩溃相关。

的确,另一些同样深陷于历史(或者说,他们叫作"记忆")泥淖之中的人将这个世纪算作完全不同的东西。我能很容易追随他们的潮流。这一次,世纪在这里是一个悲惨的和恐怖的事件,而唯一能够来称呼其统一性的范畴是罪行:斯大林共产主义的罪行,以及纳粹的罪行。在这个世纪之中,正是其罪行为所有其他罪行提供了标准:对欧洲犹太人的毁灭。这个世纪是一个罪恶的世纪。其思考的主要参量是灭绝集中营、毒气房、大屠杀、酷刑和国家有组织的犯罪。数字成为其中的内在质性,因为一旦罪行的范畴与国家有关,它就主宰着对大众的谋杀。世纪的清单立即提出了一个问题,即对死者计数[1]。为何要计数?因为,对上百万的受害者的计数是这里唯一可以用来发现的过度灭绝罪行的真实的伦理判断。计数是死亡的工业性维度与必要性判断的交织。计数是道德律令设定的真实。这种真实与国家罪行

---

[1] 20多年来,"新哲学家们"坚持认为对死者的计数对于世纪的清算是有价值的,他们使所有的政治思考隶从于最堕落的"道德"要求。我们可以看看最近出版的《共产主义黑皮书》,这本书可看作一种与这种不合时宜的堕落的"道德"相匹配的历史著作。在"共产主义"这个什么都能往里面装的词之下,这本书没有说明任何问题,这既没有考虑诸多共产主义的精神的巨大差异,也没有充分考察在历史上跨越了70年的不同阶段的区别,在这样一种计数的总体状况下,我们根本无法看清世界的面貌。如果我们按照这本书所主张的方式去思考,这些大量的屠戮,以及毫无意义地丧失生命,事实上,都与脱离所有思想的政治有关。不过,这并不是长久的想法。与他们经常说的不同,要的是阻止重蹈覆辙,而不是为了记忆。

1998年10月21日

的联合有一个共同的名字:这个世纪是一个极权的世纪。①

可是,对于那些在所有的致命的喧嚣中冷冷地跨过这个短暂的世纪的人,或者对于那些试图将其转化为记忆和忏悔的纪念的对象的人来说,可以从其后果上来历史地思考我们的时代。最终,20世纪是资本主义和市场的全球性胜利。在隐匿了其狂躁意志的病兆(pathologies)之后,无拘无束的市场和漫无边际的民主的结合最后使得这个世纪的意义变得平淡无奇。这个世纪宣布了经济的胜利,这个胜利包含了这个词的所有的意义:资本主义,作为对思想的非理性激情的经济化的胜利。这是一个自由的世纪。这个世纪,议会代议制及其支持者铺就了这种思想登基为王的道路,这也是一个最短的世纪。其开始于70年代中叶(那是革命性狂热的最后的日子),仅仅持续了30年。他们说,这是一个欢乐的世纪。一个残存的世纪。

我们如何从哲学上来思考这些问题?按照这些概念,如何表达极权主义的世纪、苏联的世纪、自由的世纪之间相互交织的关系?在这其中选择一种客观的和历史的整体类型

---

① 在那些关于解放政治或者非自由主义政治的"极权主义"的话语中,有些人相信其根源可以追溯到法国大革命,尤其是其中最核心的雅各宾时代。我们可以说,从20世纪70年代末开始,即便存在着明显相反的证据,即保皇派(Vendéen)的自由使者们面对共和派在外省策划的"大屠杀",一些无知的人仍将斯大林和罗伯斯庇尔等同起来。在这个意义上,对于一些极端复辟(la Restauration)分子来说,如果20世纪在本质上是某种极权主义的恶的话,它开始于罗伯斯庇尔的公共安全委员会(Comité de salut public)。

（共产主义的史诗，或者极端的恶，或者民主的胜利……）对我们来说没有价值。因为这个问题对于我们这些哲学家来说，不是在这个世纪中发生了什么，而是在其中想什么。这并非对其"前人"的思考简单的发展，而是这个世纪的人们在想什么？这些思想哪些不是传承下来的？即那些以前未曾想过的，甚至根本不可能想到的思想是什么？

我的方法是这样：抽取这个世纪用以思考自身的部分产物、文件、痕迹。更准确地说，这个世纪如何思考自己的思想，它是如何将在其关系中的思维的独特性同其思想的历史的真实性等同起来的。

为了澄清这个方法的要点，请允许我提出一个在今天被看作挑衅性的，也是忌讳的问题：纳粹的思想是什么？纳粹们在想什么？有一个方法通常让所有人认识到纳粹的所作所为（他们在毒气室里承担着消灭犹太人的任务），这个方法完全堵塞了通向纳粹在想什么，或者想象他们思考的东西，做他们所做的事情的道路。但是，不从纳粹们自己想什么进行思考，也就无法让我们很好地思考他们的行为，最终，这也禁绝了所有可以防止重蹈他们覆辙的真正的政治。纳粹的思想没有被真正地思考过，它仍然存留在我们之中，未被思考也就没有摧毁它。

偶尔有人说，纳粹的行为（灭绝）是一种不可想象的，或者说不能理解的形式。他们可能忘记了一个关键问题，纳粹们非常关心，也非常坚决地既想象着也理解着他们自己的行为。

那些认为纳粹主义不是一种思想，或者更普遍地说，认为野蛮不会思想的人，等于是在暗地里为其洗脱罪名。这实

1998年10月21日

际上是一种"唯一性思想",这实际上促使了一种唯一性政治。即政治是一种思想,而野蛮不是思想,所以政治一点也不野蛮。不过很明显,这种逻辑推理的三段论只不过是用来掩饰主宰着我们今天命运的资本主义代议制的野蛮。为了戳破它们的伪装,我们,在世纪的证明之中并倚靠这种证明来坚称纳粹本身不仅是一种政治,也是一种思想。

于是,或许有人会对我说:首先,你不愿看到,纳粹主义以及斯大林主义都是一种大写的恶(Mal)的形象。相反,我在这里坚持认为,将其等同于思想,也等同于政治,我在这里最终按照我自己的意思去判断它,而你们却把判断实体化,并最终保护了这种重复的循环。

实际上,在道德上将"不可思议"的纳粹(或者斯大林)等同于恶是一种懦弱的宗教学。因为在我们的漫长的历史中所继承的东西正是在宗教上将恶理解为非在(non-être)。如果存在一种恶的本体上的确实性,如果恶的产生是上帝创造的结果,那么上帝就需要对此负责。对于纯洁的上帝而言,应该拒绝所有的恶的存在。那些认为纳粹主义不是思想,或者不是一种政治(不像他们的"民主")的人认为只有一种纯洁的思想,或纯洁的政治。也就是说,他们掩盖了真正的纳粹政治和他们宣称的纯洁的政治之间秘密的、深刻的姻亲关系。

这个世纪的一个真相是,民主的盟军对希特勒的战争或多或少不是出于对灭绝的关心。从战略上讲,他们的战争是反对德国的侵略和扩张,而不是反对德国的政体。从战术上讲(攻击的速度、轰炸的目标、特遣队的行动,等等),他们没有一个行动是用来阻止,甚至是限制灭绝行为的。还有,他们很早就完全了解了这一倾向。① 今天当我们轰炸塞尔维亚和伊拉克时,我们可以同样说我们的民主是彻底的人道主义,而几乎完全可以漠视数百万计的非洲人被一种疾病——艾滋病——所灭绝,而这种疾病在欧洲和美国都得到了有效控制。与此相反,出于一种经济和所有权的理性,这是一种源于商业法则和投资优先权的理性,也是一种帝国的理性,这种理性是完全可以想象的,它也是一种思想,他们出于这种理性的思考,根本不会向那些濒临死亡的非洲人捐赠药品和提供治疗。这仅仅是限于白人的民主。在这两个例子中,这个世纪真正的问题是他们的"民主"和在其行为之后设定的他们的大写他者(Autre)(这是一个真正纯洁的野蛮)之间的关联。真正需要取消的是这种无处不在的纯洁的程序。

---

① 盟军已经收到过关于毒气室之类的灭绝的信息,我们可以参考鲁道夫·维尔巴(Rudolf Vrba)和阿兰·贝斯蒂克(Alan Bestic)的一本重要著作《我逃离奥斯威辛》[中译注:这本书最开始出版的名称叫作《我不能原谅》,英文版由珍妮·布洛基(Jenny Plocki)和莉莉·斯利贝(Lily Slyper)翻译(Ramsay, 1998)]。

我们可以用塞西尔·温特(Cécile Winter)的论文《为何犹太一词变得不可读》作为补充[中译注:巴迪欧将这篇论文放到了他的《状况》第三卷中,在英文版出版时,又加入他的论文集《论战集》(Verso, 2006)中]。这篇论文评论了克劳德·朗兹曼(Claude Lanzmann)的电影《浩劫》(Shoah)通过鲁道夫·维尔巴的证言进行蒙太奇剪辑的手法。

关于种族灭绝计划的这个阶段的主要著作还有劳尔·希尔伯格(Raul Hilberg)的三卷本的《欧洲犹太人的崩溃》(Fayard, 1988)。

为了全面了解纳粹政治,以及那种否认毒气室存在的对第二次世界大战中法西斯对犹太人大屠杀历史的否认论点和立场的总体情况,我们可以参考娜塔莎·米歇尔编撰的文集《今天人们口中的言辞——否定论:历史或政治?》(Marseille: Al Dante, 1997)。

1998年10月21日

只有这样，在这一点上，我们才能建构一系列真理。

这些真理的逻辑假定我们决定了它们的主体，也就是说，一种操作性效果（l'opération effective）在否定这个或那个真实的片段时是有效的。这正是我们将要用来对待这个世纪的方式。

我的想法是我们尽可能地贴近世纪的主体性（subjectivités）。不仅是其中任意一种主体性，而且正是与这个世纪本身相关的主体性。其目的在于尝试看"20世纪"这个短语是否能超越简单的经验的计算，从而拥有一种在思想上的相关性。我们在最大范围的内在性层面上采用了一种方法。即其不是将这个世纪理解为一种客观数据（donnée objective），而是探寻它是如何成为主体的，即其在作为世纪本身的范畴内在内在使命的基础上来理解世纪。对我来说，最重要的材料是那些对于这个世纪自身之中的行为者具有意义的文本（或者图片，或者程序……）。或者那些在21世纪仍然持续着的，或者刚刚开启的文本，这些文本将"世纪"一词作为它们的关键词之一。

这样，我们通过解决一些问题或许可以置换这些判断。如今最流行的道德使得这个世纪在所有方面被判断和被指责。我的目的不是替这个世纪平反昭雪，而是通过思考它，来展现它自己是如何思考的。首先让我们感兴趣的不是一个人权法庭中的世纪的"价值"，这个法庭在才智上同美国所设立的国际刑事法庭的司法和政治一样平庸。让我们从中脱离出来看看几个问题。

为了完成这一讲,我将指出其中一个非常有意义的问题。

20世纪有一个不同寻常的开局。让我们将1890年到1914年20余年的时间作为这个世纪的序章。那些年,在思想的所有方面都表现出那是一个奇迹般的创造的年代,那是一个可以同佛罗伦萨的文艺复兴和伯里克利时期的雅典相媲美的全面性创造的时代。那是一个令人振奋和与传统决裂的神奇的年代。可以看看几个具有划时代意义的象征:在1898年,马拉美去世了,他此前刚刚出版了一部现代写作的宣言般的诗歌——《骰子一掷》(Un coup de dés)。1905年,爱因斯坦——如果不是被彭加勒领先的话——发明了狭义相对论和光的量子理论。1900年,弗洛伊德出版了他的《梦的解析》,他的第一部著作就掀起了精神分析的革命。同样在维也纳,1908年勋伯格确立了无调音乐(musique non tonale)的可能性。在1902年,列宁创造了现代政治,这个创造是在其《怎么办?》中奠定的。也是在这个世纪之初,詹姆斯和康拉德的小说出版了,还有声名更为显赫的普鲁斯特的代表著作《追忆似水年华》和乔伊斯娴熟的《尤利西斯》也在这一时期面世了。由弗雷格所开创的,在罗素、希尔伯特、青年维特根斯坦等人的推动下,数学逻辑以及同其息息相关的语言哲学在英国占据了重要地位。现在可以看到,在1912年前后,毕加索和布拉克(Braque)触发了绘画逻辑的革命。

1998年10月21日

胡塞尔在与世隔绝的状态中,展开了对现象学的描述。同时,像彭加勒、希尔伯特这样的天才,为黎曼(Riemann)、德迪坎德(Dedekind)、康托尔(Cantor)等人所承继,赋予了数学新的根基。就在1914年大战的前夕,在葡萄牙,费尔南多·佩索阿(Fernando Pessōa)为诗歌设立了一个赫拉克勒斯般的任务①。电影这个时候只是刚刚被发明出来,但已经涌现了像梅里埃(Méliès)、格里菲斯(Griffith)、卓别林这样的天才。在这样一个短暂的时代,对于这些奇人异事的列举是无穷无尽的。

不过,很快,这个短暂的时期之后紧随而至的是一段长期的悲剧,而1914—1918年的第一次世界大战为这场悲剧定下了基色,在这场悲剧的过程中没有感受到人类的物质性(matériau)。的确有一种30年代精神。我们将会看到,这种精神根本不贫瘠。它和世纪之初的精神一样伟岸,一样粗犷,它富有创造性和敏锐性。这里有一个问题,即我们怎样面对这种延续的意义。

或者还有一个问题。需要问问我们自己:30、40年代,

---

① 英雄赫拉克勒斯(Hercules,又称Herakles)是宙斯跟安菲特律翁国(Amphitryon)的王后阿尔克墨涅(Alcmene)所生的,他是珀耳修斯(Perseus)的后裔。赫拉克勒斯是宙斯为了生一个强大无比的儿子以保护神、人免于毁灭而生的。但赫拉嫉妒赫拉克勒斯,令他不能成为地上至高无上的王,更令他发疯杀死儿子,要他为兄长欧律斯透(Eurystheus)完成十二件任务。赫拉克勒斯一生有很多丰功伟绩,除了最为人所熟悉的十二件任务,他还放了普罗米修斯和救了忒萨利亚国(Thessaly)王后阿德墨托斯(Admetus)等。赫拉克勒斯最后被半人马涅索斯(Nessus)的毒血毒死。赫拉克勒斯死后升天,与众天神一起居住在奥林匹斯山上,并娶了青春女神赫伯为妻。——译者注

乃至50年代的恐怖，在世界大战之中，在殖民战争之中，在黑暗的政治体制之中，在对大众的屠戮之中，在庞大而岌岌可危的阵营对垒之中，在一场在成本上足以称为失败的胜利之中，所有这些都同如此光辉、如此具有创造力、如此文明的这个世纪第一个年代的开端有着某种联系，或者没有联系。在这两个时代之间，存在的是1914—1918年的世界大战。那么这场战争的意义是什么？它的结果，或者说其征兆是什么？

如果我们不记得战争之前的幸福的年代也是殖民征服巅峰时期，欧洲几乎征服了整个地球，我们就完全没有机会解决这个问题。另外，因此，在其他遥远的地方，奴役与屠戮已经出现在每个人的内心之中，出现在每一个家庭当中。在1914年世界大战之前，在非洲，有极少的正直的目击者和艺术家描述了这种征服中的野蛮①。我也同样通过我的父母看到过1932年拉鲁斯的独裁下的恐怖，在那里，所有人都记载和描绘了一种种族的等级制，有人说黑人的头骨介于大猩猩的头骨和欧洲人的头骨之间。

在为了他们的奴隶制而到处贩卖人口20～30年之后，非洲成为辉煌灿烂的欧洲、资本主义和民主的噩梦。这种情

---

① 这个世纪法国艺术家提供关于殖民化之中的野蛮的证据非常稀少，显然，我们可以参考纪德的《刚果游记》。还可以参考拉威尔(Ravel)的作品《马达加斯加之歌》，里面反复唱道："要当心白人了，岸边的居民们呀。"拉威尔拒绝了参加军队的荣耀，因为法国政府支持任何可能的和可想象的反对俄国布尔什维克革命的战略行动。

1998年10月21日

形一直延续至今。在30年代黑人的愤怒中,在对死亡的冷漠之中,其中一部分变成了世界大战的壕堑,而另一部分则可以看作从殖民地,从对待人类社会的巨大差异的方式中的重堕地狱。

要承认我们的世纪是马尔罗所说的一个政治变成悲剧的世纪。在世纪之初,在一个美丽时光的黄金般的开局中,所准备的这些景象究竟是什么?在此基础上,这个世界从某一点出发,始终萦绕着对人的改造的想法,即创造一种新人类。的确,这种观念在各式各样的法西斯主义和共产主义之中很流行,他们的形象很一致:一方面,无产阶级站在人类解放的门槛上;另一方面,雅利安人的英雄齐格弗里德(Siegfried)[①]将堕落之龙带入凡间。创造一种新人总是需要摧毁原有的旧人。对旧人的讨论充满着暴力和势不两立的情绪。在所有的例子中,这些规划都如此之激进以至于它们都没有考虑到在现实化层面上的人类生活的独特性——其只能作为物质性。与此有点类似,那些现代艺术的艺术家在声音和形式上,撕裂了和谐的旋律和图像,这正是其物质性,这种物质性的目标必须重新定位。或者作为一种形式上的

---

① 齐格弗里德是德国著名音乐家瓦格纳的歌剧《尼贝龙根的指环》中的英雄,也是中世纪初期的德意志以及维京时代北欧的最高英雄。他的祖父巴鲁森格是北欧主神奥汀的子孙,其父亲齐格蒙特是当世无双的勇者,拔出了主神奥汀的化身——无名老人插在大树中的神剑古拉姆。齐格弗里德杀死了守护宝藏的巨龙法夫尼尔,并用父亲的神剑古拉姆挖出法夫尼尔的心脏吞下后变得无敌。齐格弗里德为了妻子、家人和荣誉与对手展开了激战,据说在这个传说中展现了完全的日耳曼精神。——译者注

象征，其消化了所有理想化的客体，拒绝了可以自动体制化（mécanisable）的数学。在这个意义上，新人类的规划是在科学、艺术和性上同世纪之初的断裂（rupture），也是这种断裂和建构在历史与国家的秩序中的主体性的和谐。因此可以说，世纪忠实于其自己的序曲。一种残暴的忠实。

令人惊奇的是，今天，这些范畴早已烟消云散，化作尘土，再没有人有兴趣去在政治上创造一种新人。相反，各个方面所需要的是保留旧人和各种濒危的动物物种，包括我们古老的玉米。确实，在今天，基因工程的操作可以改变人的物种，它为人的真正变革铺就了道路。造就所有差异的正是基因，而其在深层上是与政治无关的。我能相信，这是非常愚蠢的，或者至少这不是一种思想，毋宁说是一种技术。因而，它与对普罗米修斯（一个解放了的社会中的新人）的政治规划的惩罚是一致的，它在技术上以及最近在财政上，有可能改变人的特征。因为这种转变与任何规划无关。我们从报纸上看到这种可能性，即我们可以三头六臂，或者长生不老。这些真的可以实现，因为这不是一个规划。这些通过事物自动得以实现。

简言之，我们通过技术最盲目也最客观的经济上的适应对那种最主观也最坚决的政治上适应的报复而活着。甚至在某种意义上，是科学问题对政治问题的报复。因为是这样：伟大的科学存在一个问题，即它没有规划（projet）。"灵

1998年10月21日

魂深处闹革命"(changer l'homme dans ce qu'il a de plus profond)①是一项革命的规划,无疑也是一项不怎样的规划;随后,它变成了一个科学问题,或者仅仅是一个技术问题,在所有情形下,这个问题已经有了答案。我们知道或者将会知道这个答案。

当然,我们可以问:我们知道了答案之后该做什么呢?为了回答这一问题,我们需要一个规划,即一个政治规划,一个宏伟的、史诗般的、暴力的规划。相信我,温和的伦理委员会不会给我们提供下面这个问题的答案:"在科学知道了怎样创造新人之后该怎么办?"由于其没有规划,或者说只要没有规划,那就只有一个答案:利润会告诉我们做什么。

最后,直到其最终,这个世纪还真的是另一种人的出现,激进地改变了人是什么的世纪。在这个意义上,这个世纪同其开端在精神上有一种特别的断裂,从而保持了其忠实性。尽管,其已经一点一点地发生了变化,变成了按照利润的自动安排来规划的秩序。这个规划将会杀死很多人。这种自动安排如果人们不能指明谁应当对此承担责任,这种情形仍将持续下去。从理性上讲,要承认这个世纪有太多罪恶滔天

---

① 在中国"文化大革命"最初阶段,一些党的领导人,如林彪等人大力宣传"灵魂深处闹革命"的口号。我们很快可以看到,"灵魂深处闹革命"需要在所有方面进行严格控制,以及最不暴力的详细规定和章程,这仅仅是为了非常不确定的结果。还有,这种"灵魂深处闹革命"的运动在"文化大革命"后期作为一种极"左翼"思潮被搁置了。林彪本人,在1969年达到了其巅峰期,并在1971年9月的逃亡事件中丧生,而他也在一次党中央的会议上遭到彻底清算。这段历史在中国仍然是高度的国家机密。

的记录。此外,这并没有完结,现在有名有姓的罪恶已经被诸如股份有限公司之类的匿名的罪恶(criminels anonymes)所取代。

1998年10月21日

1998年11月18日

二　野　兽

我们的方法根源于世纪与其自身相关的途径和方式,俄国诗人奥斯普·曼德尔施塔姆(Osip Mandelstam)的一首名为《世纪》的诗歌无疑解释了这一点。这首诗正好写于20世纪,恰恰是1914年世界大战结束后不久在布尔什维克接管权力的第一年。

曼德尔施塔姆[①]已经被看作那个世纪伟大的诗人。他当然与我们所在的年代不一样。但这并不意味着他是一位晦涩的作家。他颠覆了大战之前的学院派诗歌的流行的形

[①] 曼德尔施塔姆20世纪的诗歌,可以参看他的《特利思提亚与其他诗选》(*Tristia et autres poèmes*, Gallimard, 1982),这本诗集是由弗朗希瓦·克雷尔(François Kérel)选译的。

式。同时,他又以自己的方式作为一个战争和革命中的人存在着。他的国家的暴力和前所未有的事件的爆发使他深深受到了触动,激发了他的诗性思考。在30年代,他的确从艺术上来反抗斯大林的独裁,但他从未考虑在苏联之外另一种生命的可能,也没有变成政治上的真正的反对派。他的价值始终锚定在诗歌之中,或者稍稍围绕着诗偏移一点点。1934年,他在写了一篇关于斯大林的诗①之后第一次遭到逮

---

① 这首关于斯大林的诗歌,在弗朗希瓦·克雷尔的译本中是这样(中文版参考刘文飞译《时代的喧嚣——曼德尔施塔姆文集》,云南人民出版社1998年版,第44页,译文有所改动):

我们活着,感受不到脚下的国家,
十步之内听不到我们的谈话,

而在某处还用尽半低的声音,
那里让我们想起克里姆林官的山民。

他肥胖的手指,如同油腻的肉蛆,
他的话,恰似秤砣一样正确无疑,

他蟑螂般的大眼珠含着笑
他的长筒靴总是光芒闪耀。

他的身边围着一群细脖的首领,
他把这些半人半妖的仆人们玩弄。

有的吹口哨,有的学猫叫,有的在哭泣,
只有他一人拍拍打打 指天画地。

如果将这首30年代的诗同一首法国1949年的保罗·艾吕雅的诗对照起来就不会么无趣了,我在这里摘录其中一部分:

今天,斯大林消散了我们的哀伤
信任是他爱的智慧的结晶

(转下页)

1998年11月18日

捕。这首诗与其说是政治上的批判，不如说是一种尖刻辛辣的讽刺式的提醒。曼德尔施塔姆是一个非常谨慎的人，一个在思想上忠实得十分天真的人，他把这首诗拿给一些人，或许是八九个甚至更多的人看。所有人都对他失去了信任，但他在最高领导人的亲自介入后获释。这是一种从领导上对艺术家的专制式疼爱的戏剧化后果。斯大林在午夜打电话给帕斯捷尔纳克（Pasternak）①，问他曼德尔施塔姆是否真的是一位伟大的诗人。在帕斯捷尔纳克的回复的基础上，一个本应被判决为终身流放的人被减轻为在自己居所等候传讯。这只是部分减轻了惩罚。曼德尔施塔姆在1937年的大清洗

（接上页）

  理性的团体是如此完美。

  感谢他，我们生命中不再有秋天
  斯大林的国度永远欣欣向荣
  我们的生命不再有疑虑，即便在最浓厚的阴霾之中
  我们生产着生命，并为未来绘制蓝图
  对我们而言，没有翌日
  没有正午的黎明，没有热情的冷酷
  ……
  因为生命和人类选择了斯大林
  在大地上无限拥抱他的希望

  在"共产主义"的斯大林主义的亚形式中，总体来说，对这个世纪的主体性的思考是对两种文本之间的裂缝的思考，不要立刻说曼德尔施塔姆是对的，而艾吕雅是错的，尽管在某种情形下，这是一清二楚的，但这对思想来说没有任何价值。更有趣的是不绕弯子地思考一下超现实主义的艾吕雅所说的真理，可以看到，"斯大林"这一名称的效果是对于无产阶级和知识分子来说，生命的权利"不再有秋天"，尤其是其毫不犹豫地去生产生命的权利。
  ① 鲍利斯·列奥尼多维奇·帕斯捷尔纳克（1890—1960）：苏联作家、诗人。主要作品有《云雾中的双子座星》《生活是我的姐妹》等。他因小说《日瓦戈医生》于1958年获诺贝尔文学奖。——译者注

中再次被逮捕并被流放到亚洲的边缘,在去集中营的路上便一命呜呼。

我们研究的诗写作于这些事件之前,即起始于1923年。在1923年,激进的知识分子运动还主导着一切①。那个时候,苏联的命运仍然命悬一线。曼德尔斯塔姆以诗歌的方式意识到:在混乱发展中的某些最根本的东西正在影响着他的国家。他试图用自己的问题式来描述这个飘摇和动荡的年代,正是这个年代让他无法平静下来。我列举一些由塞西尔·温特(Cécile Winter)和我新近翻译的他的诗[之前也有昂利·阿比里尔(Henry Abril)、弗朗希瓦·克雷尔和塔迪亚娜·罗伊(Tadiana Roy)的贡献]。

1. 我的世纪,我的野兽,谁能
2. 直接穿透你的眼眸
3. 谁又能用自己黏稠的鲜血
4. 黏接两个世纪的脊梁?

---

① 曼德尔施塔姆的夫人娜杰日达·曼德尔施塔姆三卷本的《反对所有希望》,由玛雅·明奴斯特西妮(Maya Minoustchine)从俄文翻译过来(Gallimard,1975)。这是反映了苏联统治之下的知识分子的生活的一份非常精彩的文献,反映了怎样从20年代的激进主义走向30年代的恐惧、沉默甚至"消失"的阶段。我们可以举叶佐夫(Jejov)的例子,他是1937年大清洗恐怖的组织者,在那场大清洗之中,数万人倒在枪口之下,而几十万人被流放。叶佐夫是一个纯粹的知识分子,在诗人和作家圈子里非常著名。一般来说,似乎进入"核心层"的行为的热情让大量的知识分子担当了警察职务,或者承担了秘密任务。这种情况也在英国出现过,在那里,剑桥知识分子们的"共产主义"在原则上显示出来的是他们的秘密监视和渗透的天赋。我们可以将之视作一种对真实的激情的反常的变种。

1998年11月18日

5. 建设者的血液汹涌流淌

6. 在世间万物的喉管中

7. 而唯有寄生虫们

8. 在崭新岁月的世纪中颤抖

9. 所有生生不息的生物

10. 都应该耸立起一根脊梁

11. 而汹涌的波涛却被

12. 这根无形的脊骨所把弄

13. 同婴儿脆弱的软骨一样

14. 正是这大地上年轻的世纪

15. 再一次像羔羊一样被献祭的

16. 正是生命的颅骨

17. 为了从奴役中拯救出世纪,

18. 为了开创一个崭新的世界。

19. 新的岁月的衔接

20. 需要用一根长笛,

21. 这是世纪在掀动

22. 人类忧伤的波浪,

23. 而蝮蛇在草丛中

24. 享受着世纪的旋律。

25. 新蕾再一次茁壮成长

26. 绿色的枝芽迸溅怒绽

27. 可你的脊梁已被击碎

28. 我的世纪美好而凄惨!

29. 面带一丝无意的笑容,

30. 你回头张望,残忍而虚弱

31. 如同野兽,曾经那么机灵,

32. 张望自己趾爪的印痕①

1. 这首诗描绘出这个世纪景象(la figure)的意义,这种景象是一种野兽的景象,在这种景象中,文本在其中此起彼落。不过刚刚草草结束的这个世纪在俄国,同其他地方相比,有一个更激进的裂痕,这个世纪是一个野兽。这首诗如同 X 光一样穿透了这只野兽,描绘出它整体轮廓的骨架的影像(l'image)。起初,这是一只张牙舞爪的野兽。可最后,它只能端详着自己的足迹。其间,最重要的问题是它的脊梁,即这只野兽的脊梁是否足够坚实。在哲学上,这些意味着什么?

这首诗试图建立起关于这个世纪的有机的,而不是机械的形象(vision)。思想的任务在于将世纪主体化为一个生命

---

① 对这首名为《世纪》的诗的中译参看了刘文飞译《时代的喧嚣——曼德尔施塔姆文集》,云南人民出版社 1998 年版,第 35—36 页。根据巴迪欧和温特的法文版以及斯蒂芬·布洛伊德(Steven Broyde)的英文版对中译做出了调整。——译者注

1998 年 11 月 18 日

性的创作。不过,这整首诗展现的这只野兽的生命的问题仍然是晦暗不明的。这首诗质询道:在什么意义上,这个世纪可以看成生命?时间的生命是什么?我们的世纪究竟是生存还是死亡?

德国的尼采,法国的柏格森(后者同那个都灵的疯子①相比,体现着我们国家的中庸之道)都在这个问题上进行了正确的预言。实际上,他们都要求我们必须建立对所有事物的统一的有机表达。这意味着其同19世纪科学主义提出的机械模式和热力学模式之间的断裂。支配着20世纪之初的本体论问题是:什么是生命?知识必须成为对事物有机价值的直观。这就是为何这个世纪的知识的形而上学是野兽的类型学。至于其表述问题,可以用如下方式:什么是与生存的有机强度相适应的生命中真正的生命,抑或什么是其中真正的生存?这个问题如同尼采的超人此先预言的一样,它颠覆了整个世纪,这涉及新人类的问题。生命的思想省察了生命意志的力量。在求生意志之中,生存是什么?这与这个世纪有关:作为有机体(organisme),作为野兽,作为中坚的和活生生的权力,这个世纪是什么?毕竟,我们还有一部分生长于这个生死攸关的世纪之中。我们必须生存在这个世纪的生命之中。像曼德尔施塔姆在诗中评述的那样,这个像野

---

① 这里暗指尼采,据说1889年1月3日,尼采在都灵的卡罗·阿尔伯托广场看到一个马车夫用鞭子抽打一匹老马。他抱着马哭了起来,然后昏倒了,接着丧失了理智。——译者注

兽一样的世纪是"我的野兽"。

这个关键的指认决定了诗的变化:我们从观看这只野兽走向了野兽自己的观看。从同这个世纪面对面到这个世纪回首自身的痕迹。时间的诗性思想就是当用它自己的目光去观看事情,即是用世纪自身的目光去观看。这里,我们触及了一种在整个现代性中都至关重要的历史主义(historicisme),这种历史主义介入了曼德尔施塔姆的诗歌的生命论之中。生命和历史不过是一个事物的两个不同的名字:这个变化将我们从死亡之中拯救出来,成为我们生命的确证。

最后,这个始终纠缠着这个世纪的叙述性的和本体性的问题式(problématique)是什么?还有它的生命的问题式是什么?它又反对什么?它反对的是作为一种个人智慧的哲学的观念。这个世纪说,至少到肇始于80年代的自由主义的复兴之前,不是这样!不,那里没有个人智慧。在生命和历史的这一对孪生概念之下,思想往往是彼此相关的,而远远不是个体化的。相对于作为一种人性的动物,其毋宁与一种野兽性息息相关。这种关系要求一种有机的理解,在这种理解中,牺牲个体可以是正当的。

在这个意义上,这个世纪是一种可以看作部分被生命所超越的人性动物的世纪。人是什么样的动物?这种动物最终会变成什么样子?它自己又是如何同生命,或者历史保持一致的?这个问题阐明了在这个世纪之中超越了单体性的

1998年11月18日

范畴，如革命的无产阶级和共产党的范畴的力量。不过，与此同时，它也指明了种族问题无穷无尽地纠缠着这个世纪。

这首诗并没有在这种超越上驻足。它牢牢地将这个世纪同野兽的活生生的根源的形象绑在一起。

2. "谁能够穿透你的眼眸……"面对面的问题是这个世纪的英雄般的问题。我们能坚定地站在历史时间的面前吗？重要的是，它超越了在历史时间之**中**的存在。对野兽的世纪的凝视需要一种**主体性**能力，这种能力远非那些简单地在其时代中存在的人的能力所能企及。这个世纪的人必须面对历史的宏大，他必须支撑起思想和历史之间的兼容性的普罗米修斯般的规划。19世纪的黑格尔的思想依赖于历史的运动，即"完全隶从于客体的生命"①。20世纪的观念是使其面对历史，在政治上驾驭它。因为自1914—1918年的世界大战之后，没有人再相信一种隶从于所谓的其运动过程（porgès de son mouvement）的历史。

在主体性上，对时间之间的联系的描述变成具有英雄般的意义，即便马克思主义仍然推进着历史意义上的观念，虽然马克思主义并没有在实际中应用它。在19世纪的中期和"短暂的20世纪"的开篇之间，也就是在1850年到1920年间，我们从历史进步主义过渡到了政治性的历史英雄主义。那是因

---

① 对黑格尔的《精神现象学》序言的反复阅读极为重要。毫无疑问，这是一个在20世纪产生了最重大影响的19世纪的文本之一。我们甚至可以说，在其时代中是不合时宜的，到1930年前后才彰显出其价值。

为,对于所谓的自发性(spontané)历史运动,我们越来越不信任。新人的规划暗含着这样一种观念,即我们将会去限定和驯服历史。20世纪是一个唯意志论的世纪。历史是一只巨大而凶猛的野兽,它将我们陷于囹圄之中,但我们必须抵挡住它那重若千钧的目光,驯服它并让它屈从于我们的麾下。

这首诗的问题,也就是这个世纪的问题,在于生命论和唯意志论之间、时间的兽性力量的印迹和与之面对面的英雄式的驯化之间的联系。生命的问题和唯意志论的问题如何在这个世纪之中联系起来?在这里,尼采通过他的"权力意志"也做出了预言。尼采揭示了生命与意志之间的辩证法。这是一种巨大的张力关系,揭示了在这个世纪所发生的一切,而其中的主要角色始终坚持让其与生命的必然性,与历史的界限相适应。与此同时,它只能通过有限的和抽象的意志来获得。在生命的本体论(我的意思是历史本体论中的同质性)和意志的非连续性理论之间有一种不兼容性。但是,这种不兼容性延续了野兽—世纪的主体性的活跃。似乎生命的延续性只能在意志的非连续性中得到。在哲学上,这个问题正是生命和意志的关系问题,这个问题也是尼采思想的核心。尼采的超人是对所有东西的综合性肯定:作为生命纯肯定式的展开的狄奥尼索斯精神。与此同时,在1886—1887年之后的逐渐加重的焦虑中,尼采认识到这种总体上的肯定也是绝对的断裂,按照他自己的说法,我们必须"将世界历史

1998年11月18日

一分为二"(Casser en deux l'histoire du mond)①。

需要注意的是,生命的连续性的非连续的英雄主义在恐怖的必然性中找到了政治上的答案。最根本的问题是生命和恐怖的关系。这个世纪毫不妥协地坚持生命通过恐怖来完成传奇的进步目的(以及设计)。在这里颠覆了生与死的关系,仿佛死亡是走向新生的中介。曼德尔施塔姆的诗始终被一种生与死的不确定性萦绕着。

3. 这首诗向这个野兽—世纪提出的一个重要问题是它的来回摆动。它的骨架是什么?是什么把它们捏合在一起?脊椎、软骨、前颅……这是一个贯穿着这个世纪的问题,一个在曼德尔施塔姆诗的隐喻中的一个敏感点,在他的另一首用来颂扬时间和时间的主体的华美的诗《找马蹄铁的人》中也采用了同样的手法。在《世纪》中,曼德尔施塔姆说出了关于野兽的骨架,关于历史时间的稳定性的三个明显的矛盾。

a) 骨架很沉闷,十分赘重,也扭结在一起(第3、4、9行)。在这些行中,X光揭示了一种本质的沉重。这只野兽曾机灵过(第31行),但它不再轻盈。1923年,人们走出了1914—1918年大战的屠戮,但在俄罗斯情况变得更糟,它们又经历了内战和战时共产主义。野兽—世纪的本质是生命,但这个生命中涓涓流出的是鲜血和死亡。

b) 相反:骨架很易碎(第13—14行),一些东西不能沉

---

① 我正好已经在一本叫作《将世界一分为二?》(Casser en deux l'histoire du mond?)的小册子中详细解释了这个命题。

积下来,这只野兽仍然是新生的,像婴儿一样。

c) 最后:它的脊骨已经被击碎(第27行)。甚至在这个世纪开始之前,它的脊骨就已经碎掉了。

这些矛盾的言辞听起来像是对这个世纪的主体性的描述。这个世纪在沉重和鲜血中开篇,用它那阴森的沉重挤压着我们。然而,在其前端,存在着一种不确定的,新生和脆弱的诺言。但一些东西已经被打碎,碎裂了,就不能再结合起来。

这首诗能够同时描述所有这些,因为它从未按辩证法来安排。毕竟,它与客观性话语无关,毋宁说它建立在精神性的蒙太奇之上,这种精神性的蒙太奇被称作"世纪"。事实上,在曼德尔施塔姆之后很久,这个世纪都被其恐怖所萦绕着。这个世纪很清楚鲜血是什么,尤其是在作为一种难以想象的创伤的1914年世界大战之后更是如此。1914年的世界大战不仅仅是作为一场战争——用"屠戮"来形容它有点太早了。"屠戮"意味着屠杀,对数以百万计人类的生命的纯粹而简单的消灭。将这个世纪看成一个新时代的开始,一个人类的新生,一个诺言也是对的。甚至这些灭绝者本身也表达了一种诺言和一个新的开始。他们的诺言是一个黄金时代,一个千年和平。

这个世纪的主体性生产了一种彻底的新的结束和开端的关系。曼德尔施塔姆的诗将这两种观念并列在一起:

为了从奴役中拯救出世纪,

1998年11月18日

为了开创一个崭新的世界。

这个世纪同时是囚笼和新生,同时是十恶不赦的恐兽和新生的年轻的野兽。

我们还读出碎片的、碎裂的脊骨的感觉:

可你的脊梁已被击碎
我的世纪美好而凄惨!

这个观念贯穿了整个世纪:它的时际已经化作往事尘烟。它唯一能做的是艰难地修复自己的无能。正是由于其生命论,这个世纪经常质疑和询问自己的生命。正是由于其唯意志论,这个世纪衡量着自己意志的不足。它为自己设定了一个如此宏大的客观目标,以至于它早就相信这根本无法企及。它反躬自问,是否在其之后已经不存在伟大的真理。思乡愁绪(nostalgie)一直在旁窥探着,这个世纪始终有一种往回看的趋势。一旦这个世纪相信它的能力消耗殆尽,它就会将自己表达为一种失算的诺言。

生命论(强大的野兽),唯意志论(面对野兽),思乡愁绪(一切已成云烟,能量不足):这些并不是矛盾,这些是在1923年描述的一个短暂的世纪开端的主体性。这些扭结在一起的骨骼,这些婴儿的软骨,以及碎裂的脊梁描绘了一个罪恶的、狂热的、令人扼腕的世纪。

4. 但是我们回头望,看到的是19世纪,于是我们可以提出一个不可避免的问题,一个特别的在那个世纪的认同中最核心的问题:这个世纪同前一个世纪的关系是什么?我们问道:

"谁又能"用黏稠的鲜血

黏接两个世纪的脊梁?

如果我们记住在两个世纪的衔接处是战争和屠戮,那么"用黏稠的鲜血黏接"的意义就会非常清楚。但这个关系的真正意义是什么?这对于20世纪来说,是一个绝对的基本问题。我们可以说20世纪的意义在于其与19世纪的相联系的思考方式之中。不过这种联系的可能性有两个,两种可能性都在关于世纪的话语中强劲地显现出来。

a) 理想的结局:20世纪兑现了19世纪的许诺。20世纪实现了19世纪所设想的东西。比如,革命,它是乌托邦主义者和主要的马克思主义梦寐以求的东西。在拉康那里,有两种方法可以表述之:要么20世纪是19世纪的想象的真实(réel);要么它是19世纪的象征的真实(19世纪提供了其原则、它的思考和它的组织方式)。

b) 否定的不连贯性:20世纪抛弃了19世纪所许诺的一切。20世纪是一个梦魇,文明崩溃下的野蛮。

在第一个例子中,关键点是我们被引导着去接受一种真

1998年11月18日

实的恐怖。我们通常说，20世纪的野蛮源于其中的主要角色，即革命者和法西斯主义者，他们在许诺的名义下，在"光辉灿烂的明天"的名义下认可了恐怖。相反，我们相信，令无数战士们神往的那个世纪是真实的。即使在其恐怖之中，我们仍然充满着对真实的兴奋和热情。当然，这些角色并非被幻象操纵的糊涂虫。想一下第三国际的一个特工的坚持、经历以及他清醒的认识吧！在西班牙内战期间，当国际纵队（Brigades internationales）的俄共代表被莫斯科紧急召回，他完全知道他一回去等待他的是逮捕和处决。甚至他很早就知道斯大林不愿意让人们的经历超出他的掌控之外，他实际上打算清算所有在西班牙的老同志。他会逃跑、自卫、反抗吗？完全不会。在这种情形下，这个代表会在晚上喝得酩酊大醉，然后第二天早上返回莫斯科。会有人告诉我们这是一种幻象、一种许诺、一种光辉灿烂的黎明的结果吗？不，对于他们来说，真实包含了那些方面。恐怖不过是真实的一个方面，死亡也是真实的一部分。

拉康非常正确地看到，恐怖的经验是真实的经验的一部分。真正的问题绝不是想象，而是要知道在激进的实验中，所假定的真实的职责是什么。当然，无论其是什么，它都不是一个美好明天的许诺。除此之外，我们相信，那些行动、勇敢，甚至顺从的主体性的动机在现在一直存在着。谁曾在不确定的未来的名义下做过什么？

5. 这首诗的第三节的价值源于一个无论对于诗还是诗

人来说都十分关键的因素。实质上，有人告诉我们如果我们想开创一个新世界，就必须用"一根长笛"（即艺术）衔接起那些日子的契合点，将时间的躯体统一起来。

我们在这里遇到了世纪的另一个纠缠不清的问题：艺术的作用是什么？艺术和世纪之间的共同尺度是什么？众所周知，这个问题已经在19世纪出现。这是历史主义和美学的绝对性之间的张力的结果。在19世纪的所有部分中，诗人已经具有了引领作用，在那些年代中，通过诗人的作用，艺术为人们指明了方向。雨果在法国，惠特曼在美国都是人们的典范。这是一个严格意义上的前卫形象，即他们走在前面，这个形象与人们的觉醒、进步、解放以及能力的复苏紧密相关。

不过诗人的引领形象在19世纪末被抛弃了，而在20世纪它遭到了彻底的毁灭。在对马拉美的承袭中，20世纪建立了另一种形象，诗人成为失落的思想的残余物。在语言中，诗人是一个对被遗忘的开端的保卫者；用海德格尔的话说，诗人是"开敞的守护者"（gardien de l'Ouvert）①。被忽视的诗人为了不让人们误入迷途而守卫着。我们沉浸在对真实的抛弃之中，因为诗人确保了语言保存着命名的权力。这就是诗的"有限的行为"，它保留着极其前卫的功能。

---

① 海德格尔关于诗的文本是极为丰富的。它们中间最含晦的或许是我们这里探寻的最重要的东西：世纪的极点。可以参看海德格尔的《荷尔德林诗的阐释》（*Approche de Hölderlin*, traductions de Henry Corbin, Michel Deguy, François Fédier et Jean Launay, Gallimard, 1979）。

1998年11月18日

在我们诗的第三节中，已经很清晰地说明了艺术在世纪之中是用来连合的。这种连合的意思并不是一个庞大的统一体，而是一直亲密无间的博爱，一只手连着另一只手，一个膝盖触及另一个膝盖。如果它成功了，它将会将我们从三种悲剧中拯救出来。

a) 笨重呆板和闭关自守的悲剧。这是诗的自由原则，它单独就能将世纪从囚笼中解救出来，也就是说，从世纪自身中解脱出来。诗有一种将世纪从世纪中拯救出来的权力。

b) 人类消极被动和悲惨凄凉的悲剧。没有诗所描绘的统一体，我们将会在悲惨凄凉的境地中来回晃荡。因此，诗中有一个快乐的原则，也是一个积极的原则。

c) 背叛、惨烈的创伤、邪恶的悲剧。这个世纪在蛇的图景[在瓦莱里(Valéry，一译梵乐希)那里这样写道①]下是一

---

① 在《年轻的帕尔卡》(*La Jeune Parque*)(中译注：帕尔卡是古希腊掌生、死、命运的命运三女神之一)中的《蛇的轮廓》(*l'Ébauche d'un serpent*)里，我们可以看到蛇是瓦莱里的动物之一，和他一样，蛇和鹰成为查拉如斯特拉(中译注：尼采笔下的一个智者，可以参看尼采的《查拉如斯特拉如是说》)的动物。在这个世纪，瓦莱里不是一个让我们感到冷漠、对之敬而远之的思想者。蛇作为一种象征，意味着在知识的噬咬下，一种清晰的自我意识的苏醒。可以看到，瓦莱里用自己的方式提出了一个我们在这里探寻的重要问题：如何保证我们接近真实？在他最成熟优美的诗歌《海边墓园》(*Le Cimetière marin*)中，他得出结论，正是在这个世纪生命论的风格中，真实总是同反思分离开来，突然，躯体在瞬间和刹那间乍现出来：

不，不！起来！投入不断的未来！
我的身体啊！砸碎沉思的形态！
我的胸怀啊，畅饮风催的新生！
大海四处散溢着它的清凉芬芳，
啊！那充满咸味的力量呀，请让我的灵魂归来！
在浪花四溅的生命中随波逐浪！

种绝对罪恶的诱惑(la tentation)，它丝毫没有反抗就臣服于时间的真实之下。"黄金律"指出：让世纪自己，按它的节奏来前行，这样无须借助暴力和对真实的激情的中介就能赞同它。

与所有这些相反，那里只有艺术的长笛。毫无疑问，这是所有思想的事业的勇气：通过一个前所未有的方式，在它自己的时间去存在。像尼采一样，要有一种不合时宜地存在的勇气。所有的诗都是一种"不合时宜的沉思"。

最后，曼德尔施塔姆对我们说，自 1923 年之后，我们看到了这个世纪的无法消退的暴虐，诗也置身于茫茫的等待之中。事实上，这既不是对时间的忠诚，也不是对未来的许诺，更不是纯粹的乡愁。诗如此在等待中伫立着，它创造了一种等待的主体性，一种欢迎式的等待。它可以说，是的，春天来了，"绿色的新芽突然出现"，不过我们将在我们膝下的一个碎裂的世纪里继续抵御着人类悲惨凄厉的波涛。

这个世纪是一个等待的诗性的世纪，一个门槛上的诗性。这个门槛尚未被跨越，但它的持之以恒已经成为诗的力量。

我想用三个在这方面极其不同的形象来结束这一讲：布勒东、海德格尔、博纳富瓦。

a) 安德烈·布勒东，《疯狂的爱》(*L'amour fou*)(1937)

在这个世纪，1937 年一点也不出奇。但这是具有换喻

1998 年 11 月 18 日

意义的一年，在这一年里发生了几件重大事件。在这些重大事件中，最引人注目的是斯大林的恐怖。因为这一年就是被称作"大恐怖"的一年。在西班牙内战中，这些事情急转直下，这仿佛是这个世纪的缩微版，因为这个世纪所有的主要角色都在这里登场了（共产主义、法西斯主义、国际主义的工人、造反的农民、外国雇佣兵、殖民军队、法西斯国家、"民主"，等等）。正是在这一年里，纳粹德国开始不可阻挡地准备着全面战争。这一年也是中国的重大转折点。在1937年的法国，越来越明显，人民阵线（le Front populaire）①走向了失败。不要忘了1937年的那些议员就是两年之后投票赋予贝当②充分的权力的那群人。

还有，毕竟，我出生在这一年。

安德烈·布勒东在1937年给我们讲述了什么？一个强

---

① 法国人民阵线是1935—1938年法国左翼各党派和群众团体为反击法西斯势力、实行社会经济改革而组成的统一战线。1935年7月14日，法国社会党、法国激进社会党、法国共产党和各大工会组织全国规模的反法西斯示威，并决定起草统一左翼各党派行动的共同纲领，人民阵线遂宣告诞生。1937年2月，政府迫于大资产阶级的抵制和反抗，宣布暂停实施人民阵线纲领，布鲁姆于6月辞职，激进党人C.肖当、达拉第先后组阁。1938年10月《慕尼黑协定》签订后，人民阵线公开分裂，此后名存实亡。——译者注

② 亨利·菲利浦·贝当（Henri Philippe Pétain, 1856—1951）：法国陆军将领、政治家，也是法国维希政府的总理。他曾在第一次世界大战期间担任法军总司令，带领法国与德国对战，被认为是民族英雄，1918年升任法国元帅。1940年6月，贝当在德军向法国内陆大举推进之际就任法国总理，在6月22日与德国签订停火协定。根据该协定，法国的大部分地区被德军占领，只有南部及东南部一带例外。随后法国国会通过议案，授予贝当宪法、立法、行政及司法权力，并暂停宪法，令贝当拥有独裁者的权力。贝当政府总部设在法国中部非占领区的维希，故被称为"维希政府"。1945年4月，贝当回到法国接受叛国罪审讯，其后被定罪及判处死刑。——译者注

有力的与众不同的等待的诗作:守夜人之诗。这里给出《疯狂的爱》的第三章的开头部分:

(在发现的那一点上,从对于第一次航行的人来说的看到一片新的土地的那一刻,到他们涉足登上那片海岸,从某个行家老手开始相信他们看到了前所未见的景象,到他开始估价他所看到的东西的意义——所有绵延的感觉都在这机遇的氛围中消逝了——一束轻快的火焰照亮了明朗的未来,或者一个独一无二的完美的生命的意义。)

正是在这种超现实主义一直渴望的特殊的精神状态的愉悦中,它蔑视在前文所述的捕掠和黑暗,为了不再有黑暗,亦不会被捕掠:黑暗和捕掠都混杂在一道无与伦比的闪电之中。重要的是,不能让我们身后的欲望的道路布满荆棘。什么也不会在艺术、在科学中留存着比生产、掠夺、拥有的意志更少的欲望了。让所有的囚笼都见鬼去吧,这真的是为了普遍的善的秩序吗?这真的是在蒙特祖玛(Montezuma)[①]的奇砖异石搭建的花园里吗?至今我仍然只能等待着我唯一的无拘无束的自由,我渴望翱翔在万物之间,我相信它让我同其他无拘

[①] 蒙特祖玛,严格说是蒙特祖玛二世,是 16 世纪阿兹特克人的末代国王。西班牙殖民者盛传阿兹特克人十分富有,而蒙特祖玛二世更是富可敌国,他拥有一个用各类宝石修建而成的花园,里面收藏着各类奇珍异宝。正是在这种动机的召唤下,西班牙殖民者在科尔特斯的带领下消灭和劫掠了这个拥有了一千多年历史的王国。——译者注

1998 年 11 月 18 日

无束的存在保持一种神秘的联系，仿佛我们突然都被呼唤着将我们结合在一起。我希望我的生命在其之后不过是守护者之歌的低声吟唱，这首歌恰恰是为了逃避等待。无论等待的东西最终到不到来，等待本身就足够壮丽辉煌。

守护者的形象是这个世纪伟大的艺术形象。守护者在这里仅仅只有强烈的守护，守护着黑暗和捕掠在一道无与伦比的闪电中交织起来。守护，或者说等待的问题只能抓住一种对等待的东西到不到来漠不关心的真实。这就是这个世纪的一个主要问题：等待是最重要的德性，因为它是强烈的冷漠唯一的存在形式。

b) 马丁·海德格尔

我在这里列的是在他的《演讲与论文集》(1951)中的《……人诗意地栖居着……》：

> 人栖居，是因为人筑造——这话现在已经获得了它的本真意义。人栖居并不是由于人作为筑造者仅仅通过培育生长物，同时建立建筑物而确立了他在大地上天空下的逗留。只有当人已然在作诗的"采取尺度"意义上进行筑造，人才能够从事上面这种建筑。本真的筑造之发生，乃是由于作诗者存在，也就是有那些为建筑设

计、为栖居的建筑结构采取尺度的作诗者存在。①

在这个世纪的诗中，我们经常发现，有一种对所有的安居、收获、捕掠的蔑视。关键在于等待，在于一种纯粹的警惕性。

所有事物都回溯到它的原初前提，这是一种尺度，这种尺度通常在守护和保卫的形象中完成对自身的展现。像这样的诗，在跨不跨过的可相互巅转的关系中，守护着这个门槛。这是为了同时既可以向前看，也可以向后看。诗的世纪是一个没有真正跨越门槛的世纪。

在曼德尔施塔姆的诗的最后一节中也可以发现同样的内容。那里有一种革新，它走向繁荣和重生，但那里也有一种断裂，门槛上的裂石，它在回首后望中出现，与过去的足迹纠葛不清。在前面，那儿有一个不能被信守的诺言［顺便说一下，这就是克劳黛（Claudel）的女人定义②］；在后面，只有你们的足迹。这个世纪是诗性的，同时也不可能被跨越，仿

---

① 本段译文参考了孙周兴译的中文版，海德格尔，《演讲与论文集》，三联书店2005年版，第212—213页。——译者注
② 克劳黛的戏剧《城》中的女主角在第三幕里宣布："我们是一个不能信守的诺言。"当我们进入克劳黛的角色之中，并同她非常景仰的布莱希特进行对比时，会非常有趣。在一种浓厚的几乎是中世纪的天主教色彩装扮下，克劳黛也逐渐开始相信，拥有真实的既不是迂腐的知识，亦不是庸碌的道德，而是背井离乡后的最后的重逢，而且坚定不移地跟随这种重逢同步前行直到最终。她也相信个人不过是力量和斗争脆弱的象征，正是由于它们超越了个人，它们才允许个人去接近那伟大的隐秘的超验性。她还认为人文主义（在她眼中，这是一种恐怖的新教）和自由主义（也一样）都是无一是处的陈词滥调。

1998年11月18日

佛一个在过去的足迹和未来的目的之间引领它的轨迹。

c) 伊夫·博纳富瓦,《在大地的尽头》,选自《这里没有光芒》

密纳瓦的猫头鹰,在黄昏后起飞,在那一刻对你们说,你们将这个苦难的大地上路径抹去。

一旦你们不再有疑惑,那么你们就仅仅是一个谜。一旦你们在永恒中将时间镌刻,那么你们只是停留在过去,在那里是大地的尽头,摆在我们前面的,却是悬崖绝壁。

你们可以看到,伊夫·博纳富瓦或多或少有点像曼德尔施塔姆。这个世纪是一个中转站,一个绝不会被跨越的移动的门槛。博纳富瓦还写过另一本题为《门槛的诱惑》的集子。我们位于趋于消逝的路径(参看海德格尔的《林中路》)和一个走向尽头的大地之间。诗人介于这二者之间。

大概半个世纪之后,那里又有了同样的景象,即诗在趋于消逝的路径和感受一个终结的世界之间栖居着。我们没有入口。什么能够带着我们穿越这个门槛?诗是足迹和终点之间的薄薄的锋刃。

从主观上看,曼德尔施塔姆告诉我们,我们站在一个"无意义的微笑"的门槛上。"微笑",由于门槛无法通过,那还为什么笑呢?我们来自生活,来自有希望(微笑);我们走向缺乏意义的真实(无意义)。难道这不是世纪的主体的箴言吗?

1999年1月6日

三　不可调和

　　如果不是第二次复辟（Restauration）的话，怎么评价这个世纪的最后20年？无论如何，我们要看到，这些年同数字搅杂在一起。由于复辟不过是一个宣称革命不可能，而且令人憎恶的历史瞬间，而财富的统治地位是自然的和优越的，人们开始相信其热衷于数字，在这些数字中首当其冲的就是美元和欧元的数字。这种对数字的热衷在巴尔扎克的大量著作中也可以找到，巴尔扎克是第一次复辟时期的伟大的艺术家，而这次复辟正好在1792—1794年的法国大革命之后接踵而至。

　　但更重要的是，所有的复辟都有一种思想的恐怖和仅仅在观念上的爱，尤其在主流观念中，正像一次向所有人概括的基佐的命令:"让你们自己富起来!"与思想有着必然关系的真实是由复辟的理论家们构想出来的,其没有得到很好的论证,它总是倾向于产生一种政治性破坏,亦即恐怖。复辟首先是一种对真实的看法,要知道它总是宁可与之没有关联。

如果数(投票、计算、收视率、预算、信用、股市涨跌、彩票、薪水、股权认购,等等)是现在的物神(fétiche),那么正是在真实开始衰竭之处,盲目的数(le nombre aveugle)恣意生长。

所谓的盲目揭示了恶劣的(mauvais)数,在这个意义上,黑格尔说过坏的无限。作为存在形式的数和用来填补真实衰竭空缺的数之间的区别在我看来是非常重要的,我已经用一整本书讨论过这个问题[1]。我们在这里举一个反例:马拉美是一个在《骰子一掷》的金钱中的数的思想家。但对于马拉美来说,数绝不是观念的物质材料。它是"一个不能是其他的独一无二的数",在那一刻,通过骰子一掷,在必然性中,机运被固定下来。在尚未被骰子一掷扼杀的机运和必然性的数字之间存在着不可分割的紧密联系。数是概念的编码。按照马拉美的结论,这是因为,"所有思想在骰子一掷中倾泻出来"。

今天,数是无法界定的可计算的数。和马拉美的数不

---

[1] 这本书写于15年前,名字叫作《数与数字》(*Le Nombre et les nombres*, Seuil,1990)。

同,复辟的数的特征是没有丝毫缺陷地被其他任何一个数所取代。它的本质是随意的变化性。这是漂浮的数。这是因为在这个数的背后,藏匿的是股市的波动。

从马拉美的数像投票的数的轨迹将概念的编码变成了冷漠的变量。

为什么要这么开场呢？这是为了引出另一个开场,正好这个开场实际上就是随后的部分。我也在复辟之中拥有着自己的数字。我从一些严肃的出版物中得到这些数字①,而它们本身又从更严肃的官方报道那里赚取。

在这一讲中,你会了解关于我们提及的这个缺乏主要线索的世纪的两个问题:

a) 这条几近于本体论的模糊的纽带将一个洋洋自得的欧洲和饱经苦难的非洲统一起来。非洲是作为白人的道德去涤荡的神秘污点出现的。

b) 我们给予新事物的命名的问题,是作为资产阶级独裁的黄金时代出现的,即"平等乌托邦"。

于是,我也尽可能用最直接无修饰的话来描绘那些时代的景象:

---

① 在那些试图逃避众口一词的自由主义,来捍卫这个世纪的寥寥可数的知识分子力量的出版物中,需要提到《世界辩证法》杂志,其中大部分图景是经过精挑细选的。其局限在于:它对于社会状况和耸人听闻的经济不公的关心更多是从纯政治问题角度来审视的,几乎不敢冒险去触动这个问题的最终的本质:对用于遮蔽的"民主"的代议制的批判,这种批判会带来对政治和民主概念的完全不同的思考。完全可以说,这就是我很荣幸成为其中一员战将的"政治组织"(L'Organisation politique)所提出的概念。

1999年1月6日

1. 在今天的欧洲，大约50万人感染了艾滋病。在三药合治（trithérapie）的帮助下，道德恣意地堕落下去。这50万人中有大多数人能够苟延残喘，尽管他们为之承担了大量的治疗费用，并长期持续下去。

在非洲，有2 200万人感染了艾滋病，但药物十分匮乏。这其中绝大多数人会死去，在一些国家里，这意味着有四分之一或者三分之一的孩子会死去。

向每一个非洲的艾滋患者发放必需的药品是绝对可能的。只要一些拥有这种工业水平的国家决定生产这一类药物，并将之转交到相关的人们手中就行了。这花不了多少钱，绝对比让"人道主义的"军队到处游弋花得少多了。

一个政府如果不这样做的话，就必须为数以千万计的人的死亡一同承当责任。

2. 世界上最富有的三个人拥有的财富超过了世界上最穷的48个国家的国民生产总值（GDP）。

3. 假设我们试图为世界上所有人提供一定数量的营养，也就是说，一天2 700卡路里，还有足够的饮用水和基本健康所需的资源，所有这些加起来，与欧洲和美国的居民每年的香水消费的费用差不多。

4. 拿世界上最穷的20%的人和最富的20%的人做比较。在1960年，最富有的人是最穷的人的收入的30倍。到1995年，这个收入比超过了82。

5. 在70个国家（等于世界上40%的国家），居民人均收入低于20年前。这个情况还在继续。

我的开场到此为止。

今天,我们将从上一次所引述的曼德尔施塔姆的诗的第二节开始。问题在于世纪的开端是一种牺牲:

> 同婴儿脆弱的软骨一样
> 正是这大地上年轻的世纪
> 再一次像羔羊一样被献祭的
> 正是生命的颅骨

很明显,这是一个基督教的隐喻,它一方面将新生、征兆、诺言,另一方面将纯洁的死亡和牺牲贯穿起来。不要忘记弥散在这个世纪中的基督教思想的持存和复苏。尼采的反基督导致了他的反-反基督。在二三十年中,他成为基督教的时尚。从克劳黛,经由曼德尔施塔姆到帕索里尼①,有着一批基督教的,或者同基督教保持着一种辩证的暧昧不清关系的诗人。基督教哲学,尤其是基督教道德主义完全吸收

---

① 皮埃尔·保罗·帕索里尼(Pier Paolo Pasolini,1922—1975):意大利作家、诗人、后新现实主义时代导演。1975年,帕索里尼完成了自己最惊世骇俗的最后一部电影《萨罗——或索多玛的120天》,将法国最"臭名昭著"的性作家萨德侯爵的作品搬上银幕。《萨罗——或索多玛的120天》揭露现代消费社会残忍的虐待狂般的暴殄天物的力量,把"施虐狂/受虐狂"的称号送给所有的观众,引起轩然大波。——译者注

1999年1月6日

了现象学之后变得经久不衰①。还有基督教心理学的广泛的发展,这同时也指出了当消化器官中毒之时,宗教的身体仍然如同青铜般僵硬。

现存的基督教,即成为国家权力的基督教的核心问题是纯洁的受难和死亡代表着一个新世界的诞生。圣父和人类的新的合体,作为圣子的道成肉身,始于十字架上的受难。我们如何从这样一个开端中复苏?我们如何走出开端中的绝对暴力?这个宏大的问题一直揪扯着正统的基督教。不过,在总体上,它也是困扰着20世纪初期的一个问题,这是因为1914年的世界大战,1917年的革命,还有在这个背景下的殖民主义的卑鄙无耻的行径。问题在于要了解在新人的承诺下,我们如何化解开端的血雨腥风。围绕着这个承诺的光环是什么?如何从开始的牺牲中复兴?

对于这种问题,通常有两种思想倾向。

第一种倾向:由于它这样揭开了帷幕,于是我们在死亡之时,终结之时之中。这在基督教思想中处于首要位置:正因为基督的死亡,世界的终结才显得格外紧迫。就是在1914—1918年的大战之后,一种思想,尤其在法国,占据了主导地位,这种思想就是这样的屠戮能够让所有战争终结,走向最终的和平。这种立场与"不惜一切代价的和平"的口

---

① 这一点可以参阅多米尼克·简尼考(Dominique Janicaud)的一篇精彩的论文《法国现象学的神学转向》(*Le Tournant théologique de la phénoménologie française*, Combasm Éd. de l'Éclat, 1998)。

号和和平主义潮流的巨大力量联系在一起。与这种倾向相适应的主题在鲜血中诞生了,并宣布这是最后的流血,即"最后的最后",像1914年的大战所说的那样。

第二种倾向:由于其开始于暴力和破坏,这些暴力和破坏需要通过一个超级破坏,一个根本的暴力来终结。坏的暴力之后跟随的是好的暴力,其合法性正在于前者。和平建立在战争的基础上,我们用好的战争来终结坏的战争。

这两种倾向彼此交错也彼此对立,在1918年和1939年尤为突出。一个战争的开端开启了一个什么样的辩证法?这是一个战争/和平的辩证法还是一个坏的战争/好的战争的辩证法?

这是两次世界大战之间法国和平主义的历史,其主要是"左翼"潮流,具有反讽意味的是,这个观念在术语上也是贝当主义的起因。因为贝当主义为投降提供了一种政治形式。他们宁可如此而不愿战争。这是一条"不再重复"之路。

问题是纳粹坚持走了另一个方向:借助一个帝国的、民族的、种族的好的战争返回他们业已失去的坏的战争,这是一场决定性的战争,这也是千年帝国(Reich de mille ans)的根基。对于法国人来说,不惜一切代价的和平来得太突然,这意味着同全面战争的和平,也是同纳粹的和平,因此,这种和平被动地卷入一场"绝对"战争,一个愿意进行灭绝的右翼的战争。这是贝当主义的本质:同灭绝性战争的和平,让其成为同纳粹的卑劣的同谋,而更卑劣的在于他们为的只是自

1999年1月6日

己消极的生存。

值得注意的是,戴高乐在1940年朴实地指出战争仍在继续。简言之,他和他的抵抗运动的战士们重新开启了战争,重新启动了战争。但他们遇到了同样的两难:这个始于残酷的战争的世纪如何在一个更糟糕的战争中继续?在其进程中,什么成为新人类的"神圣的"诺言?

我在这里关于战争的论述与一种不合常理的(paradoxale)主体性相对立,我通过曼德尔施塔姆开始讨论这种主体性。这个世纪将自身同时想象为一个终结、衰竭、没落,以及一个绝对的开始。这个世纪的问题部分在于这两种信念之间的衔接。换句话说:这个世纪将自身看作虚无主义,但是类同于狄奥尼索斯意义上的虚无。基于此,其似乎肇始于两个准则:一方面(例如,在今天)是遁世、屈从、更少的恶、中庸、作为精神性的人类的终结,以及对"宏大叙事"①的批判;另一方面,即1917年到80年代的"小世纪"的维度,响应了尼采的"将世界历史一分为二"的意图,试图寻找一个激进的开端来创造和谐的人类社会的根基。

这两条路径的关系并不简单。这不是辩证关系,而是一种错综复杂的关系。这个世纪一直被必然性和意志的非辩

---

① 当让-弗朗西瓦·利奥塔宣布"宏大叙事"的终结时,他给出了向这个世纪(即向"现代性")苍凉告别的一种表达形式。在他那里,这尤其指的是马克思主义政治学的终结,"无产阶级叙事"的终结。他既高雅又深邃地指出了这一点,他在一些能够用来替代的当代艺术中,在断裂和卑微之中,来思考沦落的总体性和不可能的宏大。可以参看他的《争端》(Le Différend, Paris: Minuit, 1984)。

证的关系所萦绕着。这在尼采那里非常明显,在这个意义上,他是这个世纪的预言家。尼采提出了一个虚无主义的详细的诊治方案,并致力于否定效果的谱系学(罪恶、愤恨,等等)。但与此同时,有一种"正午"(Grand Midi)的唯意志论的确实性,它并不支持虚无主义霸权下的任何后果或其辩证转化的关系。根本没有否定性的理论能够认可这个过程,德勒兹非常准确地定义了这种关系,即它不是一种"断裂性综合"(Synthèse disjonctive)①。

在历史的秩序,以及其对政治的意志性屈从中,这种断裂导致一个问题。正因为这种断裂,这个世纪完全被标识为一种特殊的暴力,这不仅是一种客观的暴力,而且是一种主体性偿愿,甚至有时是一种迷狂。暴力发生在选择的断裂点上。它用一种消逝的链接取代了自身,仿佛在一个反辩证的缺口上强行进行的辩证链接。

由于新人的创造,暴力变得合法化。毫无疑问,这个问题只有在上帝之死的层面上才有意义。没有上帝的人类必须进行再造,用来取代臣服于上帝的人类。在这个意义上,新人紧紧拽着断裂性综合的碎片,因为这既是一种命运,即诸神死去之后的人类的命运;亦是一种意志,即对以往人类

---

① "断裂性综合"的概念是德勒兹存在的"生命"概念核心,它等同于一种生产的单义性。它界定了"一"的权力,即便在最离散性的序列中,它亦可昭示自身。我在《德勒兹:存在的喧嚣》(*Deleuze, la clameur de l'être*, Paris: Hachette, 1997)中重构了(理性地摆脱了)这一点。

1999年1月6日

超越的意志。如果这个世界的确是一个令人惊骇的意识形态的话，它就为这种断裂性综合提供了形象，这种形象既指明了思想的方向，也促进其前行。昭示着今天我们对人道主义的谦卑和虔诚的著名的"意识形态的终结论"，不过是人全新的遁世之路。我已经指出，这在通过盲目的行为和金融贸易实现了人类彻底变革那一刻已经发生了。

不错，这不是产生于20世纪的新人问题的意识形态。这是主体、战士的激情，这是新人的**历史实在性**（l'historicité）。因为我们也位于开端的真实的那一刻。19世纪宣布着、梦想着、许诺着，20世纪宣布会立刻实现这些。

这就是我所谓的**真实的激情**，我相信这是理解这个世纪的关键。这是一个悲怆的信念，它呼唤着开启性的真实。

这个世纪的每一个人都会知道，真实既恐怖又令人迷狂，既致命又开创新生。真实是确凿无疑的如其所是，正如尼采在《超善恶》中令人瞩目地说的那样。任何关于新人的真实的信念都不会在乎其代价，这种不计成本的信念赋予了最暴力的方式以合法性。如果问题的关键在于新人，那么旧人就只能存在于物质上。

对于今天性格温顺的道德论而言，这不过是冷漠的罪行的升级，作为一种道德的战争和体面的利益，他们认为，这个短暂的世纪，在意义含糊不清的"共产主义"的名义下充满着革命政治的世纪是野蛮的，因为他们对真实的激情超越了善恶之分。比如，它的位置在政治和道德之间来回滑动。但从这个世纪之内来看,这个世纪是一个英雄和史诗的世纪。

在阅读《伊利亚特》时,我们不会没有看到,屠戮在不间断中延续着。但其情节的变化发展作为诗歌并没有被看成野蛮,而是看成了英雄和史诗。这个世纪是一个主体性的**伊利亚特**,即便在另外的阵营看来其间的野蛮随处可见,昭然若揭。在那里,根本不关心客观上的残酷的表现。正如同样在《伊利亚特》中读到的那种不关心一样,因为行动之力在强度上超越了多愁善感的道德。

一些著名的文学例子表现了在这个世纪最野蛮的时代中被史诗情感美学化的主体性关系。涉及1914年的世界大战,我们可以参考劳伦斯(Lawrence)①在《七根智慧之柱》(*Sept Piliers de la sagesse*,1921)中的方式。劳伦斯描绘了诸多恐怖的场景,不仅描写了敌对阵营的恐怖(土耳其军队将村民屠戮殆尽),也描绘了自己阵营的恐怖,当从他口中吐出"无人区"(pas de quartier)时,根本没有任何俘虏,所有的伤员都会被终结掉。对于这些行为毫无评判,相反,他们的肉身熔入"阿拉伯战争"的史诗之中。在革命的方面,我们可

---

① 又称为阿拉伯的劳伦斯,他原名为托马斯-劳伦斯,生于英国,毕业于牛津大学,曾参加不列颠博物馆幼发拉底河卡赫美士考古队,任普通队员。他除了是一个军人和阿拉伯语专家以外,还是一个作家,主要作品有《七根智慧之柱》(1921)、《沙漠暴动》(1927)等。他死后,事迹被改编为包括电影在内的各种文艺作品广泛传播。——译者注

1999年1月6日

以引述马尔罗（Malraux）①的《希望》(L'Espoir, 1937)，尤其是当在讨论西班牙内战时，他报道、评述了酷刑的行径和简单的处决，不仅仅是佛朗哥阵营，也包括共和派阵营。我们再一次看到，大众反抗史诗般的恢弘壮阔湮没了一切。马尔罗用他自己的范畴从最晦暗的方面来处理断裂性综合，即作为命运的历史图景。如果这些暴行不能从"道德"意义的情势（situation）来理解，那么如同尼采从斯多葛主义那里借用的"天数"（fatum）一词一样，我们超越了这种情形下的所有的思考。在这种激烈的情形中，关键在于所有的力量都遭遇了自己的命运并必须直面这种命运，如同我们必须面对曼德尔施塔姆诗中那个野兽世纪一样。因为，马尔罗说道，西班牙因其内战而将自己消耗殆尽，这成为其自我意识，通过这种方式，这出戏剧中的所有人都共同拥有了这种自我意识。暴行只是这种表现的一部分，在某种程度上而言，将历史揭示为命运的差不多正是战争的经历。

---

① 安德烈·马尔罗（1901—1976）：小说家，评论家。他中学毕业后，进过巴黎东方语言学院。1923年，他偕同第一个夫人去远东游历。这一时期，他和当时越南、中国、苏联的革命者有过频繁接触。广州起义失败，国共两党联合破裂以后，马尔罗于1927年返回法国。他和高尼利昂·莫利尼策划对沙特阿拉伯进行了一次袭击，弄走了帕米尔地区哥特式的佛教艺术品，于1932年在《新法兰西杂志》社展出。之后，他与另一作家安德烈·纪德极力替被德国纳粹分子诬告为纵火焚烧国会大厦主谋的保加利亚革命领导人季米特洛夫辩护。这时，他被选为世界反法西斯委员会主席。1936年，他加入了支援西班牙共和国的国际纵队，担任外国空军部队的总指挥。第二次世界大战期间，马尔罗领导好几支游击队，在1945年解放阿尔萨斯的战役中，担任阿尔萨斯·洛林纵队总指挥。法国光复后，他在政治上一直与戴高乐将军紧密地站在一起。1945—1946年，担任新闻部长。1947—1952年，是人民联盟的全国代表。1958年6月1日起担任法国总统府国务部长，后兼任文化部长。——译者注

在真实的激情之后,这让我看到了这个世纪最毋庸置疑的典型特征:战争的世纪。这并不简单地意味着(直到今天)这个世纪充满着冷酷无情的战争,但它的确处于**战争的范式**之下。

这个世纪用于思考自身,或者自己的创造性力量的基本概念完全笼罩在战争的语义之下。值得注意的是,这并不是黑格尔意义上的战争,亦非拿破仑意义上的战争。对于黑格尔来说,战争是一种人民自我意识的建构性的瞬间。战争创造了意识,尤其是民族国家意识。20世纪的战争并不是这样,因为这种战争理念是决定性的,即**最后的战争**。对于全世界所有人而言,1914—1918年的战争是一场坏战争,一场不能再次发生的败坏到极点的战争,在其中它被表达为"最后的最后"。必须保证,1914—1918年的战争是这一类坏战争的最后一次。关键在于,未来对世界的终结导致了这些污浊不堪的战争。然而,唯一能终结这些战争的只能是战争,即另一种类型的战争。因为在1918年到1939年期间的和平与战争无异。没有人相信这种和平。这就需要另一种战争,这场战争是最后的战争。

毛泽东是支持这种信念者的典范。他领导了从1925年到1949年间20多年的战争。他彻底颠覆了战争和政治之间关系的思想。在他1936年的《中国革命战争的战略问题》一文中,他发展了为了获得永恒的和平,需要发明一种新型战争的思想。必须用一种新型战争来反对那种诸多统治势力彼此攻讦的普通战争,这种新型战争由无产阶级和农民来组织,他将这种战争准确地定义为"革命战争"。

在毛泽东之前,即使是在列宁的思想中,战争和革命是两个对立的概念,形成了一种复杂的辩证情形。席尔万·拉扎鲁(Sylvain Lazarus)①强有力地指出,列宁在战争问题上,将政治主体性从历史意识中分离出来,他表明,在1917年的春季,战争越来越明朗,而政治仍然模糊不清。毛泽东的革命战争思想开创了一个完全不同的方向,他比较了两次世界大战的类型,认为它们同两种不同的政治有机地结合在一起。在此基础上,他再次提出用战争(正义的政治)来消灭战争(非正义的政治)。这样,在1936年的《中国革命战争的战略问题》一文中,他指出:

> 战争——这个人类互相残杀的怪物,人类社会的发展终久要把它消灭的,而且就在不远的将来会要把它消灭的。但是消灭它的方法只有一个,就是用战争反对战争,用革命战争反对反革命战争,用民族革命战争反对民族反革命战争,用阶级革命战争反对阶级反革命战争。……人类社会进步到消灭了阶级,消灭了国家,到了那时,什么战争也没有了,反革命战争没有了,革命战争也没有了,非正义战争没有了,正义战争也没有了,这

---

① 我们可以在席尔万·拉扎鲁的名著《命名人类学》(*Anthropologie du nom*, Paris: Seuil, 1996)中的"列宁与时间"一章中看到这一点。

就是人类的永久和平的时代。我们研究革命战争的规律,出发于我们要求消灭一切战争的志愿,这是区别我们共产党人和一切剥削阶级的界线。①

此外,两年之后,在《战争和战略问题》中,他又提出:

我们是战争消灭论者,我们是不要战争的;但是只能经过战争去消灭战争,不要枪杆子必须拿起枪杆子。②

通过全面战争消灭所有战争的问题支撑着所有信念,这些信念代表着这个世纪,代表着对这个问题的最终解决。这些信念下的黑暗的形式,残忍且极端的形式都确实是对所谓的"犹太人问题"的"最终解决",这是在纳粹的万塞会议(Wannsee Conference)上决定的。我们完全不能将极端主义的谋杀和思想割裂开来,这种思想在所有的领域中都得到了非常广泛的传播,即其容许对这个问题的"绝对"解决。

这个世纪的一个困扰是必须得到决定。我们可以看到,这个困扰甚至存在于最抽象的科学领域之中。比如**布尔巴基小组**③(*Bourbaki*)之名下的数学思想,试图建构一种综合

---

① 《毛泽东选集》(第一卷),人民出版社1991年版,第174页。——译者注
② 《毛泽东选集》(第二卷),人民出版社1991年版,第547页。——译者注
③ 布尔巴基是20世纪一群法国数学家的笔名。布尔巴基的目的是在集合论的基础上,用最具严格性、最一般的方式来重写整个现代高等数学。他们的工作始于1935年,在大量的写作过程中,创造了一些新的术语和概念。——译者注

1999年1月6日

的、形式的、完善的和决定性的数学奇迹。在艺术上，可以想象，模仿和再现的相对性被绝对艺术所终结，这种艺术将自己从整体上看作艺术，它将自己的过程看作对象，成为艺术的艺术性的展现。这种艺术在艺术中终结了艺术自身，简言之：在无法创作的艺术形式下最后的艺术创作。

在这些例子中，我们可以看到对确定结果的渴望成了对毁灭的超越。新人要毁灭旧人。通过全面战争来毁灭旧战争，以此获得永恒的和平。科学的奇迹来自综合性的形式化对传统的科学直觉的取缔。现代艺术坐落在再现的相对时空的废墟之上。这里有一对基本的范畴，即毁灭和决定性。再次说明，这不是一对辩证的范畴，而是一对断裂性综合的范畴。这是因为毁灭并不产生决定性，这意味着我们面临两个不同的任务：摧毁过去，创造未来。战争本身正好是非辩证的毁灭和胜利的英雄主义的恢宏并置在一起。

最终，世纪的问题位于终结和开启的两个主题的非辩证的链接之中。"终结"和"开启"是延续在这个世纪中不可调和的两个词汇。

不可调和的模式正是战争，战争是决定性的和总体的，它展现出三个特征：

a) 它提供了消灭如同1914—1918年战争模式的坏战争、无用或保守的战争的可能性。

b) 它必须根除虚无主义，因为它提出了一个激进的诺言，一个动因，一个同历史面对面的方式。

c) 它创建了历史和全球的一个新秩序。

这个战争不像 1914 年的战争,它不是国家的简单行为,它是一种主体性内涵。这是一种产生主体新的形式的绝对动因,一场由他的战士进行创造的战争。最终,战争变成了主体性范式。这个世纪形成了存在的战斗性概念,这意味着其自身的总体性,在它的真实的每一个部分中,都必须展现为斗争。无论什么范围,无论是全球性的还是私人性的,所有真实的情势中都在分裂着、对抗着、战斗着。

在 20 世纪,世界的共同法则既不是一(Un),也不是多(Multiple),而是二(Deux)。这不是一,因为那里并不和谐一致,没有单纯的领导权,没有统一的上帝。这也不是多,因为这里并不涉及诸多力量之间的平衡,或者各个部门间的和谐。这是二,世界展现为二的模式,这里排除了一致性屈从和组合性平衡的可能性。必须在此做出了断。

这个世纪的主体性的关键在于世界上所有人都想这个世纪做出决定和了断。人们有能力发明了二,这个世纪悉心地承载着二前行。战争是对二的解决,它反对组合性的平衡。在这个意义上,战争是万能的。但是二并不是辩证的。它锚定在非辩证的断裂上,没有综合。我们必须研究这种范式如何在美学中,在性关系中,在挑衅性技术中显现出来。

曼德尔施塔姆所引出的这个世纪的"野兽",不过是分裂对抗的万能性。世纪的激情在于真实,但真实在于对抗。这

1999 年 1 月 6 日

就是为何世纪的激情,无论其是帝国的、革命的、艺术的、科学的抑或私生活的问题,都不过是战争而已。"世纪是什么?"世纪自己问道。然后它回答说:"它是最终的搏斗。"

1999年1月13日

四 一个新世界,是,但什么时候?

一言以蔽之:世纪在追求真实的激情之中,在最终战争范式之下,从主体上展现了直接面对毁灭和建基的非辩证关系。为了实现这一点,它从斗争的样态中思考着最完备的整体和最细微的碎片,它指出真实的密码正是二。

今天,我们已经穿越了这个阶段,如果我们能透过布莱希特的文本这样说的话,那么它是如此浑厚有力,也如此色彩斑斓。

无论我们将其看作一位作家、一位剧作家、一个辩证的马克思主义者、共产党的紧密追随者,抑或一名女性的男性,布莱希特都是20世纪的一个标志性人物。这样说有许多原因,我在这里考虑其中四个原因:布莱希特是个德国人,他是一个剧场的导演,他响应了共产主义的号召,同时他又是纳粹的同时代人。

1. 他是一个德国人,他在"一战"之后不久开始写作,在那个令人啧啧的德国魏玛共和国里,为了弥补德国的创伤,一切似乎更富创造力,创伤——哎呀!表露了——它比战败更深刻的东西。布莱希特是一个抓住了他的祖国认同危机的艺术家。他打算重新评价那个走出1914年的德国,走出了曾经陷于癫狂的迷梦中的德国。

实际上,布莱希特是一个不顾一切地渴望着产生一种德国思想的德国人,这种思想可以将浪漫主义连根拔除,从瓦格纳的神话(他们很少关注瓦格纳的天分,而更多的是他的小资产阶级的怨恨:一个衣衫褴褛的破产的小商人把自己误当作戴着恺撒王冠的齐格弗里德)中脱身出来。与浪漫主义的争论,有时会被推到一种对新阶级的热忱中,这正是这个世纪的主题。在这种情况下,布莱希特通常转向法国。对青年布莱希特最具决定性影响的是兰波。我们在《巴尔》(*Baal*)和《城市丛林》(*La Jungle de villes*)中,发现了兰波的影子从中呈现出来。对于布莱希特来说,德国人的不幸在于他们同浓稠语言之间的搏斗永恒地转向了向崇高的高歌飙进。他的理想是18世纪的法国,一个步伐迅敏而且美妙绝伦的法国,有如狄德罗的法国。在这一点上,和其他许多人一样,布莱希特从尼采降落到马克思那里。尼采试图赋予德语一种法国的轻盈,与此同时,他戏谑地选择了比才(Bizet)①来对抗瓦格纳。他将所有德国人的笨拙行为强加于自身之上,又反对着自身,这成为这个世纪灾难性的核心。

2. 布莱希特的命运主要同戏剧联系在一起。在他的生命中,他是戏剧的作者和排演者,他对于戏剧艺术提出了和实验了根本性的变革,他所有的作品都关心着演技和演出(mise en scène)。不过,我们可以坚信(这是最重要的症候)20世纪是一个作为艺术的戏剧的世纪。20世纪发明了演出的概念。它将表现自身的想法变成艺术。科波(Copeau)、斯坦尼斯拉夫斯基(Stanislavski)、梅耶荷德(Meyerhold)、克雷格(Craig)、阿皮亚(Appia)、朱维(Jouvet)和布莱希特,此后还有维尔拉(Vilar)、维黛(Vitez)、威尔逊(Wilson)以及其他人将表现的演出变成了一种独立的艺术。他们是这样一种类型的艺术的创作者,这种艺术既不是写作的艺术,也不是表演的艺术,他们在思想和空间中,创造了一个二者之间的中介。一个剧场的导演仿佛如同诸如此类的表现的思想者,他通过极其复杂的中介进入文本、动作、空间和大战的复杂性关系之中。

---

① 乔治·比才:法国作曲家。1838年10月25日出生于巴黎,父亲是声乐教师,母亲出生于音乐世家。九岁学钢琴,同年考入巴黎音乐学院,后又随古诺学习。比才的第一部独幕喜歌剧《医生之家》受韦伯和意大利歌剧的影响较深。1856年他完成了《C大调交响曲》,这部作品形式严谨,旋律清新,色彩明快,充分显示了他的创作才华。年轻的比才音乐兴趣广泛,他高超的钢琴演奏技术和总谱阅读能力曾使当时的著名钢琴家、作曲家李斯特感到震惊。——译者注

1999年1月13日

为什么这种剧场演出形式会在我们的世纪中被发明出来？布莱希特，作为一位伟大的戏剧艺术家，他很少同时倚重于文本和演技，他也反思了戏剧的当代性。比如，他思索的是政治的戏剧性，也就是在政治意识的生产中表现和演出的地位。政治的景象所展现的是什么？对于这个问题的讨论在两次世界大战之间非常活跃，尤其是涉及法西斯主义更是如此。必须通过（革命的）艺术政治化来反抗（法西斯主义）政治的狂热。布莱希特走得更远，他通过艺术革新增加了对实际体验的理论反思。他同很多人一样相信在戏剧性和政治之间存在着某种独特的联系。

戏剧联系着什么？或许是1917年俄国革命以来的历史行动中的人民群众所赋予的信念的角色。回想一下托洛茨基①的说法，按照这种说法，我们的时代特征是"人民群众登上了历史舞台"。舞台的场景极其振奋人心。革命、无产阶级、法西斯主义等范畴都涉及将人民群众登台的景象，浸润在强有力的集体表演以及不朽的舞台之中，无论是攻占冬宫还是走向罗马②。一个问题不断地浮现出来：个人的命运与人民群众的历史性登台之间的关系是什么？或者这个问题可以这样来问：在一场什么样的演出中，谁是演员，又在一个

---

① 托洛茨基的《俄国革命的历史》是一本非常优秀的著作，那里有一种永不言弃的精神。他在"人民群众的登台"的史实性的意义和马克思主义的政治分析之间建立起一种清晰的平衡。

② "走向罗马"在这里指的是墨索里尼在罗马获得政权。——译者注

什么样的舞台上演出？

布莱希特反躬自问如何表现、描绘和从戏剧上展开个体的命运,以及人物和非个人的历史发展之间的关系。20世纪回到了集体和主要角色的问题,它的戏剧更具有希腊色彩而不是浪漫风格。正是这种希腊色彩要求演出的革新和进展。在20世纪,戏剧超越了剧作的娱乐。不管怎样,其情况发生了改变,现在的问题在于集体的历史解释。

如今,由于没有了对这种秩序的信念,很可能演出再次陷于封闭,返回先前的方式之中:一个好的剧本,几个好演员,足矣!不要再用政治意识和古希腊来搅扰我们了!

对于布莱希特来说,不管是古典戏剧还是现代戏剧,关键都在于它必须涉及人物和历史命运的问题。如何表现主体的变化发展,并同时阐明建构它的各种力量的演技,什么又是它的意志和选择的空间呢?布莱希特很确定,戏剧必须变革,必须选择一个不同于资产阶级观众孤芳自赏的选择。

今天,我们可以看到,戏剧也不得不变革:它不得不变成道德和民主和谐的庆典,成为对世界上不幸的低声吟唱和人道主义的治疗。没有英雄,没有象征的冲突,没有思想,只有毫无二致的身体性情感。

布莱希特与他同时代的戏剧艺术家们探索了扮演和角色的本质,探索角色作为一个并非先于戏剧氛围的存在,如何在扮演中建构自身,这首先是各种力量的扮演。我们既不处在心理学之中,也非处于阐释学意义之下,更不是语言的

1999年1月13日

游戏,以及身体的圣临(parousie)。戏剧正是建构真理的工具。

3. 布莱希特听从了共产主义的号召,即使和许多剧作家一样[我记得安特瓦妮·维黛(Antoine Vitez)或贝尔纳·索伯(Bernard Sobel)的独特的共产主义表现],他所找到的响应这种号召的方式总是有点偏差,或是对立的。这些剧作家是共产党的同志,他们对之既坚贞不渝,又不完全忠心耿耿。戏剧是他们玩弄这种杂耍的好地方。可以确定也非常可靠的是,布莱希特将马克思主义和共产主义作为艺术问题的前提:什么是教育的艺术,什么是让人民群众觉醒的艺术,什么是无产阶级的艺术?的确,布莱希特是这些讨论中的核心角色,但与此同时,他也是位伟大的艺术家,他的作品在今天仍然到处上演着,尽管关于戏剧和政治的辩证关系的讨论业已日暮西山。毫无疑问,在那些同共产主义政治和他们自身的生存、创作明显联系起来的艺术家中,布莱希特是最普遍也最不可置疑的一个艺术家。

4. 布莱希特还遇到了一个德国的纳粹问题。纳粹主义的可能性及其在德国胜利的可能性有如晴天霹雳般震惊了布莱希特。他在许多论文和剧作中反复围绕这个问题而创作,如在《阿杜拉·乌依》(Arturo Ui)中,他提出了一个有名的(也是值得怀疑的)公式:"一直生育着的肚子排泄出卑劣的野兽。"值得怀疑的是,他将纳粹的特殊性看作事务和主体的国家的结构性后果,这并不是对这种特殊性进行真正思考的最有希望的方式。但最后,布莱希特试图通过边缘化和激进化方式,精练地指出一种戏剧的教育方式,正是这种教育方式赋予了希特勒权力。他这样做的后果是,他在流放中度过了第二次世界大战。这里再一次展现了布莱希特同这个世纪联系在一起的方式,即流放中的人物是根本性的,正如在小说作品中,尤其在埃里希·马里亚·雷马克(Erich Maria Remaruqe)的小说①中更能体现出这一点。那里存在着一个极其特殊的流放主体。在美国的流放尤为如此,大量的德国知识分子被纳粹驱逐到那里。这些艺术家、作家、音乐家、学者组成了一个小小的世界,这个世界既非常激进,又是分散的和不确定的。不得不说,对于布莱希特而言,长期以来,美国是一个奇特的存在物,它的喧嚣的现代性、它的实用主义、它的技术性活力吸引着他。布莱希特同时是一个不错的美国的欧洲观察者。最后,他还在最具意志论和最闭合的形式下实践着德国社会民主党(RDA)的"真正社会主义"(Socialisme réel)。那样,他变成了一种官方角色,其中伴随着分裂,反反复复的修正,以及遮遮掩掩的行径。布莱希特晚年(他非常年轻就去世了,他死于1953年)最重要的事件是1953年的工人运动,这场运动最终在柏林被苏联军队镇

---

① 埃里希·马里亚·雷马克的作品强调一种同这个世纪不同的戏剧,他关于1914年战争的作品[《西线无战事》(À l'Ouest rien de nouveau)],阿尔齐·埃拉(Alzir Hella)和奥利维耶·布尔纳克(Olivier Bournac)翻译,Paris: Stock,1968)给出了彷徨、战斗以及两次大战之间惨痛的爱的经典形象[《同志们》(Les Camarades),马塞尔·斯托拉(Marcel Stora)翻译,Paris: Gallimard,1970]。

1999年1月13日

压了。布莱希特写了封信给共产主义国家的领导人，他们中一部分人（大众唯一代表）支持镇压，而另一部分人在"私下"认为，提出用"工农联盟国家"（l'Etát des ouvriers et des paysans）来消除工人暴动是一个令人生畏的问题。布莱希特所能够做的是在他对他众所周知的名著《伽利略传》成功的修改后能够看清在这种发生巅转的环境中人物的形象，《伽利略传》的一个主题就是重复学者面对政治权威的问题（在美国的流放岁月中，即后来所谓的麦卡锡主义①时期，布莱希特被美国的警察和司法机关传讯，他已经对共产主义运动产生了怀疑）。

你们可以看到，布莱希特从多种角度来观看这个世纪，这在我提出的内在性方法来说是正当的，这也可以用来考察对于这个世纪的人们来说，这个世纪意味着什么。

我选择的布莱希特的文本有个标题："无产阶级并未披着白色的外衣。"这个文本与我们的中心命题直接相关：在战

---

① 与拥有今天世界领导权的帝国身份不相匹配的是，美国的历史短暂而贫乏，以至于它几乎没有几个时代有着足够的可以进行严格考察的政治分量，也无法在艺术上进行强有力的形式化。当然，在美国内战的例子中，南方阵营的问题更具有一般性。同样，在40年代末50年代初主要以知识分子和艺术家为对象的迫害的例子，则是以反共产主义的名义进行的。参议院麦卡锡主持了一个旨在反对"反美运动"的委员会，这正是这个时代被称作"麦卡锡主义"时代的原因。这是一个格外令人惴惴不安的时代，每个人都要去告他人的密。在那些为了摆脱嫌疑和保留自己的地位而告密的人中，有些腰缠万贯，有些声名显赫。被讨论最多的例子毫无疑问是著名电影人埃利亚·卡赞（Elia Kazan）的例子。无数的艺术家、演员、编剧、导演来到委员会。自此之后，美国艺术，尤其是电影完全成为这个时代的幻影。

争的范式下,世纪努力让自己去思索毁灭和开启之间的谜题。这是一篇1932年的文本,收录在他的亚瑟版(L'Arche)的《政治与社会论文集:1919—1950》(*Écrits sur la politique et la société：1919 - 1950*)中。你们将会看到,这段文字中乍现出来的问题在于文化,亦即文化的主体范畴。他评价说,大资产阶级文化业已逝去,但新的文化尚未到来。布莱希特向自己提出了一个这个世纪的典型问题:新的世界什么时候会到来?如果新的世界已经开启,我们能够看到它的生成吗?或者难道我们抓住的不过是新的陈旧形式的幻影吗?一种过于陈旧的"新",因为它成为毁灭的囚徒。因此,回答是:"什么时候?"我从文本之中抽取了中心的一连串句子,强调的正是"什么时候":

> 简单来说:什么时候文化——在它的崩溃中——将会披上污浊的外衣,沾满了星星点点的污点,确实成为污秽的容器;
>
> 什么时候意识形态变得过于卑劣,来攻击所有权关系,同时也过于卑劣而去保护它们,而那些他们支持的但不再为之效命的老爷们,将他们驱逐出去;
>
> 什么时候文字和概念不再承受几乎所有同事物、行为之间的关系,以及它们指定的关系,允许我们要么可以改变后者,而不会改变前者,要么让文字远离事物、行为以及永恒不变的关系;

1999年1月13日

什么时候我们为了侥幸保存性命,而不得不举起屠刀;

什么时候知识分子的活动将会受到严格限制,以至于剥削过程本身变成了受难;

什么时候我们不再赋予时间必须忏悔的宏大形象;

什么时候变节不再有用,将其可得利益看作卑贱无耻,将其精心说辞看作愚蠢透顶;

什么时候神父们不再贪得无厌地渴求着鲜血,不再有牺牲,并将他们都驱逐出去;

什么时候不再有拆穿假面具,因为压迫变得无需民主的假面具,战争无需和平的假面具,剥削不需要被剥削者的一致同意的假面具;

什么时候统治对所有思想最血腥的监管变得有点多余,因为所有思想都销声匿迹了;

哦,到那一天,文化将会被无产阶级接管,他们在同一个国度中建立生产:在废墟之上。

由于文本中讲得足够透彻了,我只强调五个要点。

a) 最根本的主题:新世界只能在废墟之上获得。新只会发生在彻底毁灭的基础上。布莱希特并没有说毁灭能借助自身产生新的世界。他的辩证法并不是简单的黑格尔辩证法。他指出新在毁灭的地基上抓住整个世界。要注意到,我们并不是准确地处于各种力量关系的逻辑之中。我们不能预测新带来的生活比旧的更为强大。就古老的文化而言，作为新可能诞生的空间，它是必需的和可预见的，并不是它的衰竭，而是在某一点上的腐烂，在肥沃地基上的腐烂。

b) 敌人并不能准确表述为一种力量。它不再是一种力量。这是不偏不倚的堕落，或者说一种原生，在任何情况下都是一种思想。堕落的中立性不能用辩证法消除。如果战争的范式是从决定性或者说最后的战争中推出来的，那是因为战争中的主要角色没有共通性，他们都不隶属于同一种力量类型。我们很容易想起尼采关于进步的力量和反动力量之间的对立，亦即狄奥尼索斯和十字架上基督的对立。我之前曾提出一个更深入的结论：相对于马克思，布莱希特更接近于尼采。

c) 对于艺术家而言，很重要的一点是腐烂的症候之一就是语言的废墟。语言的命名能力受到了感染，文字和事物之间的关系松开了。我们认识到（这是今天最重要的真理）任何压迫最核心的要素的东西到最后都是语言的废墟，对所有创造性的和严格的命名不屑一顾，语言的国度立刻变得轻浮和堕落，如同新闻媒体上的语言一样。

d) 布莱希特最后说，这个世纪暴力的标志，即最终只有当我们面临一个抉择时才是正确的：杀与被杀。杀戮成为一种主要标志。在杀戮中，有一个历史的换喻。我们再一次遇到了对真实的激情的特征，由于它在语言媒介中无法命名，因而变得更为恐怖。作为终结思想的世纪（旧的文化的终

1999年1月13日

结)在无法命名的杀戮的掩饰下已经死去。

令我震惊的是,这些范畴已经很好地和真正地成为当代视野下的基本范畴。更具表现性的角色是**连环杀手**(serial killer)。**连环杀手**导致了剥夺了所有象征的普遍性的死亡,还有在这个意义上,没有成为悲剧。

将死亡和语言的欠缺连接起来的主题非常有力。在所有情况下,它都成为这个世纪末恢宏的象征。布莱希特观察到,伴随着象征化(la symbolisation)的消亡,漂移的文字和触及死亡、触及身体的事物之间的联系不复存在了。

e) 面具(masque)的问题。布莱希特说最终什么时候压迫的景象不再需要一个面具,因为事情本身就是那样。这里有必要思考一下暴力和面具之间的关系,这也是在这个世纪,直到路易·阿尔都塞[1]的马克思主义思想家称为意识形态的问题。我们又返回这里。

揭下压迫的"面具"意味着什么?面具真正的功能是什么?布莱希特是一位有能力去揭开真实面具的戏剧思想家,这是因为戏剧正好是面具的艺术、伪装的艺术。戏剧的面具

---

[1] 阿尔都塞(Louis Althusser,1918—1990):法国著名哲学家、"结构主义马克思主义"的奠基人。他出生于阿尔及利亚首都附近的比曼德利小镇,其父是一家银行的经理。1924—1930年在阿尔及尔上小学。1930—1936年在法国马塞上中学,毕业后考入巴黎国立高等师范学校预科班学习。1939年入该校文学院不久,因德国法西斯入侵而应征入伍,随军驻守布列特尼半岛。1940年被德军俘虏,关押在集中营,直到战争结束才获释。1945年重返高等师范学校,在哲学家巴歇拉尔指导下研究哲学。1948年获哲学博士学位,留校从教,并于同年加入法国共产党。1962年升为教授,1975年通过答辩,又被庇卡底大学授予文学博士学位。1980年患精神病,退休疗养。——译者注

将那个经常极其错误地看作世纪谎言的意义的问题象征化了。这个问题可以很好地表述为：对真实的激情和伪装的必要性之间的关系是什么？

1999年1月13日

1999年2月10日

五　对真实的激情和伪装的蒙太奇

布莱希特为演员扮演制定的"间离"效果是什么？这是在演戏本身之中，展现演戏和真实之间的鸿沟。进一步而言，这是一种将真实和伪装之间紧密而必要的联系拆分开来的技术，这种联系源于伪饰（lesemblant）在原则上根植于真实的情形，将真实的偶然当下化，并赋予其可见的和直接的效果。

这曾是这个世纪的伟大之处，即它致力于对真实的暴力和伪饰之间，真实的面庞（visage）和面具之间，赤身裸体与乔装打扮之间的关系的思索，尽管它起初有点模糊不清。在最纷繁复杂的记载之中可以发现，从政治理论到艺术实践，我们都会与之相遇。

让我们从马克思主义者(Marxistes)或者说马克思派(Marxiens)开始吧。生活在这个世纪的他们对意识形态的概念做出了特殊贡献,意识形态在涉及一个既不能被把握,也不能被指明的去中心化(excentré)的真实时,赋予了掩饰的权力,并设定了错误的意识。意识形态是一种散漫的形象,在那里,社会关系的表现得以实现,它是一种永远不会再现真实的想象的蒙太奇(montage imaginaire)。意识形态的确在某些方面几乎是戏剧性的。意识形态为表现的形象提供了舞台,在那里,社会关系(剥削、压迫、不平等的犬儒)原始的暴力被遮蔽了。如同在布莱希特间离化效果戏剧中,意识形态组成了一种同真实相分离的意识,而真实永远未被表现出来。对于布莱希特而言,戏剧正是要教育大家看到这种分离,它展现了在真实效果及其支配性表现的鸿沟之间真实的暴力如何是唯一有效的东西。意识形态这个概念正是对"科学的"确实性的固化,在这种确实性中,表达和话语必须理解为既用于指称又用于掩饰的真实的面具。阿尔都塞指出①,那里有一个症候性的设定;表达是真实的症候(被读

---

① 阿尔都塞早年对拉康的体系产生浓厚的兴趣,他将马克思主义的意识形态概念在精神分析中同无意识形式的想象结果连接起来。最终他提出"主体"欲求,即所谓的"询唤为主体",在意识形态及其物质工具之下是有效的。可以参看阿尔都塞的论文《意识形态与意识形态国家机器》。

我个人的证据:在1960年,我是一名巴黎高师的学生,那时我带着极大的热情发现了拉康的出版著作,那时还在巴黎高师教哲学的阿尔都塞要求我为我的同学们做一次关于这个完全被忽略的作者的系统阐述。我讲了两讲,直到今天,这些仍然在内心中指引着我。

1999年2月10日

解；被解码），它在主体上是一种无知的当下化。意识形态的权力不过是真实的权力，而真实因此在这种无知中传递着。

"症候"一词明确表明，这个世纪的马克思主义和精神分析关于这种无知的权力有某种共通性。尤其是当拉康指出自我是一种想象性建构（construction imaginaire）时，他明确地表明了这一点。在这种建构中，驱力的真实系统只能在各种各样的偏移和转化中才是可以理解的。"无意识"一词准确设定了一套操作（opérations），在这套操作中，主体的真实只有在自我的紧密的和想象性建构中才在意识上是可以触及的。在这个意义上，意识心理学是个人的意识形态，即拉康所谓的"个人的神经官能的神话"。存在一种无知的功能，它唯有通过虚构、蒙太奇和面具才能使得真实的断裂成为可能。

这个世纪展开的一个主题是非知识的效力（l'efficacité de la méconnaissance），而19世纪的实证主义确立的是知识的力量。与实证主义在认识上的乐观主义不同，20世纪发现了并给出的是非知识特殊权力的舞台，拉康正确地将其叫作"非知识的激情"。

间离化是有效地间离了真实伪饰的方式，间离化效果就是这个世纪艺术的准则，尤其是"前卫"艺术的准则。关键在于将虚构的力量虚构化，即将伪饰的效果当作真实。这就是为何20世纪的艺术是一种反身性（réflexif）艺术，一种展现自身进程，将自己的物质性变成可见的理想的艺术。人工的和真实的之间的鸿沟成为真实性的主要问题。对于马克思主义而言,很明显,阶级统治需要统治的意识形态,而不能只是统治。如果艺术能通过人工展示的方式与真实相遇,那么艺术就无处不在,因为所有人的经历都穿越了统治和统治性意识形态之间的,真实及其伪饰之间的鸿沟。我们随处都可以看到这种鸿沟的经历和体验。这就是为何20世纪提供了一种以往不可能的艺术姿态,或者说一种在以往被看作无用的废物的艺术。这种姿态和展现证明了艺术的万能,这种艺术姿态堕落成为伪饰,而在其最原初的状态中,它揭示了真实的鸿沟。

在这一点上,皮兰德娄①是一位伟大的创造者,更重要的是,对于马克思主义者来说,他是完全陌生的,他完全依赖于卑劣的资产阶级的表达,如离群索居的家庭、风流韵事、封闭的沙龙。皮兰德娄的根本性主题是他对真实和伪饰关系的颠覆,这是唯一一条通往真理的艺术道路。皮兰德娄在他的戏剧中用了一个特别富有挑衅性的标题:"赤裸的面具"(Masques nus)。真实,或者赤裸,只有靠近面具,靠近伪饰才是可能的。

对这一主题的戏剧化的效果正好发生在不那么暴力的主体性文本情境之中。最具代表性的过程出现在《亨利四

---

① 路伊吉·皮兰德娄(1867—1936):意大利小说家、戏剧家。一生创作了40多部剧本。主要剧作有《诚实的快乐》《六个寻找剧作者的角色》《亨利四世》《寻找自我》等。1934年作品《寻找自我》获诺贝尔文学奖。——译者注

世》的结尾——在我看来,这是皮兰德娄最有力的著作之一,除此之外还包括《当你想我时》(*Comme tu me Veux*)、《诚实的快乐》(*La Volupté de l'honneur*)、《茉莉夫人的两张面孔》(*Les Deux Visages de Mme Morli*)。《亨利四世》讲的是一位13世纪德国的统治者的故事。这部剧作中的英雄是一个被今天的人看成亨利四世的人,他周围有许多人出于各种各样的原因,自觉地成为这个怪论的帮凶,最后,导致了一场谋杀。我们能在"历史"记载中理解这次谋杀,这种理解建立在我们假定为"真实的"亨利四世的典型特征和存在环境的基础上。我们也能从主观记载(le register subjectif)中进行理解,这基于剧本中的英雄的生命和激情,或许这个英雄在亨利四世的历史面具下进行探索。在整个主要剧情中,颠覆性的主题安排了惊世骇俗的精湛的技艺,这源于我们不能决定英雄是否"真实地"将自己接受为亨利四世,可以说他疯了(在这个词的通常意义上),或者是否为了他私人生命中的境况的复杂原因,他扮演着亨利四世的存在,因此在那里"装"疯(这个词用在这里特别合适)。然而一旦谋杀发生了,所有事情都发生了变化。从此之后,为了不遭受谋杀的诅咒,英雄最终迫使其他人相信他疯了,这是因为他将自己装扮成亨利四世。在伪饰之外有一个伪饰的**必然性**,它或许一直建构着它的真实。于是,皮兰德娄给出了一个著名的戏剧解说(didascalie),我引述给你们:"亨利四世在舞台上始终让自己的双眼睁着,被他自己虚构出来的故事的生命力所吓到,这在刹那间将其卷入罪行之中。"尽管其召唤了虚构的生命力，因而这将其转变成一种真实的力量，但这个戏剧解说并不是完全没有问题。它只是说出了只能穿越虚构的一种力量的存在。但虚构只是一种形式。我们因此可以说，所有的力量只能借助一种形式来当下化或见效，但这种形式并不能决定意义。这就是我们为何必须坚持正是真实具有将自身展现为面具的能力。

这个世纪并不缺乏恐怖形式的主题，我首先要引述的是30年代末斯大林和他下属的莫斯科判决的场景。毕竟，在判决中，杀人是一件纯粹而简单的事情，其清算了共产党的一个重要的**权势集团**（establishment）。我们处在一个纯粹而真实的暴力之中。作为其代表并且自己遭到暗杀的托洛茨基所谓的"布尔什维克老兵"（Veille garde bolchevique）必须被根除。

出于什么样的必要，要进行这样的判决，在判决中，那些被预先定好的并且经常是放弃了的受害者不得不去叙述一些完全不大可能的事情？谁能相信像季诺维也夫和布哈林这样的人是日本间谍，希特勒的走狗，反革命的雇佣军，等等，以及这种巨大的谎言的结论是什么？我们能理性地假定，在斯大林眼中，有必要根除所有这些人。我们可以重构

1999年2月10日

(reconstruire)这种大清洗①的政治场景。但是重构判决的必要性困难得多，特别是由于大量的高级官员，尤其是军方，在秘密部门中被清洗掉了，公众对此知之甚少。因为这些审判纯属戏剧性的虚构。那些指控本身就是被精心准备的，必要时采用酷刑，其从属于这样一个作用，即其外表是在政体的刑罚体系中经过排演的并精心杜撰的剧本。阅读布哈林判决②的材料非常具有启发意义，其中一时间产生的一个意味深长的失控使整个演出陷入僵局，仿佛伪饰的真实扰乱了其功能。

似乎真实的绝对暴力（在这里，指的是恐怖主义的政党国家）真的必须使用一种让人民（很多人，这是真的）不能质疑其可信度的表达，而这些人民是事先就决定了他们是可信的。但毕竟那些人民，那些可信的共产党员，也都非常相信

---

① 要清楚地考虑到当今法国历史学家的道德化的倾向，甚至如同弗朗索瓦·弗莱（Frangois Furet）的论共产主义的书展现的那样，其谄媚的态度更甚于自由主义的布道者，毋庸置疑，对于英格兰和美国的学者来说应该对斯大林时期的苏联进行理智上令人信服的研究。即便如此，他们思考的立足点是人民的小父亲的形象，我们可以阅读莉莉·马尔科（Lily Marcou）编辑和评述的文件集，题为《被看作克里姆林宫主人的斯大林》(*Les Staline vus par les hôtes du Kremlin*, Julliard, coll. "Archives", 1979)。

特别是关于西伯利亚的古拉格集中营，沙拉莫夫（Chalamov）的小说是无与伦比的，法文版标题为《科累马回忆录》(*Récits de la Kolyma*)，由凯瑟琳·傅立叶（Catherine Fournier）翻译（La Découverte/Fayard, 1986）。这些小说无疑是这个世纪的名著。这些小说超越了索尔仁尼琴的建构性思索，索氏的思考已经众所周知，尤其是他得到了法国毛主义变节者们的拥护，他维系了一种斯拉夫主义视角，并略带点反犹色彩。

② 一本关于这个问题不错的小书是皮耶尔·布鲁耶（Pierre Broué）的《莫斯科审判》(*Les Procès de Moscou*, Julliard, 1964)，在法国的著名的（已经不存在了）"文件"系列中出版，这个系列还包括前文注释中提到的莉莉·马尔科的书。阅读这个系列的书是了解普遍性历史重要片段的最好途径。

清理"人民的敌人"是有效的。他们并不非常需要一场判决来提供保障。看起来他们对真实的激情会免去他们那费劲的伪装,而这通常不能很好地解释对这个体制的怀疑。困难被悬搁了,而这触及了这个世纪的一个重要问题:在对真实的激情中伪饰的作用是什么,这种激情将政治凌驾于善恶之上吗?

我相信关键的问题在于(如同黑格尔在很久以前对革命的**恐怖**的理解①):真实,从其偶然的绝对性中来看,就从未真实得足以不去怀疑其伪饰性。对真实的激情也必然会是一种怀疑。真实所能捕捉到的任何事物没有什么是真实的,唯有虚构的体系在那里扮演着真实的角色。所有的革命性或绝对性政治的主体性范畴,如"信念"、"忠诚"、"德性"、"阶级立场"、"听党的话"、"革命热忱",等等,都实际上一直被怀疑所沾染,即假定的范畴真实点实际上不过是一种伪饰。因

---

① 必须重读一下那本太过精练的《精神现象学》中用于论述恐怖的段落。为了简单说明这一点,我选取了这一段文字[法文版由让·伊波利特(Jean Hyppolite,中译注:原巴黎高师的校长,他和科耶夫都是法国黑格尔研究的引路人,他同时是巴迪欧的恩师,阿尔都塞的老师)翻译,因为这个版本是我青年时代读过的版本,即使与其同时代的更严苛的让-皮耶尔·列斐伏尔(Jean-Pirerre Lefebvre,中译注:不是马克思主义者亨利·列斐伏尔)也没有忽视它]:

如果说,普遍意志保持自己与政府的现实行为中,换句话说,保持自己与政府对它(普遍意志)所犯的罪行中,那么相反,政府却没有任何特定的和外在的东西可以让那与它(政府)对立的意志借以表现其罪过;因为那与作为现实的普遍意志的政府相对立的,只是非现实的纯粹意志、[内心]意图。因此,有嫌疑就取代了有罪过;或者说,有嫌疑,就有了犯了罪的意义和效果,而且为对付这种深藏于单纯内心意图中的现实而采取的外在行动,就是干脆的把这种存在的自我或个人消除掉,这种自我除了它的存在本身而外,是没有任何别的东西可供消除的。

本段文字的中译参看了贺麟、王玖兴翻译的黑格尔的《精神现象学》(下册),商务印书馆1979年版,第120页。

1999年2月10日

此，有必要将一个范畴和其所指对象的关系公开地清洗干净，这就是说清洗的主体就是那些在范畴的要求中存在问题的对象，亦即清洗革命者本身。此外，这必须按照一种仪式来进行操作，即教育所有人真实是不确定的。清洗是这个世纪的标志性字眼之一。斯大林清楚明了地说道："党在清洗中变得强大。"

我并不想给你们灌输这种有点苦涩的思想，因为道德之磨已经将其碾成更碎的齑粉，它已经被当代道德批评成绝对政治，或者叫作"极权主义"。我在这儿只是对这种独特性和伟大做出解释，尽管在另一方面，这种伟大在真实的概念的理解中，包含着某种特别的暴力行径。

为了打破这种对这些黑暗的反政治的解释，我着重强调的是，清洗也是诸如艺术活动的关键字眼。我们有一种纯粹的艺术欲望，在这种艺术中，伪饰的角色仅仅指明了真实的粗俗。我们情愿通过公理和形式主义，来清洗所有想象的、空间的或者数字的、直觉的数学真实。如此等等。通过形式的清洗来获得一种理论的观念绝非斯大林所独有。或者还有皮兰德娄。所有这些企图都有一个共性，再说一遍，即对真实的激情。

让我们回到黑格尔所预言的那个地方。黑格尔试图解释法国大革命为什么是恐怖的。他的问题如下所示：大革命展现了绝对自由的主体景象。但这种绝对自由是一种与任何客观的善的表达无关的自由。因此,这是一种没有标准的自由,一种不可能实现的自由。我们经常在思想中判定,这和这个主体正在背叛着。绝对自由的本质,从定义上讲,在其具体经验中,就是一种**必遭背叛的自由**。真正的自由的主体名称是德性(Vertu)。但其不可能事先提供一个可靠的和共通的德性标准。所有人都认为,统治是德性的对立面,它的名字就是"腐败"(corruption)①。真实的自由本质最终是同腐败的斗争。由于腐败是一种"自然"状态,所有人都是这场斗争的潜在的标靶,也就是说:所有人都是**可疑的**。自由的实现因此在最彻底的逻辑上,是作为"怀疑法则"和长期的清洗而出现的。

我们在这里要谈的是:当缺乏一种形式标准,或者消除了所有的伪饰的真实之后,我们都处在嫌疑之中。由于缺乏标准,一种在主观上更让人信服的信念在逻辑上必然将自身展现为真实,但它也让人觉得更可疑。在革命的巅峰状态中,对自由如饥似渴的渴望不停地宣称,那里有越来越多的叛徒。叛徒是领导人,同时最终也是他自己。在这种情况下,唯一可靠的是什么?只有虚无(le néant)。只有虚无不会被怀疑,因为虚无没有装扮成任何真实。黑格尔极其聪明地指出,清洗是一种带来虚无的逻辑。最终,死亡是纯粹自

---

① 所有从非辩证的角度来看关于法国大革命的问题,可以参看席尔万·拉扎鲁的研究:《法国大革命的革命范畴》(*La Catégorie de révolution dans la Révolution française*)。

由唯一的名称,"好好死去"是唯一真正的不受怀疑的方式。规则在总体上非常简单,准确来说,尽管戏剧在**对立推理**(a contrario)①中演进,但它不可能假装死亡。

其原因在于我们的世纪是由对真实的激情激发起来的,它已经通过所有方式,不仅仅是政治的方式,成为毁灭的世纪。

但我们必须马上区分两种倾向。第一种倾向以这样的方式来看待毁灭,即毁灭承担了无限的清洗的任务。第二种倾向用来衡量不可阻挡的否定性趋势,我将之称为"减法"(soustractive)倾向。这是这个世纪讨论的中心论题:是毁灭还是减法。对真实的激情的否定面的生动的形象是什么?我对于两种倾向之间的冲突极为敏感,因为其在我的哲学生涯中扮演着决定性的角色。我在1982年的《主体理论》中的一个标题就是"匮乏与毁灭"。我那时候完全被湮没在马拉美带有预言性的叙述中:"毁灭是我的比阿特丽丝(Béatrice)。"在我1988年的《存在与事件》中,我对这一点进行了坦率的自我批评,我提出了否定性的减法思想,以之来克服对毁灭(la destruction)和清洗(l'épuration)的盲从。

为了考查毁灭/减法这一对范畴,让我们从艺术开始牵

---

① 对立推理是一种依赖于限定词的级差进行推理的方式,其表述为"人们选择一个修辞形式而不是一个无修辞形式来表明一个实体"。巴迪欧在这里用对立推理是要表明对真实的激情和伪饰(即对立推理中的修辞的关系),在戏剧之中,没有伪饰或修辞就没有所谓的真实。——译者注

出第一根线头。这个世纪将自己体验为艺术的否定性,在这个意义上,其主题之一就是19世纪的一些文本[例如马拉美的《诗的危机》(Crise de vers),或者追溯得更远,黑格尔的《美学》]都预言了艺术的终结、表现的终结、绘画的终结,以及最后,作品的终结。在这些终结的主题背后,再一次明显地认识到建基在真实之上的艺术,或者什么是艺术的真实。

在这一点上,我想引出马列维奇(Malevitch)①。马列维奇1878年生于基辅,他于1911年来到巴黎。那时候,他的画作在几何上已经是高度组织的。此后,在1912—1913年,他与马雅可夫斯基(Maïakovski)一起,转向了另一种主义,即至上主义(suprématisme)②。

马列维奇认可布尔什维克的革命。他于1917年回到莫斯科,并在1919年被任命为莫斯科大学的教授。1918年,他创作了著名的《白色的白色》③,现在收藏在纽约美术馆。在

---

① 卡西米尔·塞文洛维奇·马列维奇(1878—1935):至上主义艺术奠基人。代表作有《白色的白色》《手足病医生在浴室》《玩纸牌的人》,其又具有立体主义和未来主义的特色。他还曾参与起草俄国未来主义艺术家宣言。——译者注
② 至上主义是传统绘画时代终结的标志——而整个至上主义艺术团体中几乎只有马列维奇一个人。至上主义绘画彻底抛弃了绘画的语义性及描述性成分,也抛弃了画面对于三度空间的呈现。那些平面的几何形,不具有丝毫的体积感和深度感。在马列维奇的作品中,那些几何构图自由而奔放,在画面上形成一种旋转的或离心的动感,这可能与未来主义及辐射主义的影响有关。此外,马列维奇绘画中的表现性特质,也是蒙德里安那种冰冷的、中性的抽象画所不具有的。对马列维奇来说,一个方形本身就具有一种独特的表现性个性,一切具有自身表现性特点的要素统统要排除在绘画之外,构图的全部重点是不带任何感情因素的直角系统。——译者注
③ 这个作品在艺术学中通用的名称是《白色的白色》,但在法文中的名字是《白色背景中的白色方块》(Carré blanc sur fond blanc)。为了便于理解,中译仍然采用通用的中文译法。——译者注

1999年2月10日

20世纪,当艺术家和知识分子的氛围越来越浓厚,他被发配到列宁格勒,并或多或少被禁止展览其作品。1926年,他在德国出版了一篇带有决定性的标题的论文:《非表达的世界》(*Die gegenstandlose Welt*)。他于1935年去世。

《白色的白色》在绘画的领域中,是清洗的顶点。我们消灭了颜色,消灭了形状,唯一存在的只是几何的暗示,这种暗示支撑着一种最小差异,一种在背景和形状之间的抽象差别,最重要的是,白色和白色之间空的差异,同一(Même)的差异,我们可以称之为消逝的差异(la difference évanouissante)。

我们在那里发现了不同于毁灭法则的减法法则的起源。我们必须小心翼翼地将《白色的白色》解释为一种绘画毁灭的象征,其关键在于一种减法的假定。这与马拉美的诗非常相似:差异的舞台虽然微小,但绝对存在;在场所和场所中发生的东西之间的区别,场所和发生之间的区别都是这样。在纯洁无瑕之中,这种差异通过消除所有内容、所有高度建立起来。

为何这是毁灭之外的另一种选择?因为与那种当作身份的真实不同,我们将刹那当作间距(écart)。真实/伪饰的关系问题并没有在与真实相疏离的清洗中得到解决,而是要认识到同它自身的真实的距离。《白色的白色》中的白色的方形正是那个最小的间距组建起来的瞬间。

有一种真实的激情正是一种共同归属:抓住真实的同一

性,揭开其副本的面纱,让那些伪装变得声名狼藉。这是一种对真诚的激情,这种真诚性(authenticité)实际上是海德格尔还有萨特等人的范畴。这种激情只能作为一种毁灭而出现。这是它的力量,毕竟,因为许多事物注定要被摧毁。但这也是它的局限,因为清洗是一个不可能完成的过程,一种恶的无限的景象。

还有一种真实的激情,一种用于建构最小差异的细微分别和区分,其致力于描绘出其原理。《白色的白色》是一种思想姿态,他用最小差异来反抗最大的毁灭。

这种艺术中的反抗关系到一种涉及开启的信念。对真实的激情总是对新事物的激情,但什么是新?还有,像布莱希特质问的,什么时候它会到来,代价是什么?

为了结束关于新的问题,我想给你们引述一首马列维奇的诗,这首诗写于《白色的白色》创作之前不久。这里引述的是安德雷·马尔科维奇(André Markowicz)翻译的版本:

> 永远不要试图重复你自己——不要在肖像画中,不要在画板上,不要在语词中,
> 如果行为中有什么让我们回忆起一件陈年旧事,
> 那么,新生的声音会告诉我:
> 消灭它,安静点,扑灭火焰,如果它在燃烧的话,
> 为了你思想的垂尾会更轻盈而不会朽坏,
> 为了你可以听到在荒漠中新的一天的气息。

1999 年 2 月 10 日

让你的听觉清洗一下吧,抹去过去岁月的痕迹,
只有这样你才会更加富有灵感,也更加洁白无瑕,
因为黑暗的污点落在我的外衣上,
在审时度势的德行中,在波浪翻滚的气息中
会为你描绘出新的褶皱。
你的思想会发现它们的轮廓,并印上你的脚步的印迹。

为了让你们能够立刻聆听到这首诗中两个相互交错的东西,我们已经做得足够了。

首先,这个世纪关于真实的典型的预言是思想必须打断循环往复。那就必须有,也将会有一种新的行为,一个这个世纪必须形成的"新生"。问题在于,马上对所有人提出要求:"抹去过去岁月的痕迹。"

第二个值得关注的是为了发现轮廓,听觉必须清洗干净。要注意的是,一个新轮廓的形成,印下脚步的印迹并不能用一种先在性的空想来理解。

最后,马列维奇告诉了我们这种减法:在最小差异所在之处去产生新的内容,那里几乎是空无。行为,就是"荒漠中的新天地"。

1999年4月7日

六 一分为二

因此,这个世纪绝不是幻想和乌托邦意义上的"空想的"世纪。其主体特征是对真实的激情,它需要立刻能够得到实现。我们已经指出伪饰的价值在于其不过是这种激情的结果。

这个世纪怎样看待自身?在任何情况下,它都不是许空头支票的世纪,而是一个现实化的世纪。它是行动的、实际的、绝对当下的世纪,不是宣示和未来的世纪。这个世纪将自己体验为经过几千年失败的尝试之后胜利的世纪。崇高而虚幻的跃跃欲试的和因而在意识形态上进行奴役的上帝,被20世纪的人物们归结为19世纪的不幸的浪漫主义。20世纪宣称:不会再有失败,胜利的时刻来到了!这些胜利的主体性摆脱所有明显的失败，因为它不是一种经历，而是一种构建。胜利是一个组成失败自身的超验性主题。"革命"是这个主题的一个名字。1917年的十月革命，之后是中国革命和古巴革命，还有阿尔及利亚或者越南在民族解放战争中的胜利，这些都丰富了这个主题的经验，并击败了所有失败，挽救了在1848年6月或对巴黎公社的屠戮。

胜利的方式在理论和实践上都非常清晰，它取决于一个决定性的对抗、一场最终的整体的战争。只有一场整体的战争才能走向真正胜利的胜利。在这个方面，正如我们所说，这个世纪是一个战争的世纪。但只要叙述与几个观念紧密相关，这些观念都围绕着两个问题，或者对抗的两翼。这个世纪宣布它的法则是二（Deux），是对抗；在这个意义上，冷战的终结（美国帝国主义阵营对抗社会主义阵营），作为最后的二的景象，也是这个世纪的终结。不过，二按照三种意义进行变化：

1. 有一个中心斗争，两种主体性在全球范围内进行着你死我活的战斗。这个世纪是这场战斗的舞台。

2. 在两种思考和思想斗争的方式之间也存在着同样血腥暴力的斗争。共产主义和法西斯主义之间的搏斗同样是根本性的。对于共产主义来说，全球斗争是两个阶级最后的斗争范式。对于激进的法西斯主义来说，这是国家和种族之间最后的搏斗。在这里，二被一分为二。在斗争的主题和关于斗争的争斗的主题之间存在着错综复杂的关系。第二种分裂是根本性的,或许它更甚于第一个。最终,它比共产主义更反法西斯,其特征在于第二次世界大战是按照后一种区分,而不是按照斗争的统一体的概念来进行的,这个概念只能用于"冷战",除了几个周边战争之外(朝鲜战争和越南战争)。

3. 这个世纪是作为生产的世纪出现的,借助战争,它生产了一个决定性的统一。斗争通过一个阵营对另一个阵营的胜利而终结。我们因此也可以说,在这个意义上,二的世纪是被对一的激进的欲望激发出来的。这是将斗争和暴力铰合在一起的名称的胜利,这场胜利是对其真实性的明证。

这一次更值得注意的问题不在于辩证的规划。没有什么能让我们准备一个综合体,一种从**内部**对矛盾的超越。相反,所有事物都指出两个方面其中一个被废除。这个世纪是一个二与一并列而非辩证的景象。这里的问题是要知道这个世纪对辩证思想的评价是什么。在胜利的结果中,关键性因素是斗争本身呢,还是对一的欲望?

我喜欢在这里谈及一个时期,这个时期在原先非常有名,但在今天几乎被遗忘了,这就是中国"文化大革命"(revolutions chinoises)①。这发生在1965年前后的中国,当地媒体在斗争的设计中极富创造性,它们将其叫作"在哲学领域中的一场伟大的阶级斗争"。这场斗争中对立的一方认

---

① 从法文直译过来是中国革命,但从上下文来看,作者这里谈到的不是中国共产党领导的革命战争,而明显指的是"文化大革命"。下文同。——译者注

1999年4月7日

为辩证法的本质是斗争的起源，以及它在"一分为二"的公式中被给定；而另一方认为辩证法的本质是矛盾的方面的合成，其结果正是"二合为一"的公式。这明显是迂腐气十足的真理。因为关键在于在其基本欲望中革命主体性的认定。这是分裂的欲望，战争的欲望，抑或一种熔合的欲望、统一的欲望、和平的欲望？在那个时候的中国，那些宣称"一分为二"的是左派，而那些宣称"二合为一"的被称作右派。为什么？

如果综合（synthèse）原则（二合为一）被当作主体性的公式，作为对一的欲望（désir），被看成右派，这是因为他们眼中的中国"文化大革命"，完全是不成熟的。这种原则的主体没有完全将二推到其底线，也不知道阶级斗争的完全胜利是什么。他们所觊觎的一必然是不可想象的，也就是说，**在熔合的外表下，呼唤出来的是一个古老的一**。这种辩证的解释因此是复辟性的。为了不至于保守，为了在现在成为一个革命的激进分子，都必须渴望分裂。新的问题立刻变成了在情势的独特性中创造性地分裂的问题。

中国的"文化大革命"，尤其在 1966 年到 1967 年间，在难以想象的狂暴和混乱中，这两种辩证法版本的拥趸们彼此攻讦。事实上，有部分人紧紧跟在毛泽东之后，在那个时期，他们实际上是党内领导人中的少数派，他们认为社会主义国家不应该是一种政策和政策性的大众政治的终结，而是相反，应该看作一种在通向真正共产主义的旗帜下砸碎锁链的激励。还有一些人跟随着刘少奇和邓小平，认为经济工作是最主要的事情，发动人民群众搞运动超过其必要的限度而带来的是更多的不祥之兆。受过教育的青年成为毛泽东派的刀锋。党的领导人和大部分知识分子领导或多或少公开地反对这一点。农民则在期望中等待着。最后，工人作为决定性的力量，在必要的最终的斗争的组织中被撕裂了，自1967—1968年起，风口浪尖上的国家被卷入狂风骤雨之中，连军队都不得不介入其中①。于是，长期流行的是极其复杂的官僚斗争和暴力，这并不包括人民群众的运动，这种情形一直持续到毛泽东逝世（1976年），之后迅速发生的是邓小平的热月党②接掌了权力。

这场政治风暴作为一场赌博，是如此之新，也是如此晦暗不明，以至于它的许多经历都毫无疑问地与一个仍然有一大段路程要走的解放政治的未来锚定在一起，尽管这场革命事实上在1967年到1975年间决定性地刺激了法国的毛主

---

① 由于"文化大革命"的有关问题都被遗忘了，或者被那些恶意中伤的媒体的言辞掩盖了，有必要重新回到那些事件的当代源头，但也必须不能带有偏见，来平衡地看待这个问题。一本让我们可以综合地看待中国那时被称作伟大的无产阶级"文化大革命"(GPCR)的初始阶段（在很多普遍性的课程中这是唯一的阶段）的书是让·埃斯美因(Jean Esmein)的《文化大革命》(La Réolution culturelle，Paris：Seuil，1970)。

② 热月党人原是反罗伯斯庇尔的各派人物的暂时结合，并无统一纲领。他们执政后实行的主要是原丹东派的主张。热月党的主要代表人物有 J. L. 塔利安、L. 弗雷隆、P. -F. -J. -N. de 巴拉斯等。他们废除雅各宾派限制和打击资产阶级的政策，封闭雅各宾俱乐部，并于1794年处死雅各宾派领导罗伯斯庇尔。巴迪欧在这里用热月党来形容邓小平等人的上台，意在说明邓的政策是对毛泽东的路线的偏离，并终结了毛泽东时代的"文化大革命"。——译者注

1999年4月7日

义者,而他们是在1968年五月风暴之后硕果仅存的革新者和坚贞不渝的坚持者。在任何情况下,"文化大革命"都标志着所有进程的封闭,而这些进程的中心"目标"就是党,而党主要的政治概念是无产阶级的政党。

顺便说一下,在今天向帝国主义和资本主义屈从、复归中,很时兴将之描述为一个前所未有的野蛮的和血腥的"权力斗争"的时代,毛泽东成为中共中央政治局中的少数派,他试图千方百计地回到权力的巅峰。首先,我们要回应为这个政治时代贴上"权力斗争"标签的做法,其将一种荒谬的方法堂而皇之地带进来。"文化大革命"的战士们不停地引用列宁的言论(或许这不是最好的,但这是另一个问题),在这里面,决定性的是"问题是权力问题"。毛泽东自己公开宣布,他的地位遭受了明显的挑战的威胁。我们的中国研究专家[1]的解释"工作"仅仅是对发生在中国1965—1976年的内战般的情形进行内在的和公开的解释,这场战争真正的革命进程(在一种对政治新的思考存在的意义上)只能在其起初阶段找到(1956—1968年)。此外,之后我们的政治哲学家

---

[1] 西蒙·雷(Simon Leys)是主要的反毛主义中国研究专家,在其他方面他是个天才,他在1971年,正好在"文化大革命"的知识分子的大众性问题上撰写了一篇论文:《毛主席的新装》(Les Habits neufs du président Mao),成为一枚破坏性的炸弹。西蒙·雷作为一个叛徒和反革命的精神的前卫的勇士久负盛名,他当然对他观点的勇气进行公正的裁决,他的跟随者们都对自己毛主义经历表示懊悔,他们——他们既没有在那个"所有人"都作为毛主义时代,也没有在今天"所有人"同时感到后悔并且他们非常急于消除这种经历的时候——都没有证明这一点,但我们仍然不能相信他的书是值得称道的。这应该让读者来进行评判。

们什么时候被一个受到威胁并试图恢复其地位的领导人所触怒了？难道他们不是用他们所有的时间来评述民主和议会政治那点令人惬意的本质吗？我们还必须要说，权力斗争的价值与地位要从其得失来判断。尤其是斗争的方式是阶级革命，在这个意义上，毛泽东指出"革命不是请客吃饭"：史无前例地发动了成千上万的工人和青年，这是不同寻常的真正的自由的表达和组织，在所有工作和学习的地方组织规模宏大的游行、政治聚会，以及最原始的、有计划的讨论，公众检举，复辟派和无政府派之间的暴力，甚至包含军队的暴力，如此等等。但是，当我们今天讨论邓小平在"文化大革命"中被激进派评为"党内第二号走资派"时，他是否事实上用一种社会主义建设和发展的程序来反对毛泽东的革新和集体主义计划？难道我们看不到，在毛泽东逝世后掌握了国家领导权的邓小平在他80多岁并快走到人生终点的时候，采用了一种旧式的新市民社会（néo-capitalisme）变体，更严重的是他延续了党的集中（despotisme）？因此，在这些问题上，其中最为重要的是（城乡关系，体力劳动和脑力劳动的关系，党群关系，等等），用他们的话说，中国所谓的"两个阶级、两条道路、两条路线"真的在那里发生了。

但这些暴力一直都很极端吗？成千上万的人死去了吗？迫害，尤其是对于知识分子的迫害发生了吗？我们和在历史上标明的所有暴力一样讲述了同样的事情，其目的是想践行一种自由政治，颠覆那种让社会屈从于财富和有钱人、权力

1999年4月7日

和掌权者、科学和专家、资本和它的奴仆的永恒秩序,这种秩序将人们的所思所想、工人们的集体智慧看成一文不值的东西,真的,任何思想都不能等同于那种将利润的卑鄙法则永恒化的秩序。总体解放的问题,在今天实施起来,在永恒的今天的狂热中,总是被放到超善恶的位置上,因为在行动的氛围中,唯一可知的善是现在的状态变成它自己生存的危险的名字。极度的暴力于是在极度的狂热中不断重复,因为事实上真正的问题是重新评估一切价值的问题。对真实的激情是无需道德的。道德,在尼采看来,不过是某种谱系的律令。道德是旧世界的残余。因此,对那些在我们今天、宁静而陈旧的今天被看成罪大恶极的事情的容忍的门槛实在太高了,这完全忘却了我们曾参与其中的集中营。这就是明显将这个世纪说成"野蛮的"说法。然而,这种说法完全不公正地将对真实的激情的维度割裂开来。即使当时存在对知识分子的迫害,或者耳闻目睹了这场惨剧,但最重要的问题在于要记得使其成为可能的正是认为知识权力并不能让政治接近真实的那种信念。当法国大革命时期的弗基埃-坦维尔

(fouquier-tinville)①审判并裁定近代化学之父拉瓦锡(Lavoisier)②死刑时说道:"共和国不需要科学家。"如果曾有这样野蛮的言辞的话,其完全是极端的和不可理喻的,但这些言辞必须得到理解,在其本身之外,简单来说是一种程式性形式:"共和国没有需要"。这里没有需要,没有兴趣,或者说兴趣的相关物,不需要知识的权力,这使得政治追逐着真实的碎片,但其根源在于一种集体思想的形成,也只有这唯一的根源。也可以说:政治,当其存在的时候,它建立了自己关于真实的原则,并因而无须任何别的东西来保存它自己。

但或许在今天,所有将思想隶从于真实的考验的企图,无论是政治的还是其他,都被看成野蛮的。让人感到极其寒冷刺骨的是,对真实的激情让位于对现实的接受(暂时的?),有时欢笑,有时哀怨。

真的,我相信我已经搞清楚了其根源,即不断增加的伪饰一直像鬼魅一样和真实的激情如影随形,因此必须不断重新进行清洗,不断剥光真实的外衣。

---

① 弗基埃-坦维尔是法国大革命时期革命法庭的公诉人,他在原波旁王朝的巴黎裁判所(Palais de Justice)办公,两年间,他先后判决了2 700多人死刑,其中包括玛莉-安东奈特皇后、诗人安德雷·谢尼耶(André Chénier)、著名化学家拉瓦锡、雅各宾派的领导人罗伯斯庇尔等人。——译者注

② 安托万-洛朗·拉瓦锡(Antoine-Laurent Lavoisier, 1743—1794):法国著名化学家。近代化学的奠基人之一。1743年8月26日生于巴黎,1794年5月8日被革命党人处决。1763年获法学学士学位,并取得律师开业证书,后转向研究自然科学。拉瓦锡与他人合作制定出化学物种命名原则,创立了化学物种分类新体系。拉瓦锡根据化学实验的经验,用清晰的语言阐明了质量守恒定律和它在化学中的运用。这些工作,特别是他所提出的新观念、新理论、新思想,为近代化学的发展奠定了重要的基础,因而后人称拉瓦锡为近代化学之父。——译者注

1999年4月7日

我想在今天强调，可以说对真实的清洗源于被包裹着和隐匿着的现实。在那里，暴力的味道是表层的和透明的。这个世纪试图抵抗其深度。随之带来的是对其基本的和超越的激烈批判；它提高了即时性和表层的感受性。在对尼采衣钵的传承中，其提出抛弃"未来世界"（arrière-mondes），并主张真实就是表象（l'appraître）。准确地说，由于驱动它的并不是理想而是真实，思想必须抓住表象并将其当作表象，或者将真实看作其自己表象的纯粹事件。为了实现这一点，必须摧毁所有的深度（épaisseur）、所有的实体性（substantielle）的抱负、所有现实性的判定。正是现实性构成了将真实揭示为纯粹表象的障碍。这里有一个反伪饰的斗争。但自从现实性的伪饰附着在真实之上，摧毁伪饰就被看作纯粹而单纯的毁灭。在清洗终结之处，真实作为现实性的总体性匮乏，变成了虚无。我们将这种在这个世纪被无数次冒险借用的方式，无论是在政治上，还是艺术上，或者科学上，叫作恐怖的虚无主义方式。由于其主观动机是对真实的激情，它并不赞同虚无，这是一种创造，要承认这是一种积极的虚无主义路径。

我们在今天身处何处？积极的虚无主义的景象完全化作一片废墟。所有合理的运动都遭到了限制，背上了现实性的负担。我们能采取的更好的方式是躲避罪恶，为了做到这一点，最便捷的途径就是避免和真实的任何接触。最终，我们再一次与虚无相遇，真实的虚无，在这个意义上，我们一直都处在虚无主义之中。但由于我们消灭了恐怖的元素——对真实清洗的欲望——虚无主义丧失了活力。它变成了消极的或反动的虚无主义，一种对任何行为，任何思想心存敌意的虚无主义。

这个世纪描绘出来的另一条路径，这种途径试图保留对真实的激情而不至于沦落到不时发作的恐怖的陷阱中，这就是众所周知的我所谓的减法的途径：展现为一个真实点，而不摧毁现实性，而是作为一种最小差异。对现实性的清洗，并不是在其表层来消灭它，而是从明显的整体中减去它，为了在其中观察细微的差别，除去了建构它的词语。发生的事情同发生的场所**几乎没有**区别。正是在"几乎没有"中，在这种内在性超越中，蕴藏着其所有的情感。

这两条路径的主要问题都是新的问题，什么是新？这个世纪一直被这个问题所困扰，因为自从其开端始，这个世纪就将自己召唤为一种新的开启的景象。而其中最重要的就是对人的（再）开启：一种新人（l'homme nouveau）。

这个词有两个相反的意义。

对于一部分的思想者来说，尤其是在法西斯主义思想范围中，甚至不排除海德格尔，"新人"是对旧人的修正，而旧人是被连根拔起的、消逝的、烂掉的人。清洗是一个返回消逝的原点的现实过程，这其中或多或少会有点暴力。新人是本真性（authenticité）的产品。最终，这个世纪的人物将这看作通过毁灭（非本真的）来进行的修复（原点）。

1999年4月7日

对另外一些思想家而言,尤其是在马克思主义的共产主义的范围中,新人是一种真实的创造,创造一种从未存在过的事物,因为其诞生于历史斗争的毁灭之中。它超越了阶级,超越了国家。

新人既是一种修正,也是一种生产。

在第一种意义上,新人的定义根植于诸如种族、国家、地球、鲜血、土壤之类的带有神秘性的总体性中。新人是谓词的集合(斯堪的纳维亚人、雅利安人、战士,等等)。

在第二种意义上,新人反对所有的包含意义,所有的谓词,尤其是反对家庭、财产、民族国家。这正是恩格斯在《家庭、私有制和国家的起源》中的计划。马克思已经强调了无产阶级普遍的独特性,他们没有任何谓词,一无所有,尤其是在一种很强烈的意义上,他们没有"祖国"。无产阶级的概念是颠覆了这个世纪的新人的反谓称的、普遍的概念。很重要的一点是其对家庭的敌意,家庭被看作自我中心主义最初的中心,其根植于特殊性、传统和原点。纪德呼喊道:"家庭,我恨你",这为这种意义上的新人做出了辩护。

可以非常明显地看到,家庭重新成为这个世纪的结局,成为一个共同认可的而在实践中不会被挞伐的价值。青年人热爱家庭,他们在那里住得越来越长。德国绿党被看作一个抗议的政党(所有东西都是相关的:其在政府中……),在一段时期内被叫作"家庭党"。甚至在这个世纪中,如同前文看到的纪德所说的那样,同性恋都成为一个抗议的团体,在今天要求让他们置于家庭、承袭、"公民资格"的框架之中。也就是说我们究竟身在何处。新人在这个世纪的现在的真实中,当我们作为进步主义者,新人首先要脱离家庭、财产、国家专制。在如今,似乎作为我们所谓的主人的"现代化",等同于一个好的小爸爸、一个好的小妈妈、一个好的小儿子,成为一个有用的雇员,尽可能地攒钱,并扮演着一个有责任心的好公民。现在的口号是:"金钱、家庭、选举"。

这个世纪得出结论,主观的新是不可能的,只有在循环往复中安逸地度日。这个主题有一个范畴性的名称,即困惑。这个世纪在安全的困惑中终结,其中有一个有点无耻的格言:你生存的地方已经没有坏东西了,它已经是坏得到处都是了。于是,自弗洛伊德以降,其生存在这一百年中已经将自己放置在毁灭性的歇斯底里的标志下了:你们向我展现的新是什么?其中什么是你们创造的?

这就是为什么通过精神分析进入这个世纪并不是一个坏主意。

1999年4月7日

1999年5月5日

七　性危机

讲精神分析？还要？所有东西都已经讲过了，我们讲得太迟了，因为精神分析已经有人讲过了。此外，我的问题要比那些经常求诸精神分析的哲学更含糊，这种精神分析通常在坏脾气之中。当马拉美试图总结19世纪，也就是说，用他的诗来进行总结，他提出了这样的公式："我们已经触及了韵文。"于是，我试图了解，是否在20世纪我们已经触及了性。我在这里已经引出了精神分析，我问到是否在我们的世纪明证了我们已经以这种方式思考和转变了人类的性态（sexualité），即为我们开启了另一种生存的许诺。我想借此来告诉你们，关于性我们发生了什么。

我相信在这一点上，我们必须从弗洛伊德开始。在思想和性之间存在着某种关系，即我们所谓的思想欲望的不可抗拒的性化(sexuation)，这一点的确是由弗洛伊德开创的，弗洛伊德展现出来一种根本性的个人勇气。我们将其应用到我们的内在方法中。在性态的问题上，弗洛伊德自己感觉做了什么？难道弗洛伊德将自己设想为性真实断裂的代言人，不仅仅是对道德和宗教禁忌的纯粹的冒犯？难道他有一种彷徨的信念，即他以某种方式触及了性，而这种方式正是在雨果之后，诗人触及韵文的方式？

为了探讨这个问题，我评述了弗洛伊德题为《五个精神分析》(Cinq Psychanalyses)的作品中的四个文本，这些文本完成于1905年到1918年间。

在我看来，我手头上这个名为《五个精神分析》的作品是这个世纪的重要著作。它在所有方面都堪称名著：创新、大胆、生动的文笔，令人惊异的智慧。我们可以说可以将这些文本看作人类精神的权威作品，其创造性是卓越的，无论我们是否对精神分析的论述有兴趣都是如此。这些文本特别有名还因为曾有成千上万的人研究，其中不乏一些伟大的天才，没有案例，没有转化为一种独一无二的分析程序，从未跟上弗洛伊德五个研究的步伐。我们可以说在我们之前就已经有一些主要案例，无论是杜拉的歇斯底里症，还是鼠人的困惑、小汉斯的恐惧症、施赖伯(Schreber)法官的偏执狂症，或者还有狼人的神经官能症和精神变态。这五个研究是从无意识形式和"永恒的获取知识"中难以得到揭示的一般性不幸的材料中提取出来的。承受人类特性这种永恒的不幸的苦难，需要有非凡的天分和承受力。

因此，去问在《五个精神分析》中弗洛伊德是怎样大胆地提出关于性和性态的精神谱系的问题，抑或他怎样直接面对思想与性的关系，作为他最早的问题，他不仅仅拒绝从道德质询的形式来思考，而是仍需从思想的建构的名义下考查性真实变化的决定性力量，即思想或多或少在能力上压抑了性冲动。

这里引述一段出自题为杜拉案例的序言的文字，这个案例发生在1905年，那时发生了第一次俄国革命，这场革命后来被布尔什维克在回顾中将其称作"一般性重复"（1917年的十月革命）。我引述的文字是玛丽·博纳帕特（Marie Bonaparte）和鲁道夫·洛文斯坦（Rudolph Loewenstein）翻译的版本，毫无疑问在今天这是不够的。于是在这里我引述弗洛伊德的声明和注意事项：

在观察中，迄今我唯一可以接受的是专业秘密和不太喜欢的环境所强加的限制，开诚布公地谈论性关系；性器官和功能都被冠以合适的名称，这会让那些纯洁的读者对我们所展现的东西感到信服，我可以和年轻女士一起直接用这样的语言谈论这样的主题，而不用转弯抹角。因而必须对我进行谴责吗？我非常简单地担当了妇科医生的权利，或者这是比其更真诚的权利。这是一种怪异和反常的淫欲的标志,这种淫欲认为这样的谈话是一种激发性欲的好方式。

相对于我们谈的这个问题,这个文本的确相当晦涩。其中,在弗洛伊德在性和性问题上,引入一点变化,而他敏锐地察觉到了这个变化。与此同时,毫无疑问,一种"社会性"类型的与无意识抗拒联系在一起的防范性焦虑(un souci défensif)导致了一种非分析性的压抑,如果这种压力已经被其他人展现出来,它就当然不能逃离他的注意。所有这些都告诉我们,弗洛伊德的伟大之处之一在于他的工作挑战了自身(这句话也可以用在康托尔身上,他是20世纪第三个重要的思想源泉,而前两个源泉正是列宁和弗洛伊德)。同样,康托尔通过触及无限并将其从高高在上的神龛上赶下来,将其同一(Un)联系在一起,最终康托尔颠覆了其神学信仰。

如果我们从清晰进入晦暗之中,抑或从意识堕入无意识操作之中,那么弗洛伊德的文本就告诉了我们四样事情。

1. "我仅仅是按照性的原本样态命名了它而已,我用它们的名称来称呼性之类的事情,我说得非常坦率。"这个说明太过简单,或者说是显而易见的。但在那个时代的前提下,这是基本的现实。精神分析的创造在于它确实让思想直接面对这样的性问题。但最重要的问题并不在于认识的简单关系。正像福柯不住地宣称,从来不缺少"对性的了解"的欲

1999年5月5日

望，这种欲望一直拥有着控制身体的权力的效果，尤其是它控制着身体与身体之间的纽带。弗洛伊德方法的特殊性在于直接开诚布公地谈论性，这并不是从知识的角度，而是从命名和介入的角度来谈论，这叫作"坦诚谈论"。这种方式准确地研究了性的效果同对其的纯粹认识上的理解之间的分裂，最终所有东西都臣服于命名权力（au pouvoir de la norme）。从这种观点来看，对性的"本体"的明证（这样的性是"官能和功能"）促使了判断的解放。渐渐地，无论其是否需要，精神分析都会与有组织的性态知识的明确的体系的萎缩乃至消亡如影随形。想象一下，在开诚布公的基础上，如果不了解所有的思想，精神分析将赋予性态一种状态，我们可以高雅地谈论它，而任何一种传统的形式都不能适应这一点。

在这一点上，弗洛伊德很重视自己的原创性，他的勇气，他将开诚布公地谈论思想和性态当作一种真正黎明的破晓。

2."我毫无顾忌地同年轻女士谈论它"。女性的问题，及女性性态的自主性及其效果，带来的是在原则上的震惊，精神分析在一定高度上，同时引起、伴随并终结了这个问题。在少女杜拉的案例中，关键在于去聆听（跟随**其中的文字**）这个女孩如何述说性，而不是去与她"讨论"。因为刚刚开始的精神分析起初就是要聆听那些歇斯底里的叙述，而不要立即将其当成一种魔咒，这种叙述一会儿是一种纯粹的无聊枝节，一会儿又是一种真心投入。弗洛伊德甚至试图在一种建构的性秘密中，接受那令人晕头转向的思想迷宫，并因此创造了一种新的思想领域。重要的是这种思想并不需要庇护着女性，恰恰相反，这种思想从这一原则诞生那一刻起就在女性的精神分析的数字中得到明证。在这个世纪里，一段长期的性态的变态史开始了，这主要是由女性维度在思想上的清晰的解释所开创的，还有，一段时期之后，同性恋也恰当地创造性地表达了他们的思想。在这个意义上，精神分析真的并不是唯一的开创者。但确切地说，在杜拉的案例中足以看到，1905年的弗洛伊德一点也不落后。

3. 弗洛伊德在用其方式为我们引入防御性策略时，宣布他比妇科医生扮演了一个更温和的角色。妇科医生，今天的国家不会毫无目的地任其消失，他们和性变态之间是纯粹客观的关系。在这种客观性的庇护下，数以百万的女性找到了某种秘密防护她们某些主体化的身体性区域。按照这里不可避免的推论，现代经济无法容忍的是：如果它是客观的，那么其标准就是有价的，而且越特殊也就越昂贵。看看你们的全科医生吧。如果其是主观的，花费就不存在，而且越主观，就越不需要花费什么。让我们跳过这一点。或者因此，这是一种奢侈。乘飞机来洛杉矶考察下吧。

这是我们世界的法则，其客观性必须按照市场来排列其价值，其主观性不能超越不可企及的奢侈。

或许如此，当弗洛伊德宣称他扮演着妇科医生的角色，他强力地祛除了其思想和对那位年轻女性歇斯底里性化的解读之间错综复杂关系的主观化色彩。此外，他想通过"更真诚"的权力表达什么意思？杜拉不需要被脱光吗？弗洛伊德完全知道：要从性态及其效果的侧面进行考查，这是一个在医学意义上的脱光所不能达到的裸露（暂时的）中来建构主体的侧面。

我们可以很好地看到，在这个转变的黎明，弗洛伊德对他打算公之于众的版本仍然犹豫不决。如果他采用医学上的客观性标准，那么什么一直同时记录着身体与性？或者这个问题难道不是一个颠覆性的主体化过程，其涉及着性及其效果的记述，在这些记述中，并不像女性平常理解的那样，也不是不可名状的欢悦，更不是对思想的渴望的解释，没有东西会毫发无损地从中崭露出来？很清楚，他这种犹豫不决，科学的理想，以及妇科医生的定位都是用来填补那种对新生事物的焦虑的。

4. 最终弗洛伊德向我们保证，没有一种欲望会在事物中循环，这是一种从相反意义上来思考的"生理本能的欲望"。这样，这段文字得出了一个可以当作压抑的教学案例。因为我们知道（在读解这个案例中，我们认识到这是一个非常不错的资源）欲望的确以某种强烈的方式在年轻女士的歇斯底里和对其精神分析中循环着，以至于弗洛伊德在文学性上走得太远，让这个具有极大文学魅力的"杜拉案例"在很大程度上变得含糊不清。于是，弗洛伊德和他自己都隐匿在其原则下，这是一种被称作反超验的范式，在这个原则中，引诱性分析成为分析的主宰。

这对一个拥有着最终思想的世纪来说是一个不小的贡献,在因循着柏拉图《会饮》的足迹中,它借助在所有事物中转述的(transférentielles)和反转述的(contre-transférentielles)操作的巨大作用,同时涉及知识的更迭和围绕着某些晦暗的物欲的人类组织的融合。作为一个带有开创性主性(Maître)的案例,弗洛伊德在其中实践了一种思想突破,在这个领域中,真理依赖于附加在性之上的界限,并当其面对他自己实践的明确的名称时,他略略地向后退缩了一点点。这并不是没有触及一个棘手的欲望问题,并展现在那些试图对真理的理解建立在主体的独特性基础上的人面前。

我们从1909年的小汉斯的案例中能读出什么关于性的新东西?我在下面摘录了一个重要片段:

> 但是,甚至精神分析师都必须承认这些基本原则能够实现一种更直接表达的意愿,获取一种更简洁的路径。的确,首先必须有可能观察到儿童在其新奇的生活中的性冲动和欲望,这些性冲动和欲望在成人那里从他们自己的残骸中得到了尽情的发泄,尤其是当这也是我们的信仰,同时它们是全人类的共同财产,人类建制的一部分,不过它在神经学案例中被夸大和扭曲了。
>
> 这个观点最终在许多年里促进了我的学生和我的

1999年5月5日

朋友对儿童的性生活进行了大量的观察，而儿童的性经验曾作为一个规则被巧妙地忽略和否定了。

这里的问题是，实际上，这会引发和持续引发（思考一下这个有时的确没有什么意义的说明，这使得他们体验了恋童癖的实践）最暴力的反抗，也就是说，在儿童那里一种强烈的性态是存在的，这种性态建构了儿童的未来的主体情境。此外，对于弗洛伊德而言，这种性态被贴上了各种各样的邪恶的标签，按照这些观点来看，性是在自然中被规范的，我们立刻可以看到，这些观点都是不可靠的。弗洛伊德注意到他的原理充满着破坏力，这正是他为何鼓励他的学生加强直接观察的原因，于是在论战中，他为自己装备了大量的经验作为武器。

我再一次强调：不能肯定地认为弗洛伊德的勇气在今天是无用的。

这个世纪的确颠覆了一个关于儿童的经典命题，如笛卡儿认为，儿童不过表现出从狗到成人的一种过渡阶段，为了得到人的资格，就必须毫不犹豫地对这个过渡阶段进行驯化和惩戒。今天，我们已经普遍承认了儿童的权利，尤其在斯堪的那维亚地区，如果有些父母仍有可能打自己的孩子，会遭到邻居的检举并被提起诉讼。如果我们将它们分裂开来，谁会对这种转变感到不快？去捍卫英国古老学校中的体罚显然是不合时宜的。问题在于，当我们涉及人在物质上的定义时,总要了解其权利延伸后的代价。因为平等是不可逆转的。如果儿童享有同样的人权,就是说儿童是一个人,但同样可以看到,对于人的条件来说,他们不过是一个儿童。同样,如果认为猕猴和母猪也享有不可剥夺的权利,这或许是一种过于怜悯的标志。这也意味着我们并不认为我们同猴子和猪有什么区别。

这里有一个由卢梭提出的著名的重要问题:"什么是童年?"弗洛伊德回答道,童年就是在欲望中并由欲望通过在客体表达中的欢愉的实践对主体进行建构的情境。在童年建立的性框架早已内在地限定了我们的思想,从此以后,只要其行为得到升华,它就会跃现出来。

在我们今天,赋予这些主题颠覆性的并不是其反对儿童的动物性天性,并必须对之进行驯化。与之完全相反,从**对立推理**角度,摆在我们面前的困扰是一种认为儿童是无辜的,他们是小天使,他们被我们那腐朽恶臭的梦想拘役着,他们是世界含苞待放的花蕾的思想。我们可以在一些针对同儿童发生性关系的人的指控、死刑以及立即给予私刑中看到这一点。在这些暴力的抗议中,在这些抗议之前,公共权威几乎很少对此没有偏见,这并不是弗洛伊德在其平庸的勇气中所提出的问题:童年远远不是完全"无辜的",在其所有的形式下是性体验的黄金年代。

当然,法律必须标明谁是和谁不是儿童,到什么年龄他们可以自由使用他们的身体,以及那些侵犯这些条款的人怎

1999年5月5日

样受到惩罚。一直以来，对于杀人犯都必须用最公正和最严厉的方式来进行惩罚。这样说的话，这不仅是无用的，而且是极度反动和有害的，因为其唤醒了弗洛伊德之前时代中的一种古老的关于儿童的表达和一种虚伪的道德，他们忘了正是强烈的动机和一种活跃的对性的好奇心建立了儿童的基本结构。这意味着用于衡量儿童同试图性诱引他的人之间两相情愿的尺度必然是过于考究了，即使有人指出（这是对的）这种两相情愿不足以让那些钟情于此的成人免除惩罚。

让我们再看看那些针对恋童癖组织请愿、指控、设立网站以及滥用私刑的人吧，他们很好地考察了包括性方面在内的其家庭的病原性结构。绝大多数杀害儿童的凶手并不是恶劣的单身的恋童癖，而是父母，尤其是母亲。而绝大多数乱伦的性淫亵，在这个例子中是父亲或者继父开始干的。但关于这点，请闭上你们的嘴。杀人的母亲和乱伦的父亲比恋童癖杀手不知道多出多少倍，他们颠覆了那种好公民的父母和他们天使般的孩子之间甜蜜的关系的家庭的田园诗歌般的形象。

弗洛伊德，他拒绝了任何作为他存在的资产阶级对之保持缄默的束缚。他阐释了建立在儿童性态基础上的人类思想，并告诉我们理解家庭世界中伪饰、神经症、绝望的各种方式。他也预言了在今天一个显而易见的变化：同性恋构建了每一个人类主体的或明或暗的创造之源。看一下他在1911年关于施赖伯法官的分析的片段：

我想我们不太需要过多反对那个命题,即对女性的性欲望(被动性同性恋)的幻象不是其疯癫的偶然原因,这种幻象是医生研究的对象。在施赖伯身上表现出来的活生生的对这种幻象的反抗源于他的统一的人格,以及随之而来的防御性斗争——这种斗争或许也可以拥有另外一些形式——在我们所不能理解的一种理性上,这是一种受虐的癫狂。

弗洛伊德大胆地坚持认为同性恋是类性性态(sexualité générique)之一。对于主体而言,异性倾向的对象既不是自然的,也并非自明的。这种结果来自语言和偶然的建构。我们注意到在施赖伯案例中的癫狂绝不是同性恋的冲动,而是其冲动前提,即在这些前提下,主体受到了对这些冲动压抑的驱使。施赖伯的幻象(fantasme)是一种"女性"的欲望,不仅因为其纯粹被动的形式,而且因为其问题,如同在这个幻象最终的变态中所展现的那样,即他赢得了父亲那里的女性位置(沦为上帝的性对象)。在他自己那里,这种幻象只是证明了其冲动的普遍的二重性,也证明了当其面对所心仪的对象时的那种飘摇不定。他自己的压抑不过是自己社会规制、家庭安排以及他父亲的法律的结果。这并不是自然的。作为一个精神病的案例,从弗洛伊德那精湛的逻辑角度来看,他非常痛苦地说出其原因纯粹是一无所知。换一种说法:同性恋幻象和癫狂之间的联系,从认识角度而言,完全是偶然

1999 年 5 月 5 日

性的。性欲的驱力将其整合到"另一种形式"中去。因此，弗洛伊德认为，同性恋是在他人之中的一种可能性，它是性冲动演进的潜在的来源之一。其普遍性的后果源于这样一个事实，即不可能将其同欲望的纯粹景象割裂开来。每一种欲望对象的定位都受到了其另一面的沾染，而每一种欲望都包含在异性的"位置之中"。

在这个世纪，的确颠覆了性欲的普遍性和根源之间的关系，毫无疑问，这种颠覆已经超越了弗洛伊德所思考的东西，但他可以宣称他在那些研究性冲动的学者中是一颗不可取代的耀眼的明星。

因此，当他的思想不可避免地马上面临着风险，即一些人用"正常"来反对其成就时，我们不用感到惊奇。他在1918年的狼人案例中的一段文章中验证了这一点：

在论战的目前阶段，围绕着精神分析的愤怒坚决抵制着其成就，就我所知，他们采取了一种新的形式。人们满足于精神分析开创的对以往的事实的现实性的否定，为此，似乎更好的方法是避免去检验它们。这个过程似乎一点点地被放弃，人们重新看清了事实，但在错误的解释的误导下，其结果却是它被付诸东流，那些批评用以往一样的效能来抵御这令人厌恶的新东西。对儿童神经症的研究表明这种肤浅的和武断的重新解释的企图在总体上是如此贫乏。这让我们可以看到在神经症的构成中,起主导作用的正是一些急不可耐地去消灭之的双重动机,这也揭示了向遥远的文化目标前行的所有期望的欠缺,即儿童仍然一无所知,因此他们不具有任何价值。

在这一段文字中,弗洛伊德分析了对精神分析的第二波反抗。如果最初的时候他们愤慨的原因在于其拿思想直接与性指令相比照,现在有人试图将这种比照"精神化",将其变成一种文化现象。很明显,我们在这里可以思考一下荣格的原型意向(archetypes),其中的性元素在**文化**中都立刻被形式化了。弗洛伊德对这种作为最轻微的反抗的文化崇高表示出不屑。绝对有必要直接面对性,不要畏惧借助某种托词来重构"双重驱动"施展的舞台。

在1918年,我们看到,弗洛伊德已经清楚地发现了一个业已运作的阴谋,这场阴谋蕴含在试图回到将欲望同化在文化、神话、宗教等中预先决定了的意义的欲望对象的相互关联之中。这个阴谋的长远目标在于重新导入意义并用之取代真理,在力比多中注入"文化"的因子。这是一种诠释学(herméneutique)的阴谋,弗洛伊德立即将之看作一种对他的发现狡猾的否定,简而言之,必须返回赤裸裸的性和意义的根本匮乏中。

还有一个问题就是同宗教的斗争,在斗争的现代形式中,其形式是由我们的世纪决定的。弗洛伊德,这位伟大的唯物主义的智者，当然也知道这一点。威胁到宗教的并不是性的价值，而恰恰相反，天主教会的神父们对性非常了解，了解它的堕落、它的后果，而且他们是最不会低估性的价值的人。不，真正威胁到他们的是这样一个事实，即性能够规制一个与意义相分离的概念，最为恐怖的是性会颠覆掉所有赋予的意义，然而宗教的存在依赖于对性关系精神升华的能力，所以需要将其变成一个能指。

弗洛伊德卷入了这个世界的一场关于性、意义和真理的伟大战斗，拉康将这场战斗描绘为宗教和精神分析的大决战。这场战斗的胜负让我们知道性是一个意义呢，还是按照拉康的说法，在性中存在着某些理性的东西，即作为性"关系"的某些东西呢；或者，是否性化的主体命运将主体交付给一个无意义的真理，还是用拉康的话说，这个真理就是根本不存在性关系。

说得简单点：正是在那种将对性的言说同道德要求区分开来的真理的指示下，开诚布公的思想和性将矛头指向宗教。

这种分离引发了一场广泛的革命，但我们对在这个世纪它究竟能进展得如何感到疑虑。的确，这个世纪将性从道德最清晰的图景中连根拔起。这是为了去道德化吗？道德能够隐藏在享乐主义之中。"享乐吧！"这个命令活跃在今天的所有成人杂志上，同时"不要享乐！"的命令在今天的总体结构中得到了强化。弗洛伊德的革命在这个世纪伴随着同意义的宗教背景的内在的斗争,在今天,对这种意义的怀疑仍未消散,它发现自己遭到了一种新的性主体化模式的挑战,在那种新的模式中,明确的模式区分(异性恋和同性恋、女性和男性、主动与被动、神经症与压抑,等等)不比由隐匿在欢愉之下,尤其是在所有的强制性欢愉之下的未名的事物所激发的欲望更有价值。

即便是在罗马帝国时代,当欢愉是对日常生活自身的保证,并且当其取代了强制性命令时,不可避免地终结我们的欢愉的正是暴行。那是一个大众淫暴(l'obscénite)的时代,是一个角斗士的时代,也是一个真正酷刑的时代,更是一个让我们对那个业已逝去的充斥着政治杀戮的世纪充满着怀念的时代。

毫无疑问,正是在这一点上弗洛伊德的勇气激发了我们,他知道如何让其思想得到升华,如何让其逻辑得到成立,唯一支撑着他的是那些不可名状之物,但那些不可名状之物的确是我们真理中不可缺少的要素。

我们已经知道了如何涉及真实的性,这绝不是从其意义上来说的,这一点让弗洛伊德变成了这个世纪最伟大的英雄,他使得我们可以说,在如今这样一个对特殊主义

1999年5月5日

(particularisme)①表现出苍白而恐怖的冷漠的日子里,这对于思想之中的普遍性而言并不是完全没有意义的。

---

① 特殊主义(particularisme)是一种同普遍主义(universalisme)相对的概念,其强调的是事物、思想、文化、宗教、道德的特殊性或本土性,并主张在所有的事物之间、所有的个体之间、所有的文化之间都有着不可共通的成分,因此,普遍主义的论题虽然是高度概括的,但是并不能最终涵括所有的特殊性的命题。——译者注

1999年11月10日

八 远 征

这个世纪如何认识它自己的运动、它自己的轨迹？当我们重新回到这个源头，即对新的严格的建构，以及在其开端处的流放的经历，可以用一个古希腊词语来概括这些意义以及其他的一些东西：这个词就是"远征"（Anabase）。特别值得注意的是，《远征记》（L'Anabase）正是色诺芬①记述

---

① 色诺芬（约公元前430—公元前354）：古希腊历史学家、作家。雅典人，苏格拉底的弟子。公元前401年参加希腊雇佣军，当时，波斯国王大流士（Darius）逝世，其子阿尔塔泽西斯（Artaxerxes）登上王位，阿尔塔泽西斯相信其近臣蒂萨弗尼斯（Tissaphernes）的诬控，认为小居鲁士（Kurush）谋反。小居鲁士雇用了10 000希腊雇佣军，与其已经坐上波斯王位的兄长争夺波斯王位，色诺芬也在这支雇佣军中，之后小居鲁士在一场战役中战死，色诺芬遂与希腊雇佣军于次年返回希腊。《远征记》是色诺芬最广受好评、流传最广泛的著作，是根据他率领那支10 000人希腊雇佣军历尽艰辛，从波斯回到希腊的悲壮经历而写成的。——译者注

10 000名古希腊雇佣军被波斯王朝争战的一方所雇佣的故事的书的标题。

注意这一点:"野蛮人"对希腊的仰慕,更多是仰慕其军事实力,而并非其高度的文明。什么构成了希腊的军事力量的核心(以及后来的马其顿,乃至罗马),又是什么让他们胜过了波斯和埃及的阵容庞大的联军?是纪律。这并不是第一篇论文在军事规则上明确指出"纪律构成了军队的主要力量"。我们通常所说的西方的征服霸权成功的最根本的原因就是它建基于纪律之上。这是思想的纪律,非常可靠的团结的力量,一种最终归于军事团结的政治性的爱国主义。同样,列宁希望用一种"铁的纪律"来统治无产阶级的政党,这正是因为他知道无产阶级一无所有,他们没有一丝机会获胜,除非给予他们无与伦比的组织纪律,这是其必然结果和他们政治团结物质性的景象。

所有的远征都同样要求思想接受一种纪律。没有这种纪律,我们就不能"重新登上高峰",这正是"远征"一词可能拥有的意义之一。色诺芬和他的10 000名战友将体会到这一点。因为在克纳科萨战役(Bataille de Counaxa)中,他们的波斯雇主阵亡①,这些希腊战士们被孤零零地扔在一个陌生

---

① 在克纳科萨战役中,小居鲁士在希腊雇佣军战胜其兄长、波斯国王阿尔塔泽西斯的军队之后,追击阿尔塔泽西斯,被阿尔塔泽西斯的亲卫队包围并被杀死。可以参见色诺芬《远征记》(中译《长征记》),崔金戎译,商务印书馆1985年版,第27—28页。——译者注

国度中，他们得不到任何当地人的支持，而且前途未卜。"远征"应该称作他们返回"家园"的运动，这是一群流浪的人，在他们故土和法律之外的运动。

从中我们可以得出三个关于这个被称作"远征"的运动的标志性的特征：

a) 色诺芬描述了那种赋予那些位于波斯心脏地带的希腊人团体意义的秩序的崩溃。在克纳科萨战役之后，希腊人发现他们被剥夺了他们在他们所在的那个地方存在的任何理由。他们现在不过是一支在带有敌意的国度上的外国军队。远征的根源是一种迷失。

b) 希腊人只有在他们自己的意志和纪律之上来依赖他们自己。他们之所以在那里，正是因为他们的服从和服务于其雇主。突然他们发现他们的生命应由自己来决定，这种决定成为他们开创自己命运的力量。

c) 希腊人必须找到新的道路。他们穿越了波斯，向着大海进发，这里没有一条之前就存在的老路，也得不到任何前人的指点。他们甚至不能简单地直接回家，因为他们并不知道他们所开创的道路是否真的是回家的路。所以，远征是一场自由随意的流浪，那**将来会成为**一条回家的路，这条路在流浪之前，并不是作为回家之路而存在的。

这次远征众所周知的情景是希腊人攀爬一座高山，最后大海跃入他们的眼帘，他们呼喊道："$\theta\alpha\lambda\alpha\sigma\sigma\alpha$！$\theta\alpha\lambda\alpha\sigma\sigma\alpha$！"（"大海！大海！"）这里的大海，对于希腊人来说，已经是故土

1999 年 11 月 10 日

那明晰可辨的片段了。看见大海正标志着新的流浪可能让他们曲折地回到故土。这是一次前所未有的返乡。

我们看一下"远征"一词给我们的世纪带来的思考。在其所谓的历程中,远征留下的是新的纪律的各个部分的不确定性以及带有冒险性的流浪,其构成了意志和流浪之间的断裂性综合。总之,这个希腊词语已经验证了这种不确定性,因为动词αναβανειν(即"远征")同时意味着"登陆"和"返乡"。毫无疑问,这一对符号非常适合这个不停地追问自己是一个终结还是一个开端的世纪。

实际上,在30年代和40年代间,相差40岁的两位诗人在写作中使用了同一个能指:"远征"。第一个是在20年代的阿历克斯·雷雪(Alexis Leger)①以笔名圣-琼·佩斯(Saint-John Perse)进行创作。另一位是在60年代,保罗·安塞尔(Paul Ancell)或者安特谢尔(Antschel),以笔名保罗·策兰(Paul Celan)②进行创作。通过对这两个远征的对立,我们将会从中萃取出这个世纪关于其自身运动的意识,以及表达出返回他们那惬意的人类家园的脆弱的信仰,这是

---

① 阿历克斯·雷雪(1887—1975)是1916年法国派驻北京的三等秘书。五年后当他离开中国时,既经历了他初期的外交锻炼,也经历了他的中国时期的诗歌创作。他返回欧洲,创作出了一本诗集《阿纳巴斯》(*Anabase*,又译《远征》)。——译者注

② 保罗·策兰(1920—1970):生于一个讲德语的犹太家庭,父母死于纳粹集中营,策兰本人历尽磨难,于1948年定居巴黎。策兰以《死亡赋格》一诗震动战后德语诗坛,之后出版多部诗集,达到令人瞩目的艺术高度,成为继里尔克之后最有影响力的德语诗人。——译者注

远征的一个重要含义。

这两位诗人可能更多的是差异。请允许我强调一下这个差异，因为这个差异对于这个世纪而言非常有意义，这个世纪已经在同样的"远征"的名义下，迎来了两种暴力对抗的两种存在形式。

阿历克斯·雷雪，笔名圣-琼·佩斯，1887年出生于法属瓜德鲁普岛（Guadeloupe），卒于1975年。他是安的列斯群岛（Antillais）的白人，是殖民者的后代，他出生在一个家境颇丰的农场主家庭中，他的家族已经在法属瓜德鲁普岛上定居了两个世纪。在他的眼中，他出生在一个天堂里，对于殖民者来说，殖民地就是他们的天堂，他们知道自己良好的进步的意愿。当我回想我在摩洛哥的一群体态丰腴戴着面纱的奶妈的呵护下度过我的童年时，在种源意义上，与圣-琼·佩斯有着同感。我记得法蒂玛（fatima）①，我们称她们为"肥妈"（Fatma）——按照这个线索下去，对于殖民者来说，所有的阿拉伯妇女——因为她们是"土著人"（这个天堂中的另一个重要范畴）——构成了一种在个体上难以辨识的种类，于是她们都变成了"肥妈"。我记得我父亲的形象，他是一个数学教授，我在白色的别墅上看着他在紫色的叶子花下，在猎狗和仆人们的簇拥下打猎归来，弯腰端详着那些刚被猎杀的猎物。因此，我对诗人有一个令人迷醉的童年并不感到惊

---

① 法蒂玛原意指的是信仰伊斯兰教的穆斯林妇女，在法国殖民时期，这个词被用来形容阿拉伯的女佣。——译者注

1999年11月10日

奇。这影响了他的第一部诗集《颂歌集》(1907—1911)，其中的一个部分的标题是"为了庆祝一个童年"。其中提出了一个真正的关于记忆的问题，也是普鲁斯特非常看重的一个问题："在童年之外，什么东西不复存在？"今天我们知道了这个问题的答案：淫亵和一个丰饶的殖民彼岸。

阿历克斯·雷雪在1899年离开了他故乡的群岛。他通过了外交事务考试并成为一名外交官。他在外交部度过了1914年的世界大战，在我们想象可以读到他在1924年出版的《远征》时，他出发到中国担任大使，并游历了中亚。在20年代中期，他成为高级公职人员的典范。佩斯几乎有20年没有出过一本新的更好的诗集。在1933年到1939年间，他担任了法国外交部的秘书长（其中的最高职位）。1940年他流浪到美国，并被贝当政府剥夺了法国公民资格。他的美国朋友帮助他成为美国国会图书馆的馆长。他是一个被寄养的美国人，他也被法国所抛弃，因为他真的不喜欢戴高乐。毫无疑问，他在他最富个性的诗歌《流放》中记录了他的情境，此后在《风》中他表达了对美国西部原野的时代传奇的欢庆。他不断游历，不断写作，在《航标》中书写的是一首爱的颂歌。他后来被授予了诺贝尔文学奖。

圣-琼·佩斯50岁之后基本上担当了瓦莱里留下来的共和国官方诗人的角色。他的一生极其丰富，天堂般的童年、国家的高级公职、高贵的流浪、真挚的爱、无与伦比的荣誉。他丝毫没有触及这个世纪的暴力。在这个意义上，他从中国官员的角度展现的是诗人-外交家的连续和紧密的克劳迪连(claudélienne)式的景象(我在我诗的字里行间描绘的是流浪和人类的永恒,但我不能让人们忽视我为皇帝服务的经历)。圣-琼·佩斯给人的印象是他试图将19世纪的条件在20世纪之中永远地传承下去。他的确是法兰西第三共和国的人,一个宁静的帝国主义时代和淳朴善良国家的公民;他属于一个文明的和令人惬意的社会,属于一个在其权力中酣然而睡的社会,其主要的文学风格是颁奖典礼上的演说。只要读一下圣-琼·佩斯的诺贝尔获奖演说,就足以感受到他对这种实践烂熟于心,其能力能够与瓦莱里相媲美(中学和大学庆典中经常露脸的人物),他们精妙雅致地表现出一个宏大的概括,并让听众感到赏心悦目,这种技艺的确并非一日之功。

像他这样的人从世纪中留下了什么,他对于真实的激情又是什么? 为何要介绍他? 这正是因为圣-琼·佩斯完全感受到了这个世纪的史诗维度,而我们经常在遥远的喧嚣中,对产生这个维度的原因怀有误解和忽视。或许是他的高不可攀的距离,或许是他暗地里消除了一切约束,他的所有激进的行为是因为他占据了国家的一个重要职位,他可以比其他人更好地理解这段历史在本质上是一段为了虚无的历史。圣-琼·佩斯创造的一个断裂性综合正是精神空虚和时代的明证。他倡导的世纪的形象,尽管他没有直接说明,但与如下表述的要求基本上一致:你的动力可能是虚无的,但你的

1999年11月10日

形式可能是史诗的。圣-琼·佩斯会要的赞赏正是不与任何意义相关联的标准。他的远征是纯粹史诗的运动,但这种运动产生于同冷漠的世界的对抗之中。他思考的是在这个世纪中暴力和匮乏之间深刻的联系。让我们读一下他《远征》的第八部分吧:

牝马交易法、游移不定的法律,
还有我们(人的肤色。)
我们的旅伴,强劲的龙卷风,
大地上运转的刻漏,
还有庄严的倾盆大雨,降自奇妙的实体,
交织着胡砂和昆虫,都在大漠上追赶我们,宛如人头税压顶。

(按我们的心灵的尺度销尽了多少别离之情!)

这段旅程并非徒劳,踏着声息不通的乘骑的蹄音
(我们的纯种马双眼已花),
在精神的黑暗的国度留下许多事体依稀可寻
——多少事体悠然呈现在精神王国的边疆,
伟大的塞琉古王朝史册发出弹丸的飞鸣,
剩下这片任凭解释的大地……

另外,这重重阴云——天对地的渎职……

骑士们穿越这样的人类家族,

怨恨往往难平,犹如山雀鸣唱,

还荣我们扬鞭挥斥信手拈来、阉割过的词语?

——人呵,用麦粒称量你吧。

这个国度可不是我的家园。

除去牧草起伏,这个世界还留给我什么?……

抵达一处名为枯树的地方:

但见一道饥瘦的闪电给我指向西部的省份。

然而,那边闲暇最充分,

已是辽阔的,

无记忆的牧草之乡。无血缘又无纪念的年岁,添彩的是晨曦与野火

(以黑绵羊的红心燔祭清晨。)

天下的道路呀,正沿着你们当中的一条,凌驾大地的全部信息。

啊,远行人,你乘这股黄风,倒见灵魂的意趣!……

而这粒印度防已籽,你说的,只须咀嚼,

便领略到它醉人的功效。

1999年11月10日

一条伟大的暴力远征想来左右着我们的风尚。①

保罗·策兰或者保罗·安塞尔(1920—1970),他用最粗野的方式颠覆了这个突如其来的世纪的真实。没有王朝,没有官方的便利来保护他这个主体。他出生于罗马尼亚的布科维纳(Bucovine)省的伽诺维兹(Cernovic)。要注意到他正好出生在外交官圣-琼·佩斯33岁创作《远征》前后。他出生在一个多元的语言环境中:德语、意第绪语②、罗马尼亚语。1938—1939年他在法国学习医学。1940年在《德-苏条约》之后,布科维纳被并入苏联。策兰开始学习俄文。他在他的一生中扮演了翻译者的角色,而且他的一本诗集还献给了曼德尔施塔姆。1941年,随着纳粹德国的入侵,苏联军队被击败了。纳粹在那里建了一个集中营,他的父母都被关在那里。他的父亲死于斑疹伤寒,而他的母亲死于屠杀。1942年,策兰被关到一个青年人的劳动集中营。1944年,苏联解放了这一地区。策兰恢复了他的英语学习。在1945年到1947年间,他将契诃夫的俄文小说翻译成罗马尼亚语。他

---

① 这首诗的中译参看了叶汝琏翻译的《圣-琼·佩斯诗选》中的《阿纳巴斯》(即《远征》),吉林出版集团有限公司2008年版,第64—66页。——译者注

② 属于日耳曼语族。全球大约有300万人在使用,大部分的使用者还是犹太人。而其中主要是阿肯纳西犹太人在操用此语。意第绪(语)这个称呼本身可以来代表"犹太人"(跟德语的"犹第绪"来比较),或者说是用作表示"德国犹太人"的称呼。在"意第绪(语)"称呼于早年(13世纪至14世纪)的发展阶段,它也是被当作"德国犹太人"的意思;在早先时期有时候"意第绪",亦如它以后所表示的意思,也被视为一种语言的表示法"意第绪语"来看待。——译者注

第一次用策兰这个笔名创作了一首诗。1948年,他到巴黎并在那里学习德语。我们可以看到他构建了一个游牧般的图景。他做了好些关于德国诗歌的讲座,这些讲座总是人满为患。在1958年,他被邀请在巴黎高师进行一场德语讲座(在战前,萨缪尔·贝克特曾在这里用英语做讲座)。他著作的核心是始于60年代的他的诗歌。在1967年,那是一个著名的年代,他与海德格尔进行了会面,这次会面有多种不同的解释,同时他也用一首极其富有神秘感的诗来记述了这次会面。① 三年以后,策兰自杀了。而他著作中最有价值的恰恰是他的遗稿文集。

如果我们审视一下我所谓的"小世纪",这个"小世纪"发生在20世纪最后的20年复辟之前,那么将策兰放到这里,作为一个终结了这个世纪的诗人是对的。

我在那些哗众取宠的报纸杂志上看到的只是它们数百遍地重复着,哲学在面对这个世纪的罪行时根本是没有用的。当然,哲学像其他思想一样糟糕地经受了这一问题。不过在任何情况下,哲学都会比那些提出反对它的人更好。我从没有想过,在任何情况下可以像阿多诺提出的一个假设那样,在奥斯维辛之后,写诗已变得不可能。因此在我看来,对于那些对奥斯维辛特别敏感的人来说,策兰的例子并没有矛

---

① 今天,对海德格尔同策兰的这次会面更多的是关注策兰的哲学问题,可以参看菲利普·拉库-拉巴特(Philippe Lacoue-Labarthe)的那本不可不读的著作《作为体验的诗学》(*La Poésie comme expérience*, Christian Bourgois, 1986)。

1999年11月10日

盾，一团黑色的火焰，一个既是普遍的又是最阴郁的私密的所指——向这些刽子手的语言，德语的创造的界限发出最高的挑战——这是一种能够以准确的尺度来描绘30、40年代人们的诗。作为一个目睹了这些年代的诗人，策兰终结了这个时代，这个由特拉克尔（Trakl）①、佩索阿（Pessōa）②、曼德尔施塔姆开创的时代，在这个时代中，诗拥有着为这个世纪

---

① 特拉克尔(1887—1915)生于萨尔茨堡，父亲是一个小五金商人，他于1908年在维也纳攻读药物学，1910年毕业后充任药剂师。第一次世界大战爆发后，他应征加入了奥地利军队，在前线当卫生员，但是残酷的战争使他几乎精神失常，自杀未遂，后被送往精神病院，不久死在那里。特拉克尔早从17岁时的1904年就开始写诗，1913年即出版了其处女作品集《诗集》，两年后又出版了第二本诗集《塞巴斯蒂安在梦中》(1915)，这使他后来与海姆一起成为早期表现主义诗歌的代表人物。他与19世纪末的诗人们有更多的联系，他深受格奥尔格、霍夫曼斯塔尔特别是梅特林克和兰波等人的影响，因此，特拉克尔也是完成从19世纪浪漫主义诗歌向20世纪表现主义诗歌过渡的一个代言人，对表现主义诗歌的发展起到了决定性的影响。在所有现代德语作家当中，特拉克尔无疑是最富于传奇色彩的诗人。作为早期表现主义诗歌的先驱，他尽管像一颗流星一样英年早逝，却留下了不少动人的诗篇，在世界文坛上产生了非常重大的影响。特拉克尔是德语诗歌的"黑暗诗人"，与里尔克、保罗·策兰一同造就了20世纪德语诗歌的辉煌。——译者注

② 佩索阿(1888—1935)：这位被称为"诗坛怪杰"的文学天才1888年出生在葡萄牙首都里斯本。6岁时父亲病逝，后跟随再嫁的母亲到南非生活。被死亡和病痛的阴影笼罩着的童年，特殊的家庭经历，远离故地的异域生活，使他有着一颗非比寻常的敏感的心灵。在开普敦大学就读时，他的英语散文获得了维多利亚女王奖。1905年他回到里斯本，次年考取里斯本大学文学院，攻读哲学、拉丁语和外交课程。他常去国立图书馆阅读古希腊和德国哲学家的著作，并且继续用英文阅读和写作。1914年8月3日，对佩索阿来说是神性降临的一天，他一气呵成，写出了大型组诗《牧人》(共49首)中的大部分。佩索阿的命运和凡·高很相近，都是生前寂寞，死后轰动。佩索阿正受到越来越多的世界各地读者的崇拜。他的祖国将他和16世纪的大诗人卡蒙斯并称为葡萄牙文学史上的两座丰碑。葡萄牙的文学史更认为应该给予佩索阿"与但丁、莎士比亚、歌德和乔伊斯同样的地位"。——译者注

命名的权力。在策兰之后,还有不少诗①,但再没有这个世纪的诗。这个世纪,作为它自身中介的世纪,已经在诗中终结了。

策兰的《远征》一诗是其出版于1963年的诗集《无人的玫瑰》(*Die Niemandsrose*)中的一部分,这部诗集出版于曼德尔施塔姆的《世纪》40年之后,这是策兰最钟爱的诗集。同样,其晚于圣-琼·佩斯的《远征》40年。

在这里,策兰如何在诗的节韵中展现他的远征?我引述的是马丁·布洛达(Martine Broda)的译文:

> 墙间狭小的痕迹,
> 真理无法穿越,
> 它
> 在心知肚明的未来中
> 上爬和返回。
>
> 那里。

---

① 尽管会破坏这种终结论的论调,但我们在这里必须提到艾基(Aïgui)的例子,俄语的楚瓦什(tchouvache)方言的诗人。我们坚信,很明显,只有在策兰的形式中,才是世纪一种完全不同的体验,这种体验包含在这个世纪之中,这个世纪在思想上吸纳了语言的权力。安特瓦尼·维黛(Antoine Vitez)先于所有其他人了解这个世界上的所有的伟大诗人,他喜欢把艾基叫作"伏尔加的马拉美"。我们可以借助雷昂·罗贝尔(Léon Robel)的导读来阅读艾基,这篇导读收录在著名的《今日诗人》(*Poètes d'aujourd'hui*, Seghers, 1993)中。

1999年11月10日

音节的防波堤,

色彩斑斓的大海,

在那未航行到的远方。

于是:

浮标的把手,

悲伤的浮标,

还有那些

呼吸映射出

刹那间,跳动的美丽——它们那

明亮的钟声

您—您—您—

(Ti-,Tu-,Tu-)

无论我们的心在何处叹息

(unde suspirat cor)①

再一次

赎下

我们的罪

---

① "unde suspirat cor"出自莫扎特名曲《喜悦欢腾》(*Exsultate*, *jubilate*)的第三乐章,第三乐章全部歌词为:
  Ti, virginum corona   您,那圣洁的王冠
  Tu nobis pacemdona   您,请赐予我们平安
  Tu consolare affectus   您,来抚慰我们的感受吧
  Unde suspirate cor   无论我们的心在何处叹息
            ——译者注

> 可见的,可听到的,那
> 帐篷一词
> 它能自由地
> 凝聚起来。

在两个诗人之间,在两种远征之间的差别不仅仅是风格上的差异,而且是诗的概念将二者区分开来。可以说一种令人信服的某种情景在这里不再有效。我所谓的"令人信服"是这样一种信念,即语言拥有了某种有待开发的资源和节奏。如果策兰的诗不足以令人信服,那是因为其展现了语言自身的不确定性,在某种程度上,只能在它的创口、它的伤疤、它危险的复原处展示语言,尤其是无法与之共享其源泉的荣耀。对于策兰来说,尽管在 40 年代之后写诗是不可能的,但让这种信念变得堕落。因此,必须提出一种没有说服力的诗,因为只要我们还在圣-琼·佩斯所广泛采用的景象和修饰中进行阅读,这个世纪的真理就在语言上行不通。

策兰说,远征承载着"无法前行的真理"。我们在这里再一次遭遇了断裂性综合(synthèse disjonctive)。诗必须在内在语言的无法前行之中载入时间的真理。这是一种我们必需的力迫(forçage)种类的标准,拿圣-琼·佩斯来说,圣-琼·佩斯将他的诗放置在具有抑扬顿挫的旋律和色彩斑斓的图画的特色的那种轻松自如的真之中。"远征",同一个词,无论是在时机上还是在诗歌的使命上,都主导了两种截

1999 年 11 月 10 日

然对立的方向。于是,有一个有趣的问题:为什么中间有同一个词?作为这个世纪的象征的远征所指的是什么?

这个差别与那个将赤裸和原始的20世纪从延续到19世纪的20世纪中分离开来,那是一个帝国式的梦幻,在那里,恐惧是遥远的和弥散的,其中的伊甸园和旅行的力量是万能的。当我们远离了圣-琼·佩斯意义上的远征,这个世纪所倚赖的是一种黑暗的真实,它必须改变其运动的方向,与此同时,为了阅读,也必须改变字里行间的和谐。

因此,在传承下来的修辞的巅峰(有点像雨果)和可以想象的最不可靠的诗(有点像内维尔)之间有着根本的异质性,这让我们建立起作为这个世纪轨迹的关键性能指的远征的事件上的单义性。

我用几个主题性例子来继续。在开始的圣-琼·佩斯的文本中,我提出,为了回应我们这个世纪的思想,需要对其主体、缺席以及幸福进行评述。

1. 所有的诗和叙述的文本都提出了一个关于主体的问题。这个问题是:谁在说话(Qui parle)?在娜塔莎·米歇尔(Natacha Michel)那里,我们必然有一个"谁在说话"的完整逻辑,因为她发明了一个关于小说的开端(incipit)的全新理论①。在佩斯的诗中,我们发现,他对这个问题的回答,他的"我"(je)和"我们"(nous)几乎是同一的。的确,这种同一性

---

① 娜塔莎·米歇尔的原则都包含在一本重要的小书中,书的名字是《思考的作者》(L'Écrivain pensif, Verdier, 1998)。

在《远征》开始就奠定了(让我们回想一下我在这里引述的第八部分),一开始我们就能发现,诗文"为我这片立下法律的土地,我悉心问卜"和"清晨兵器如此美丽,汪洋一片"有着同一种运动。这种第一人称的同一性,很自然地刻画在诗的位格上,而我们在策兰那里非常清晰地看到,甚至其所有的内涵都是被重新建立起来的。佩斯的《远征》非常友善,"我"和"我们"是可以互换的,这是冒险的前提条件,是其主体性实质。而在策兰的远征中,赋予我们的是一个词的偶然性和极度的不确定性,这个词就是"一起",因此,它从来就不是一个前提,而总是作为一种困难的结果。

我们可以合理地将所有假定"我"和"我们"是同一的集合(collective),或者在行为中将"我们"内化为一种"我"的崇高实体的信念叫作"友爱原则"。在《远征》中,佩斯创造了一种友爱的旅行,强调了"还有我们(人的肤色)"与"一道饥瘦的闪电给我指向西部的省份"之间诗性的一致。他可以在"我们的心灵的尺度销尽了多少别离之情!"的呼喊和"除去牧草起伏,这个世界还留给我什么?"的发问之间自由地穿梭。"友爱"设定了主体的单数和复数的同一性。可以确信,在这个世纪搁浅在竞争性的个人主义的浅滩上之前,有一种彻底性的友爱的渴望。

正是圣-琼·佩斯在一种诗性的虚构中设定了一种场景,这种场景是一种只有在真实的冒险中才会出现的友爱原则,对于一个探索的历史,其创造的主体是作为友爱的主体,

1999 年 11 月 10 日

而这种主体诞生于复数化的"我"和单数化的"我们"的冒险之中。这就是为什么《远征》叙述了在传说中的高原上的一次征程。

但突然，友爱变成了一个极为复杂的观念。是什么约定限定了"我们"？在虚构的蒙古高原上，远征的队伍显然必须摆脱厄运，要创造出它的敌人。"我"只有在战争方式中才扩展为"我们"，这就是为什么仅仅旅行是不够的。"乘着黄风的远行人"的颂扬只在我们引述的文本中提出的原则中才有意义："一条伟大的暴力远征想来左右着我们的风尚。"暴力是一个需要流浪（l'errance）的地平。与"塞琉古王朝伟大史册"等同，必须伴随着"弹丸的飞鸣"。还有更有趣的：知识和争端的原则（"这片任凭解释的大地"）只会伴随着对敌意的颂扬（"怨恨往往难平，犹如山雀鸣唱"）。同样，"世界的道路"和"没有记忆的牧草"指引着一个更整体性的自由，而不是伴随着更崇高的专制（"权威凌驾在大地的所有象征之上"）。残暴自己只知道旅行的资源，一个不得不远征的时代，这些在几个诗的景象中得到了强化，比如说："碱洗的部分，如同一个牧师被撕成碎片。"

作为"我"和"我们"同一性的友爱，旅行中根本性的暴力，流浪和强制的相互性：这些都是这个世纪远征行径的主旨。

2. 所有这些都在对友爱的质疑中遭到怀疑，这是一种对其意义的怀疑，也就是说受到一种试图保持毫无偏见的虚无主义的怀疑。在这些冒险之中有一种空虚的意识,这一点非常清晰:"我们的心灵的尺度销尽了多少别离之情!"远征的目的不过是一种否定性的虚构。我们所看中的是一个时间和空间的标记都被抹去的地方,一方面,是一个"没有记忆的牧草";另一方面,是一个"无血缘又无纪念的年岁"的岁月。

正是这种虚无主义将佩斯庄重的诗同这个世纪将自身看作纯粹暴力运动的意识联系起来,这种运动的结局是不确定的。主体被表达为一个流浪,同时这种流浪也被表达为自我价值。如同佩斯所说,这种游牧式的流浪,应作为人类的一个中心原则,在其自身的缺席中,它是这个以缺乏安全为荣的时代中的地理学和旅行的隐喻。

必须理解为什么在这个世纪之中,反复重现的灰心失望并没有损害其运动的霸权。我们很难理解,为何在今天所有人签下昂贵的保单来抵制这种失望,这些保单甚至包含了在夏日旅行中可能会落的几滴小雨。这是因为这个世纪的战士们,无论在政治上、科学上、艺术上或者其他领域,都认为人不是作为一种充实,或者一种成果,而是作为一种自身的匮乏,同他所有的东西相脱离,同时也与所有的伟大的冒险相脱离。如果佩斯属于这个世纪,那是因为他的诗在形式上连接了伟大的流浪的"空虚"。

20世纪并不像19世纪那样是一个程序性的世纪,它也不是一个诺言的世纪。在这个世纪中,我们早就知道其诺言

1999年11月10日

无法兑现，其程序无法以任何方式得到实现，因为只有运动本身才是伟大的源泉。圣-琼·佩斯认可那种高贵的形象，即它们把人类的中心放在对其所有进行胜利地否定的价值之上，他建立了一种自我缺席的诗性价值，这种价值独立于任何目的之外。关键在于对断裂、对联系的终结和对断裂的自我缺席的克服。

正是在这个问题上，这个世纪比起想象的更深入地涉及马克思主义。出于对一种与尼采相关的马克思的忠实，马克思在《共产党宣言》中宣称一切传统习俗都终结了，亦即，一切传统的忠诚和稳定的联系都终结了。资本那令人生畏的力量，在"自私自利的算计的坚冰中"，销毁了最神圣的契约，也让最不朽的联盟四分五裂。资本宣布它终结了一切建立在纽带之上的文明。的确，20世纪试图超越资本那纯粹否定性的力量，寻找一个没有纽带的秩序（un ordre sans lien），一种松散的集体力量，试图在它的真实的创造性力量的技术上重建人性。其中的关键词，在佩斯那里是：暴力、缺席、流浪。

通过了解私下的表达，诗人抓住了这种虚无的，但具有创造性的誓愿，它期望一种纯粹旅途的秩序，一种没有目的的友爱，一种纯粹的运动。即"声息不通的乘骑"或者"天对地的渎职"。仅仅伴随着伟大的人类的是"强劲的龙卷风"。所有的渴望都在那奇妙的反讽中得到概括，即"游牧规则"。

3. 最后，特别是在今天，这一点变得格外晦暗，逐渐断定伟大的游牧胜过了幸福,其在这一点上走得太远,以至于对幸福的价值都产生了怀疑。"信手拈来,被阉割(hongre)的词句"[记得阉割(hongre)一词是专门用于对马的阉割(castration)]这一表达似乎指出,对于远征中的人来说,即便是在语言中,幸福的困扰是一种残缺(multilation)。这就是诗人"扬鞭"来反对幸福的词句。对我们而言,在这个一切伟大之物均已消散的世纪末身心疲惫的享乐主义者们采用了一种挑衅的姿态。

这个世纪积极的、暴力的,甚至有点恐怖的虚无主义,甚至在我们这位大使先生的高雅的诗歌中都可以聆听得到它的声音,相对于如今的满足和纯洁的二位一体,它更靠近康德。因为它所持存的幸福的欲望恰恰是伟大所禁止的东西。总而言之,为了承担起那编织在"晨曦与野火"之中的游牧式的冒险,为了让"精神的黑夜"闪出一丝丝亮光,那就必须满足于"牧草起伏",并对缺席进行沉思。或许我们在夜晚,能够欣赏在获得"这粒印度防已籽"后陷入那无拘无束的迷狂。

40年之后,我们会如何看待远征?保罗·策兰在纳粹主义和战争之后会对我们说些什么?

一个声音问道:谁在说话?诗人回答道:没有人在说话。那里只有声音,只有被诗抓住的那匿名的声音。几乎与此同时,贝克特的《公司》(Compagnie)中,开头便是"黑暗中传来一个声音"。佩斯将"我"和"我们"等同起来,但在策兰的诗中,和在贝克特的散文中一样,那里不再有"我"或者"我们",

1999年11月10日

有的只是一个从路中穿过的声音。在诗中那近乎沉默的简单的线索，比佩斯那洪亮的韵文走得更远，这个从路中穿过的声音低声吟唱出远征身为何物，而"上爬和返回"两个词一并作为对αναβανειν的翻译。在诗的开篇其采用三个脆弱和几乎是不可信的链接："狭小的痕迹"、"真理无法前行"、"到心知肚明的未来"。

它低声吟唱的是一条道路的可能性，是在这个道路上可以感觉到的豁然（"心知肚明"）。对于圣-琼·佩斯来说，这条道路在空间中是敞开的，正如他在《远征》中写道，"向我们的马匹交出没有种子的大地"。那里没有道路的问题。相反，策兰问道：有路吗？然后他毫不犹豫地回答道：有路，在"墙之间狭缝"中，不过如果这会成为真理，它就是真的，但它是无法前行的。

我们站到了这个世纪的另一边。在纳粹的图景中，虚无主义的历史创造的只是屠杀。从此以后，不可能自然地在时代的元素中仿佛什么事情都没有发生一样。然而，如果那里没有立即在其时代中得到解释，那么远征是什么？我们又如何可能"上爬和返回"？

策兰在这一点上上演了一个海的场面，即古希腊人"大海！大海！"的呼喊场面。远征始于海的呼喊。在某些港口，当涨潮时，航标随浪发出响声。航标的声响、"明亮的钟声"、"悲伤的浮标"的哀鸣，一起构成了港口的呼喊和信号的瞬间。这对于远征来说，就是一个既危险又美丽的瞬间。

这幅景象的意义是远征需要他者,需要另一种声音。假设策兰在他的谜题中,在这种呼喊中终结了那种空寂的和自我满足的流浪的主题。有些东西必须碰在一起。海的景象是作为异在性(altérité)的象征而起作用的。可以说,友爱的主题被异在性的主体取代了。在曾经友爱的暴力成为至高的价值的地方,我们如今在这里有着最小差异,这些最小差异呼吸着他,呼喊着浮标,以及"您—,您—,您—(Ti-, Tu-, Tu-)"的声音唤醒了莫扎特的颂歌"无论我们的心在何处叹息",仿佛证明了这种呼唤在几乎无法感知的贫乏上,可承载最高的意义。

所有这些都是为了通过呼喊的"忏悔、赎罪"的声音,来在这个不再是"我们"的时代中形成属于"我们的"(nôtre)。如何实现我们的异在性,这对于策兰来说是一个问题。他自己听到的是差异,而问题是如何形成"我们的"。也正由于这样,我们可以让远征在其中得以实现。那里既没有内化,也没有适应。它并没有将"我们"实体化为"我"。那里只有纯粹的呼唤,一种微乎其微的差异,它必须形成"我们的",这仅仅是因为我们已经与其相遇。

困难在于——现在,的确,在每一个远征中——在这个企图之前没有任何东西存在,也没有任何东西为之提供准备。我们既没有我们自己的家园,也没有一条事先就被探索出来的道路。我们是——这是远征,以及对整个世纪的令人钦羡的名字——"在非航行中远行"。在未知和迷茫的地方,

1999 年 11 月 10 日

的确应该"上爬和返回",在那里,我们能有朝一日转向那"心知肚明的未来"。也就是在这里,我们发明了远征。

于是,在其运动中创造出来的并不是我们—主体(nous-sujet),而是"帐篷一词/它能自由地/凝聚起来"。帐篷一词是一个庇护的词汇。我们能够在共同的庇护之中凝聚起来,但那不是友爱的融合:策兰的"我们"并不是一个"我"。

远征通过一个微乎其微的呼喊,变成"我们的",一种不是一个"我"的"我们"变成了一种凝聚力。

这样,这个世纪目睹了"我们"这个问题的深刻的变异。曾经有一个友爱的"我们",萨特在他的《辩证理性批判》(说明一下,这本书出版的时间正是策兰写作《远征》的岁月)中定义了一种恐怖的友爱。这是一种"我们",其将"我"作为一种理想,并为了这个理性,不容许一种异在性,有的只是敌人。这个世界镌刻着"我们"的流浪和胜利。在圣·琼·佩斯的游牧式的冒险中,这种景象是积极的,并被装饰了奢华的修辞。这种"我们-我"本身就是自为的,它不需要任何目的。在策兰那里,"我们"并不从属于那个理想的"我"。因为差异,作为一种微不足道的呼喊,已经包含在其中。"我们"享受着一种依赖于远征的盲目性,这种远征在任何先前存在的路径之外,重新登上了"一起"的高峰,而这个高峰锚定在异在性之上。

70年代末之后,这个世纪留给我们这样一个问题:不服从于理想之"我"的"我们",不再伪装成主体的"我们"是什么?问题并不是从每一种生存的整体都业已终结,以及从"我们"已经纯粹地和单纯地消失中得出来的。我们拒绝加入那些复辟的团体,他们说那里都是为幸福而相互竞争的个体,所有积极的友爱都是可疑的。

策兰在其立场上,牢牢把握住了一起的观念。我们应注意到,"一起"是 1995 年 11 月法国示威的主要的斗争口号。那里的确没有他者,或者至少人没有创造出来,他们拥有着对示威的远征命名的权力。而且,这并不是一句空话,当我们在像罗昂内(Roanne)这样宁静的小镇上看到,比如说,超过一半的人口偶然聚集起来,他们只是在那里简单地喊着:"所有人一起,所有人一起,噢! 噢!"这是因为在今天,所有东西都已经无法混杂在不能诉诸那个曾经支配过这个世纪的融合在一起的,类似于军队般的"我"的理想的"我们"这一近于崩溃的问题之中;"我们"可以自由传达他们自己的内在不一致,而无须让自身解体。相对于战争时代,和平时代的"我们"意味着什么?我们又是如何从友爱的"我们"的时代过渡到充满异见的"我们"的"一起",在其中,不曾放弃过对"我们"的追求?我同样也沉浸在这个问题之中。

1999 年 11 月 10 日

2000年1月11日

九 七个变量

今天，我们处于一种虚伪的个人主义的统治之下。在1995年法国上百万的示威者宣布，像策兰一样，聚集在"一起！"这一个词之下，而宣传媒体则用成功与幸福的竞争性个体的"证据"来回应之。甚至在文学领域，传记和自传的生产也必须同市场缝合起来。没有什么比中国人（他们很崇拜清单）所谓的"三个关系"更具有价值了，这三个关系是金钱关系，经济和社会成功的关系，以及性关系。其他东西不过是过时的陈词滥调，以及可能的极权。所谓的"现代"就是把这三种关系在自我的观念中一般化。在那里并不是其所是，而是在一种强烈的报复的作用下，他们试图告诉我们什么是必须做的。

至少我们应该关心一下这种宣传,与它所采用的那种关联方式不同,即在**媒体**民主地刻画出来的事物和主体的本质中,它是这个世纪希望发明出来的一种特别野蛮的颠倒是非的方式。事实上,思想的潮流已经镌刻了时代的痕迹,这种痕迹是通过它们粗暴地反对可能发生的变化来维系这样一个事实,即所有的本真的主体化都是集体的,所有的有生命力的理智都被建构为一个"我们"。对于这种潮流而言,一个主体必须是在历史史实中可测度的主体,或者主体在其构成中与事件的力量相和谐。这正是我所谓的对真实的激情:的确,主体源于事件(événement),并在世界之中将各种闻所未闻的可能性现实化;这并不是那种无力的幻象,而是一种可以亲密触及真实的意志。

相反,有人希望在今天让我们拥有一种信念,即在令人窒息的现实原则(其精华是经济原则)的支配下,如若在世界不面对末日灾难的情况下,我们都必须格外谨慎地实现这种意志。那里的"事物的本质"并不需要采用暴力的方式。在此基础上,"现代化"的宣传下一种理所当然的哲学就是亚里士多德式的哲学:让事物的本质展现其自身恰当的结局。无须做什么,但要让其放任自流。可以想象这种态度同那种所有在红旗下高唱"世界将会天翻地覆"的人们之间的巨大差别。

如果你想象一下这个世界能够并必须彻底改变;那里既没有值得尊敬的事物的本质,也没有可以永久存在的先在性

2000 年 1 月 11 日

的主体,你得承认个体是可以牺牲的。这就是说,个体本身并没有什么本质值得我们去不懈追求的。

因此,正是由于人类主体的非本质性和"人"的非存在,还有"人权"的空泛性,在今天我们需要提出几个变量。

变量1:哲学

哲学家在30年代和60年代之间,有着完全不同的两种面貌,他们探索着的并被构建为主体的个人的真实观念完全是可以改变的。很明显,这是新人主题的一种哲学衍生物。例如,萨特的早期文本之一《自我的超越性》展现的是一种开放的建构性意识的直观,这种意识要么是作为"我"(Moi)要么是作为"自我"(ego)出现的,因此,其展现为一种清晰可见的个体,这种意识只是短暂的外在性。意识的内在存在并不能通过超越性或者我的可辨识的客体对象来理解。后来,萨特指出这种意识的存在正是虚无,对于这种直观,他得出一个严格的本体论的结论,也就是说,绝对自由让所有的主观的"本质"的观念都变得不可能。在精神分析中,尤其是拉康重建的版本中,我是一种想象,而在这种想象之下的主体既不是本质的,也不是存在的,这是因为它(这也可以读解为

"无意识")因其的宰制性关系产生了偏移(excentre)①。拉康把这种偏移称作他者,这意味着所有的主体都是自我的异化(Altération)。我们再一次看到,作为一种客观本质的个体在思想上是不可能的。

然而,这个世纪在物质上变革了主体理论,主体被当成对自我本身的一种偏移,一种内在的超越。在我的原则中,主体依赖于事件,而且只有当其自我建构为真理的生产时才是可能的,由于其"物质性"指的是真理的程序,或者叫作类性程序(procédure générique),主体以任何方式被本质化。我们借用萨特的语句,可以说主体没有本质(这是他著名的"存在先于本质"命题的意思)。用拉康的话,我们可以说主体是对匮乏点的认同,它是空(vide),是存在的匮乏(manque-à-être)。

如果主体自身建构为存在的匮乏,那么它的真实问题就是敞开的,因为这种真实既不是一种本质,亦不是其本性。因此,有可能主体什么也不是,毋宁说它在生成(devenir)之中,在拉康那里,它是匮乏。尼采的"成为你所是"的呼喊在真理那儿得到了一个合适的回应。如果我们必须成为主体,

---

① 当谈到主体概念,它受到那种并非中心的,而毋宁说是一种边缘性效果的决定,这可以参看雅克-阿兰·米勒(Jacques-Alain Miller)的两篇仍然具有代表性的论文。第一篇是《缝合》(*La suture*);第二篇是《母体》(*Matrice*),在法文中,这个词原意是女性的子宫,这里引申为一种诞生一切事物和观念的母体。有趣的是,这个词正好是电影《黑客帝国》的法文名,对应的英文名为 Matrix。值得注意的是齐泽克经常玩弄这个概念,并将之作为自己思想中的一个很重要的批判范式,国内在译介齐泽克时有人将之译为"矩阵"。——译者注

2000 年 1 月 11 日

那就是说我们从来没有主体。"你所是"作为主体而言，仅仅是生成的决定。

你们可以在这里看到，在主体并非其所是，而是其将成为的范畴，亦即事件的范畴这一主题，以及我们在一个超越性的历史原因中，个体是可以牺牲的这一观念，两者间有某种联系。由于主体的存在是存在的匮乏，只有在一个超越性的规划中将自身消解，个体才能期望获取某种主体性的真实。因此，在这个规划中构建起来的"我们"只是一种真理的真实，对于那些支撑它的个体来说的主观性真实。真正来说，个体什么也不是。主体是一种新人，一种诞生于自我匮乏点上的新人。因此，在其自身的本质中，个体是在我们—主体（nous-sujet）之中必须被消解掉的虚无。

在个体牺牲的这个常识的另一边，肯定的是"我们"在真理的建构中是不朽的，其关键也在于对新人的支持。它是不朽的是由于其存在不是转瞬即逝的本质，而是一种永恒的发生，如同马拉美那的"骰子一掷"一样永恒。

变量2：意识形态

这个世纪如何重组了法国大革命的三个关键性能指：自由、平等、博爱？在被冠以"民主"的名字之下，今天的主要的问题也是唯一值得考虑的事情是自由。此外，自由深深地受到了对其他两种价值的蔑视的影响（平等是一种反自然的乌托邦，博爱会导致"我们"的专制），这两种价值变成纯司法和纯管理上的意义:"自由"对于所有人来说意味着,做任何事情都有着同样的"规则"。

因此,在那个短小(在简洁的意义上)的20世纪中,即在从1917年到1980年的那个世纪中,自由不断地遭到贬损。我们所谓的与"实质自由"(Liberté réelle)相对立的"形式自由"(Liberté formelle),在形容词的修辞上是非常得当的。"形式自由"想说的是:自由既与一种全球平等无关,也没有从主观上践行一种博爱。

在这个世纪中,平等是一个战略目标。在政治上以共产主义之名,在科学上以公理体系之名,在艺术上以艺术与生命的熔合之名,在性上以"疯狂的爱"之名,实现平等。自由作为否定性无限的力量,是预先设定的,但其并没有被主题化。至于博爱,由于平等延续其程序性以及自由保持了工具性,它作为唯一的经验上的新的主观确证,其本身的确是单纯的。

我坚持认为:博爱(fraternité)是对新的世界,以及作为其结果的新人的真正的展示。在党内,在行动中,在颠覆性艺术团体中,在平等的伴侣中,这里所体验的是博爱真实的暴力。如果博爱不是在个体有限性上对无限的"我们"的接受,那么博爱的内涵是什么?这正是"同志"一词命名的东西,而这个词已经被废弃了。我的同志仅仅是和我自己一样的主体,这个主体属于一种让他可以说"我们"的真理进程。

这就是我为何在所有这些情况中坚称这不是一个无关

2000年1月11日

紧要的乌托邦和幻想的问题的原因。主体的显现机制非常简单,也是完备的。用拉康的话说,平等是想象界(l'imaginaire)(因为它无法成为一种客观景象,即便它是所谓东西的终极原因),自由是象征界(le symbolique)(因为其是预先设定的工具,一种旺盛的否定性),而博爱是真实界(le réel)(现在在这里偶尔会碰到它)。

变量3:批判

将主体的构建总是同一种集体的也是可普遍化的超验性铰合在一起的问题在于,那些自由主义所坚持的人类个体的优先性的"自然"属性变成了集体属性。这个世纪几乎没有在经济上导致这种偏离。法西斯主义通过一些宏大的集体性参照系(collectifs référentiels)的设计,如民族国家、种族、西方,来代替他们所憎恨的那种真理程序的主体普遍性(政治性创新、艺术上的创造,等等)。我们所谓的"斯大林主义"在宣扬苏维埃国家权力的基础上,用这些整体(工人阶级、党、社会主义阵营)来取代真正的政治过程,而这个过程正是列宁曾思考过,而毛泽东全力去认同的一个过程。

在这个过程中我们要注意,不要与一种粗浅的指认同流合污,即将纳粹主义以及所谓的共产主义(事实上,即斯大林国家)简单地在"极权主义"名义下等同起来,这种指认甚至在考察其所指的整体的起源时,都彻底地否定了这两种政治立场的区别。因为他们**反对**的正是那种与"无产者"一词相关的解放政治,而这一政治过程,其正当的名字是解放、不顺从(inassignables)、世界主义、反国家的,而法西斯主义的方式很明显,他们鼓吹去服从于作为整体性参照系的国家和/或(et/ou)种族,以及他们所支持的代表。而斯大林国家的实质化是对真实政治过程的物化,这种物化源于列宁主义认为对国家的理解不可能整合到精神机制之中。不过斯大林的国家一直在政治学上被置于法西斯主义的视野之中,因为支撑这个国家的是假定了一种宏大的封闭整体的存在,在列宁主义的历史上,以及后来的毛主义那里,这个宏大的封闭整体都是一种野蛮的有限性操作阻碍无限政治运动的屏障。

这样,我们可以对这个世纪中的政治之间的绝对对立进行更富哲学性的探讨。法西斯主义试图用可知的有限性和可数性的设定的实体(雅利安人、犹太人、德国人)的血腥壕堑来阻碍无限的解放。而"共产主义"在国家的有限性和所有真理(尤其是包括了政治真理)的内在的无限性之间经历了一种二律背反(马克思在其天才下指出了这一点)。在这些神话般的参照的整体之下,法西斯主义赢得了胜利,而这不可避免地标志着"共产主义"的失败。

同样正确的是,无论其是否被理想化,是否其实际上处于对一种征服性政治的主观支持中,是否不过是一种政治萧条的浮夸的名字,在这个世纪中,都很好地生产出一种想象的宏观整体及其双向性的名字。这个宏观整体并不是我们前面讨论过的"我们—主体"。它们并不源于事件的发生,它

2000 年 1 月 11 日

们只是惰性的整体。对于那些对此孜孜不倦的人来说,这些整体是所有主体化过程的必要之物,也是我们——主体反思或者在实践中践行的客观物质性。我为这样的整体起了个名字,即主体化的**被动体**(corps passif de la subjectivation)。

甚至在国家控制的威胁中,为何我们不能驻足于真实的"我们"?这个"我们"将"我"包含在一种思想创新的实际形成过程之中。为什么那种积极的独特性(singularité)的决定必须将自身表达为一种客观性整体,一种神话性的圣体(hypostase)的经历?为什么要赋予被动体的行为?在所有情况下,我们偶尔可以看到,在过程**命名**问题中,在命名理论中①那种可怕的客观化的干预。我们可以反身自问,如果在他们的"共产主义"类属中,宏观视野的总体性并不是作为名字(无产阶级政治、资产阶级艺术、社会主义阵营、帝国主义阵营、工农国家)而凝聚在一起的,其唯一的价值在于它在国家的形式陷入贫乏和僵化时,将一种进程普遍化。名字能够让独特性超越自身的价值。对于这个世纪来说,命名的操作也是将自己囚禁在二,即一种非辩证的综合形式之中。一方面,只爱着积极的独特性是极为重要的(这是博爱);另一方面,这些独特性必须历史化,即便是在创新极为匮乏之时,在

---

① 关于这个世纪的命名及其变化,不得不参看 J-C. 米尔纳(Milner)的论文,从其标题《模糊的名字》(*Les Noms indistincts*, Paris: Seuil, 1983)中就可以看出与我们这里的相关性。

圣茹斯特(Saint-Just)①说"革命被冰封了"的时候也必须如此;它必须借助产生于可确定的客观性之中的名字来让这些时刻的普遍化变得清晰。

最终的问题是:为什么这个世纪为了能够命名,而需要一个广泛的(客观的)集体?为什么解放的政治过程通常需要一个设定的客观社会团体的名字,如无产阶级、人民或者国家?

我想我们能说明问题的关键在于这个世纪对科学的贡献,因而在20世纪的唯意志论中保留了19世纪的科学主义。客观性实际上是一个关键的科学尺度。我们—主体的恰当名字的合法性或多或少会在某种科学中进行寻找,如在"历史唯物主义"之中。同样,纳粹主义的种族神话也自我展现为科学。为了确保其奴役和灭绝的目标,它甚至诉诸一种自18世纪以降,同欧洲的帝国扩张相伴随的种族主义人类学口号。非常明显,这种口号的虚构既矫揉造作,又恶名昭昭。"种族"的科学是一种纯粹的幻想。我们注意到,它也存在着一种想象的马克思主义的科学,即便它并没有决定这个世纪的革命主体性。一种缺乏真实联系的马克思主义用一种极其单纯的科学正当的博爱来伪饰自己,并在其中实现了其力量。

---

① 圣茹斯特(1767—1794):又译圣鞠斯特,法国大革命时期的政治活动家,法国大革命的雅各宾派专政时期领袖,公安委员会最年轻的成员。由于其美貌与冷酷,而被称为"革命的大天使"(Archange de la Revolution)。——译者注

2000年1月11日

变量4：时间

这个世纪推进了它自己的历史时间的视野。在马克思写下了一切历史都是阶级斗争的历史之后，各种带有巨大差异的谱系和视角之间的政治冲突愈演愈烈。学院派历史学家从他们的立场出发，认为在一个漫长的期限中，当把人类的生命同其他意义的汇流相比时，其范围是微不足道的[①]。因而这种历史是"人文主义"的虚无的历史。

毋庸置疑，在今天，我们在实践上不再对时间有任何思考。差不多对于所有人来说，后天太过抽象，前天是无法理解的。我们进入了一个非时间的（a-temporelle）、转瞬即逝的时代，这个时代展现了与共享的个人体验完全不同的层次，即在这个层次上，时间是一种建构物（une construction），甚至我们可以认为它是一种政治性的建构。让我们重新看一下斯大林的苏联时期在工业发展的结构上实行的"五年计

---

① 年鉴学派（L'école des Annales）起初是在马克·布洛克（Marc Bloch）的精神下形成的，他们推进了一种"长时间跨度"的理论，费南·布劳德尔（Fernand Braudel）的名著《地中海与腓力二世时期的地中海》（*La Méditerranée et le monde méditerranée à l'époque de Philippe* II, Armand Colin, 1949）正是这一思想的宣言。一些人将弗雷（Furet）的作品看成对这个学派的延续，这种看法就如同将哈贝马斯的作品（所有的作品都带有合法性论调的痕迹）看作法兰克福学派，也就是阿多诺的否定的辩证法的延续一样令人惊奇。

划"。如果这个计划可以在艺术工作中进行歌颂,如爱森斯坦①的电影《总路线》(La Ligne générale),这部影片超越了经济的内涵(众所周知,对此仍然存有异义),计划设定了那种让增长从属于人的意志的意愿。五年计划的五年绝不仅仅是一个数字,它们是一种时间性物质,在这其中集体一天接着一天地记录下自己的踪迹。这是一个在时间之中并通过时间的关于"我们"的力量的一个不错的譬喻。整个世纪借助各种不同的方法将自身看作一种建构主义(constructiviste)的世纪,这暗示着一种对时间的有意识的建构登上了历史舞台。

曾经有一种农民的古老的时间,这种时间是静止的或者是轮回的,一种辛苦劳作和牺牲的时间,它仅仅只有在节日的韵律中才能稍作补偿。今天我们经受了狂热和彻底休息的结合。一方面,宣传媒体告诉我们所有东西在每一分钟都发生着变化,我们没有时间,我们必须以最快步伐实现现代化,否则我们将赶不上列车[因特网和新经济的列车、移动电话(portable-pour-tous)的列车、无数的股东的列车、股票期权的列车、养老金的列车,我还可以列举下去]。另一方面,

---

① 爱森斯坦(1898—1948):苏联电影导演,电影艺术理论家、教育家。俄罗斯联邦共和国功勋艺术家,艺术学博士、教授。1898 年 1 月 22 日生于里加,1948 年 2 月 11 日卒于莫斯科。1920 年到莫斯科第一无产阶级文化协会工人剧院工作。他以美工师和导演的身份参加了根据 J. 伦敦的小说改编的话剧《墨西哥人》的演出。1921—1922 年,他进入由 B. 梅耶荷德指导的高级导演班学习。1922 年,在《左翼艺术战线》杂志上发表了第一篇纲领性的美学宣言《杂耍蒙太奇》,引起了长期的争论,并对整个电影艺术的发展产生了深远的影响。——译者注

2000 年 1 月 11 日

这些看似喧嚣的场面无法掩盖一种消极的僵化和冷漠，一种对现状的永恒维持。于是，这种时间是这样一种时间，即在这种时间中，无论是集体还是个体，其意愿都无法得到把握。这是一种动荡和贫乏的令人无法理解的结合，一种呆滞的狂热的二律背反。

即便如同创新发生在一瞬间一样，这个世纪的观念笨拙而独断地运行着，但它必须继续激励着我们，至少它必须反对那种取消了所有的主体化过程的"现代化"时间。这个观念就是，如果我们想要获得真正的时间，我们就必须去建构它，这种建构最终只能依赖于一种关注，即通过这种关注，我们致力于成为真理程序的代言人。让我们为这个诞生了全面建构时间的史诗性的提议的世纪欢呼吧。

变量5：形式

这个世纪集体的物质性的支配性形式是什么？我相信，我们可以提出，这个世纪是一个示威（manifestation）的世纪。什么是"示威"？这是一个应用公共空间（街道、广场）去展现其力量的集体性身体（un corps collectif）的名字。示威是集体性主体，即我们—主体，它们拥有一个身体。示威是一种明显的博爱。身体汇聚成一个单一性的运动的物质形式，是试图说："我们"在这里，"他们"（当权者、他者、那些并不构成"我们"的人）应当感到恐惧，并认真对待我们的存在。

在这个世纪，示威只能在"我们能够改变一切"的主观视野中得到理解。在《国际歌》那瞩目的声明中,示威获得了合法性:"我们一无所有,我们要做世界的主人!"示威描绘出那些"一无所有"的人的总体形象,他们都是一些孤零零的个体。

这个世纪是一个示威的世纪,这些示威长期被政治的反抗景象所萦绕着。反抗是我们赋予"我们"自己的身体最后的节日,它是最后的博爱行动。是的,这个世纪的节日的概念,在示威和反抗的范式的支配下,坚持在所有情况下,节日都必须粗暴地打断事情的日常状态。今天,节日对于任何人来说都是众望所归,毫无威胁的,它把我们从所有的政治关注中转移出来。我们可以看到政府专家带着忧虑的面容,报告说人民需要"强烈的节日标志"。我们可以看到严肃的报纸在法国赢得世界杯胜利和1945年巴黎解放之后的示威之间的比较。他们为什么不用攻占巴士底狱,或者长征做比较呢?在今天,可以说,节日是一种反示威的事物的名字。

哲学家在这里应该记得,"展示"(manifestation)是黑格尔用的一个词,是辩证法中的一个词,其表示任意现实的"与自我相脱离"(sortie de soi)。黑格尔的基本问题之一就是存在的本质是自我展示(se manifester)[①]。本质的本质是显现(d'apparaître)。在这一点上,这个世纪如果在其他方面是反辩证法的,那么它实际上就是辩证法。因而,对于一种处于

---

① 我们可以在米歇尔·亨利(Michel Henry)的著名的著作《表示的本质》(L'Essence de la manifestation, PUF, 1963)中找到对黑格尔这一问题的有力说明。

2000年1月11日

建构之中的我们—主体的博爱来说，去示威就是去自我展示。"我们"的存在在示威之中被展现出来，同时也在其中走向枯竭。在这种演示（monstration）中，有一种宏大的辩证法的信心。这是因为"我们"最终不过是一种自我展示的工具。在这个意义上，在示威中并通过示威，让每一个人都能触及"我们"的真实（这种真实极其简单）。有个问题：那里的真实是什么？这个世纪回答道：示威。示威之外一无所是。

变量6：再批判

这个世纪最大的弱点之一，或者至少其不确定的领域之一就是它有一个合法性的代表性概念。在政治上，比如说，得到广泛支持和实践的列宁晚期叙述之一，这个叙述经常被诸如《马克思主义ABC》这样的作者①表达出来，但对其并不是没有质疑："大众分化为阶级，党代表着阶级，而领导人指挥着党。"党和领导人从代表性操作中获得了他们的合法性。

如果这种合法性的概念在对真理的激情中遇到了问题，那么其遇到的障碍是真实不能被代表，它只能自我显现。在这个世纪的形式各异的创新中（革命政治党派、艺术学派的展示，一门科学的整体说教），这个世纪都会不停地遇到真实和再现之间的匮乏。真实是自我遭遇（se rencontre）、自我展示、自我建构，但其无法自我再现自身。那是一块绊脚石。

---

① 指布哈林。——译者注

如果所有的合法性都是再现的，那么合法性不过是一种面对真实时认为自己就是真实的幻想。

示威或者反抗，以及更广泛的政治结果，或者在其姿态的暴力中的艺术创新，绝不可能是可再现的。博爱也是不可再现的。正如我已经说过的，那些宏大的、宏观的和惰性的无根据的要求［自身中的阶级（classes-en-soi）、种族、民族……］都被假定为"客观的"，它们通过扭曲的再现的（代表的）合法性来干预了主体化过程。因为只有惰性整体才是可以再现的。我们因此从事件的真实模式和展示过渡到科学的理想模式。

建基于惰性整体的再现与伪合法性往往用来填补那些通常不太连贯的真实显现中的裂缝。在哲学上，这个问题的根源在于真实是不连贯的。正如拉康用形象化的方式指出，因为那里存在着的是"真实的谷粒"（grains de réel）。用我自己的词来说：那里只有多的真理程序，多的创造性片段，在它们之间并没有连续性。博爱本身是一个不连贯的情感。在真理上，那里仅仅存在博爱的"瞬间"。再现的合法化的规程试图赋予根本不存在的连续性，给那些不一致的片段一个名字，诸如"伟大的无产阶级领导人"，或者"伟大的现代艺术的奠基人"，这些名字都来自一种虚构的客观性。

毫无疑问，在这个世纪所热衷的史诗故事的晦暗面上，也必须有虚构的英雄。

2000 年 1 月 11 日

变量7：反辩证法

我已经指出二的理论的独特性,这个理论激活了这个世纪几乎所有方面的理智①。这是一种没有综合的反辩证法的二。不过,我们在博爱的彻底展示中,有一个本质上的二:"我们"和"非我们"。这个世纪用两种相互冲突的方式来思考"非我们"。要么将之看作一种多样的无定形体,这是一种非组织化的现实。要么将之看作"我们"(un autre «nous»),一个外在于我们并同我们进行斗争的主体。这两种概念之间的冲突是根本的,并设定了一种非辩证法的辩证法。如果"我们"外在地同这些形式相联系,那么它的任务就是对这些非形式进行形式化。于是,所有的博爱都是对外在的非形式"赋予形式"的主观瞬间。比如,我们可以说,彼此漠不关心的人必须团结成一个党派,左派必须团结中间派来孤立右派,前卫艺术家必须发现对所有人都可以感受到的形式。但因此这个世纪将自己看作一个形式主义(formaliste)的世纪,在这个意义上,所有的我们—主体都是一种形式生产。最后,接近真实只能通过形式(formes)来实现,这正是列宁在《怎么办?》(党是政治真实的形式)中明显

---

① 这里有一个我已涉及的讨论,尤其是同克里斯蒂安·雅姆贝(Christian Jambet)集中讨论了这个世纪的反辩证法是否真的是一种二的理论,或者毋宁说它是否是一种一的理论,这个一是一个矛盾的一,这个问题是由新柏拉图主义者以及后来的伊朗的什叶派穆斯林思想家提出的。关于这一点可以参看雅姆贝的《阿拉木图的伟大复兴》(La Grande Résurrection d'Alamût, Verdier, 1990)。

提出的信念,也是革命之后俄国"形式主义",布尔巴基学派的数学家们,或者还有我们已经说过的布莱希特和皮兰德娄的信念。相反,如果"非我们"不可避免地已经一直被形式化为一种反抗的主体性,所有的博爱的首要任务就是战斗,战斗的关键在于对他者的解构(destruction)。我们于是可以宣布那些不和党在一起的人就是它的敌人,左翼为了消灭右翼必须对中间派实行恐怖化政策,或者一个前卫艺术家为了在景观社会①中不被"异化",必须研究分歧与孤立。

对于那些与所有原初的二元性的反辩证法相搭配的理由,形式化和解构之间默契的辩证矛盾在这个世纪的核心处独自起舞。这个矛盾源于毛泽东在一篇全新的文本②中,通过将"对抗性矛盾"(这种矛盾没有综合,或者说是反辩证法的)同"人民内部矛盾"(依赖于对待前者的方式,最终,其依赖于在形式化和解构之间进行抉择)区分开来,赋予了其形式。毛泽东的根本方向从来就不是以斗争的方式来对待"人民内部矛盾"。故而:**要解决形式化和解构之间的矛盾就必须借助形式化的方式。**

---

① 景观社会是法国情境主义思想家居伊·德波提出的一个概念,可以参看德波《景观社会》,南京大学出版社2005年版。——译者注

② 毛泽东两篇关于辩证法的名著是《矛盾论》和《关于正确处理人民内部矛盾的问题》。前一个文本(写于1937年)被布莱希特所推崇,他在50年代早期在他的《工作日志》[*Journal de travail*,菲利普·依维内尔(Phillip Ivernel)译]中对之进行了引述。60年代中期,阿尔都塞在他的主要著作《矛盾与多元决定》中巧妙地应用了这一文本。我自己也在70年代中期在我的文章《矛盾理论》中评述了这两篇文本。当我们乐衷于把它们放在几个集合程序中时,这两个文本也毫无例外地从所有的书店中彻底消失了,而它们的消失是一个时代的标志。

2000年1月11日

这或许是这个世纪留给我们最深刻,但也是最艰难的教训之一。

十 残 酷

我突兀地以两篇引文作为开头。这是第一篇,摘自一首长诗,这首诗当然是这个世纪最伟大的作品之一,无疑它写于1915年:

> 感觉的交响乐奏响了,矛盾重重又彼此相仿,
> 一个在我狂暴罪恶的汩汩血流中的管弦乐团,
> 大洋中又响起那痉挛血腥的放纵狂欢,
> 愤怒如同我灵魂中的一阵热风,
> 滚烫的尘雾让我的清晰明朗的视野变得晦暗,
> 让我目睹和梦想这一切吧,让它们只穿越我的皮肤和血管!

海盗,劫掠,轮船,时光,

　　那航海的时光呀,在那一刻,猎物已尽入我手掌,

　　在那一刻,囚徒的恐惧滑向疯狂,

　　所有的罪行、恐惧、轮船、人们、大海、天空、云层、微风、经纬度,还有那哭喊,

　　我祈望,在它们全部中,让它们全都被我的躯干所感,

　　我的身体和我的血液,我的整个存在,都为红所染,

　　如同瘙痒难忍的伤口,它在我灵魂的非现实的血肉中绽放!

　　啊!在这些罪行中成就一切吧!成为其中所有的部分,

　　舰船的劫掠、屠杀和奸淫!

　　成就在劫掠中发生的一切!

　　成就血腥的悲剧发生的生与死的一切!

　　去成为在其巅峰上的所有劫掠的总海盗,

　　在一个海盗横行的世界里,在骨肉上,成为一个总的受难者!

这是第二篇,摘自一篇戏剧,写作于前一篇的15年之后:

三个宣传代表:

　　我们决定:

他必须消失,彻底消失。
因为我们既不能带走他也不能留下他。
所以我们必须枪毙他,然后把他扔到石灰坑里去,
因为石灰会让他尸骨无存。

歌队:
你们还能发现点别的吗?

四个宣传代表:
我们没有什么时间去发现别的东西。
像动物帮助动物一样,
我们很高兴我们也帮助了他
他因为我们的原因而同我们搏斗。
五分钟之内,在追踪者的目光下,
我们曾寻找过
更好的方法。
你们现在也可以想一下有没有更好的法子。
(一阵沉默)
因此,我们决定:现在
从我们的身体上切下我们的脚
这是谋杀的恐怖。
不过我们杀死的不仅仅是他人,也
包括我们自己,只要有必要的话。

2000 年 1 月 26 日

因为只有暴力才能改变

这个杀戮的世界,正如

每一个生物都对此一清二楚。

仍然没有允许我们,我们说

不要杀戮。

我们的动机仅仅是一种不可动摇的

去改变这个世界的意志。

这就是决定。

歌队：

继续说,你能得到

我们对你的赞同。

做正确的事并不容易。

应该指责的并不是你,而是现实。

  这两个文本有什么共同点？很明显,其共同点不是它们的作者,也不是它们的风格,甚至也不是其所采用的主观姿态或者图像。它们的共同点在于它们都将真实看成与某种残暴,与一种糟糕透顶的罪行的形式的魅惑不可分割地联系在一起。

  第一个文本是摘自诗《航海颂》的一个片段,这是葡萄牙著名诗人费尔南多·佩索阿以阿尔瓦诺·德·冈波斯(Alvaro de Campos)为名发表的"异名"作品之一。第二个文本摘自布莱希特所谓的"说教剧"(didactique)《决定》的第六幕。佩索阿的这里的译文是由阿尔芒·吉贝尔(Armand Guibert)翻译,朱迪斯·巴尔索(Judith Balso)校订的版本,布莱希特的文本是由埃多瓦·普夫雷美(Edouard Pfrimmer)翻译的。

尽管佩索阿年龄大一些,但我们可以说在历史上,这两个人并没有天壤之别,除了葡萄牙诗人在"一战"前就开始创作,并过早地在1935年去世,他没有经历第二次世界大战。除此之外,他们都是二三十年代最富创造性的力量。

他们二者之间的区别并不仅仅是时间,其中展现了在那些年的欧洲中心与边缘的关系。布莱希特,我已经在"一个新世界,是的,但在什么时候?"那一讲中进行过定位,他综合了所有的欧洲戏剧场面:德国、两次世界大战、纳粹、共产主义、流放、和美国的关系、"真正的社会主义",等等。佩索阿很荣幸只有一个葡萄牙的身份,那是欧洲的边缘,一个先被残缺不全的共和国弄得麻木,之后又经历了萨拉查①的独裁,萨拉查的威权主义除了那种保存事物和一笔贪婪而丰厚的警察金库之外,和那种狂热的法西斯主义有着根本的不

---

① 萨拉查(1889—1970):葡萄牙的独裁领导者,统治葡萄牙达30年之久。萨拉查最早是科英布拉大学的政治经济学教授,后来于1928年进入军人独裁政府担任财政部长,1931年组织"国民同盟"。在世界经济大恐慌的情况之下,萨拉查于1932年升任总理以应对财政危机,次年制定新宪法,建立其带法西斯性质的新国家体制,以神、祖国与家庭为政权号召标语,并镇压葡萄牙共产党及其他反对派,签署反共宣言,扩大海外殖民,并且建立葡萄牙青年团与国家军团,模仿意大利墨索里尼的黑衫队进行军队训练。——译者注

2000年1月26日

同。在那里，佩索阿成为葡萄牙所缺乏的建立在他自己基础上的伟大人物，毫无疑问他的作品是这个世纪最激烈紧张和最富有变化的诗歌。但我所关心的是，其症候在于佩索阿与布莱希特彼此间完全忽视了对方的存在。

不仅两位诗人被历史分开，我们也无法将两人的个人命运联系在一起。

佩索阿出生于南非，并能熟练地运用英语，他回到里斯本时还非常年轻，此后再没有离开过这个城市。他的生活是一种相对不那么明显的商业职员生活和前卫诗歌的激进主义的综合。佩索阿自己也知道，像葡萄牙一样，在他短暂的不幸中，他受到了历史的庇护。然而，他是斜插（la traverse obliquement）进入的［这是他的名诗《斜雨》（*Pluie oblique*）的意义之一］，为了如此，他必须隐藏所有事物的片面的视角，并孤独地建构一个极度复杂的精神世界。总而言之，佩索阿用思想建构的复杂性取代了政治—历史的激烈性，在他自己的国家中，在一个地理大发现的伟大时代之后，这种激烈性已经被窒息了。在这项工作中关键性因素是"成为多"，因而他给自己起了个"异名"。佩索阿以四个名字有效地展现了自己的作品，这四种诗作无法统一，它们在风格、意义、形而上学等方面都各不相同。这些异名有阿尔贝托·伽耶罗（Alberto Caeiro），阿尔瓦诺·德·冈波斯，"佩索阿的亲名",里卡多·雷斯(Ricardo Reis)①。他仿佛让自己写出了这个世纪葡萄牙诗歌的所有潜力,创造了与这个时代历史背景交相辉映的诗歌,而历史上曾辉煌一时的葡萄牙业已落寞。佩索阿借助创造一种史无前例的诗歌的复杂性来向暂时的僵化体制发出挑战。

布莱希特自己就面对着极其复杂的情境,他不需要在他的诗歌中创造这种复杂性。他的问题毋宁说是找到那些本身很复杂而且自己也看得非常复杂的情势中的一些简单的、有机的和有力的参照点。这就是为什么他成为戏剧中的伟人,因为戏剧是十分优秀的简化的、带有风格化力量的艺术。布莱希特自问道,当时代的问题涌现时,什么样的新的戏剧诗能够用来教育大众?

最后我们可以说,佩索阿和布莱希特的主要区别在于其中一个用复杂性的诗学来反抗简化,而另一个试图在复杂性之中来追溯一种积极的诗性简化的途径。

更为重要的是,要看到在对极端暴力,对于更激进的残酷(cruanté)的再现(在我们眼中,他们对之乐此不疲)上,两人走到了一起。在这一点上,他们都属于这个世纪。实际

---

① 考虑到佩索阿诗歌中异名的理论功能,尤其这种知识分子的姿态,即在诗歌与形而上学之间的关系方面让这种"技术"合法化,我们可以参看在这个问题上唯一真正的"专家"朱迪斯·巴尔索(Judith Balso)。在等待她的总体性著作《佩索阿:形而上学的摆渡人》(Pessôa: le passeur métaphysique)出版的过程中,我们还可以读一下她在塞利西论坛(Cerisy,中译注:这是法国的一个文化中心,经常有一些著名人物的文化讲座)论佩索阿卷中(Christian Bourgois, 2000)的论文《异名:一种没有形而上学的本体论》。

2000年1月26日

上，残酷构成了20世纪文学中的一个重要主题。当然，我们能马上将这种在艺术上对残酷的坚持同国家中无所不在的残酷联系起来。这里的说明有点过于简短。问题的关键在于同时将残酷看作一种物质性和一种文学生产。在这个世纪，与其说残酷是一个道德问题，不如说是一个美学问题（这是尼采的另一个贡献）。我们可以想象阿尔托（Artaud）①和他所谓的"残酷戏剧"，可以想象巴塔耶（Bataille）②对牺牲的反思，或者正如我们已经看到的，我们可以想象像劳伦斯和马尔罗这样的冒险色彩的作家面对一种最糟糕的暴力时的那种非常平静的坚强。

在佩索阿那里，残酷需要在海盗的隐喻中得到理解。在这个框架中，真正的问题是由葡萄牙人自己开创的殖民的暴行。对于布莱希特来说，以"宣传代表"的名义，要面对的问题是共产党，党要求它有能力实现残酷，又能对之进行理性判断。因为这些宣传代表决定，干掉那名不满的"年轻同志"，因为带着他会分裂党，但他知道的东西太多又不能把他

---

① 安东尼·阿尔托(1896—1948)：第二次世界大战后欧洲最有影响的戏剧家之一。他所倡导的"残酷戏剧"曾对后来的荒诞戏剧和其他先锋派戏剧产生过重大影响。从某种意义上说，他是荒诞戏剧鼻祖。主要著作有《戏剧和它的影子》和《生命的新发现》。——译者注

② 巴塔耶(1897—1962)：法国评论家、思想家、小说家。他博学多识，思想庞杂，作品涉及哲学、伦理学、神学、文学等一切领域禁区，颇具反叛精神，不经意间常带给读者一个独特的视角，被誉为"后现代的思想策源地之一"。代表作有《内心体验》《可恶的部分》《文学与恶》《色情史》等。巴塔耶继承了尼采、科耶夫诠释的黑格尔、东西方神秘主义，影响战后法国思想甚巨，后结构大师如罗兰·巴特、福柯、德里达以及鲍德里亚等人都深受他特殊的洞察力与观看事物的角度的影响。——译者注

留给敌人。

在这两个例子中,我们在文本中建立了残酷的地位。在某些时候,个体会以某种方式被比他自己更广阔的东西所超越,劫掠是作为吞噬一切的航海的集合和作为历史景象的党出现的。在那一刻,个体主体性爆炸了、消散了,或者换一种方式建构自身。残酷建立在"我"的整体性消解的决定的那一刹那之上。对于阿尔瓦诺·德·冈波斯和布莱希特来说,残酷是必需的,因为"我们"和观念必须成为一,没有说明东西可以用来限定"我们"的自我确定。观念只能包含在"我们"之中,但"我们"唯一得到的是设定甚至是渴望它自我考验的风险。

在两个例子中,残酷都被当作某种真实的景象。对于两个作家来说,同真实的关系从来就不是和谐的,而是矛盾的、突兀的、断裂的,等等。正如布莱希特写道:"只有力量才能改变这个杀戮的世界。"对于冈波斯而言,必须内化的是一种纯粹的多,"所有的罪行、恐惧、轮船、人们、大海、天空、云层、微风、经纬度,还有那哭喊",真实总是终结于将其自己当作对身体的考验之中。有人认为唯一真实的身体是饱经磨难的身体,身体被真实撕成碎片,这是一种恐怖的但很古老的观点。这一切都徘徊在海盗的景象中,还徘徊在"年轻同志"的身体被抛弃到石灰坑中的那阴森恐怖的场景中。难道诗与戏剧的任务不是说出没有说出的东西吗?难道不是去说出政治实践着的但很少说教出来的东西吗?伤口证明了身

2000年1月26日

体暴露在真实之下。最终，真理斗士们接受了残酷，这是因为我们—主体被表达为一种由于其永恒而变得迟钝的身体。对暴力的敏感不过是不朽的"我们"的个体元素。

真正的辩证法位于残酷和沉着（impassibilité）之间，这种沉着是由于真理无法前行。20世纪坚持了这种沉着的、普遍的、超验的观念需要在一个历史身体中道成肉身，这种历史身体自身并不沉着，而是一个忍受的（souffrant）身体。作为一个过程，身体同时是感受的（因为其构成）和沉着的（通过其观念的存在）就是一个真理。最终残酷不是一个问题，而是一个刹那，这一刹那就是感受的身体和沉着的身体的衔接点。

正如曼德尔施塔姆看到的一样，在隐喻上，的确存在着某种关于这个世纪的基督性（christique）。因为这个世纪提出了这样一个问题：其道成肉身的是什么？它借以下形式提出了这一问题：在历史中什么是绝对的？上帝的象征在基督那饱经折磨的身体中道成肉身。在这个世纪中，有着一长串殉道的名单，这些名单就是观念那饱经折磨的身体的展现。

在哲学上，这是对柏拉图主义的颠覆。对于柏拉图来说，问题在于将观念从感觉中抽离出来。在这个世纪，问题是赋予它的感觉的力量以观念。反辩证法的堕落取代了辩证法的升华。

所有这些在"我"和"我们"的定义中体现出来。必须构成一个感受的不朽主体和一个沉着的不朽主体，两者不可分割。于是,问题在于要知道对观念的绝对性的考验正是通过一个在其本源上并不沉着的身体来进行的。

只有观念才是名副其实的残酷。的确,我们的艺术家们如痴如醉地沉浸在残酷之中。我们今天知道当观念死亡后,折磨我们身体的刽子手也会随之死去。仍需要明白的是,无论我们希望刽子手死去的意愿是否正当,我们都必须得到这样一个命令:"去没有观念地活下去。"

我并没有立即回答这个问题。让我们回到中心点,即作为个性化的身体的主体和作为观念匿名产品(production anonyme)的身体是如何铰合在一起的。为了说明这个问题,我们再次引用佩索阿的《航海颂》和布莱希特的《决定》中的话,但先需要指出几个前提。

《航海颂》是一首宏大的诗作,它有着坚固的但非常复杂的结构。这首诗从孤独开始,以孤独结尾,它最后的词并不是"我们"。在海盗的图景中展露出来的集体性残酷是一个片段,这是一个冗长而烦琐的片段,但同样是这样一个片段,却让我们能浮想联翩。

我们可以在这首诗中划分七个片段。

1. 大声叫喊的孤独:在里斯本,一个不确定的"我",但与这首诗联系起来,在阳光下,在特茹河(Tage)的三角洲,凝视着那港口,那码头。一只鹤在天空中盘旋。

2. 柏拉图的片段。孤独在事物的纯粹观念的形成中走出了自身。它被作为根本的"大码头"的景象推向前进,这是

2000年1月26日

一个根本上的码头。

3. 绝对的狂热的多走向前台后所扰乱的片段。多形成了一种向着"我们"的呼唤,孤独在刹那间灰飞烟灭。我在这里摘一个节段(引文 A):

[A]
我想和你们一起离开,我想和你们一起离开,
同时跟随你们所有人
去你们去过的任何地方!
我想遭遇你们直接面对的危险,
在我的脸上感觉到,风儿在你们脸上吹起的涟漪,
在我的唇上溅上亲吻你们嘴唇的咸腥的海水,
在你们干活的地方安顿下来,与你们一起分享痛苦,
最后,像你们一样,抵达那个与众不同的港湾!
[……]
和你们一起离开,去挣脱——哦!继续干吧
——我的文明伪装,我的绅士行为,
去挣脱我内在对牢狱的恐惧,
挣脱我那平淡无奇的生活,
挣脱我那稳定的、静态的、直线的、标准的生活。

4. 继续前文我提到过的效果,即"我"在海盗-多元性中

炸裂了,个人主体在绝对的残酷的"我们"中疯狂地扩张。这里我给出第二个摘录(引文 B)

[B]

啊!海盗,海盗!

他们想非法而凶残地得到一切,

他们想干尽绝对残酷和恶劣的坏事,

如果一只抽象的老鼠噬咬着我们那脆弱的身躯

我们那女人似的过于敏感的神经

还有让那巨大而疯狂的狂热在我们空虚的视野中熊熊燃烧!

[……]

让我在血腥的事件和四分五裂的欲感中

一直扮演着这卑恭的角色!

5. 突然,来了一个中断。仿佛消解的冲动到达了残酷和顺从在物质上的想象力的界限。于是,"我们"四分五裂,我身上开始出现了某种抑郁症状的东西。

6. 不过,另一种多元性的形式仍然拓展这主体的创造力。与海盗不一样,这种多元性不是动态的、痴迷的和残酷的。这是一种商业的和合理的多元性,勤勉且忙碌。阿尔瓦诺·德·冈波斯称之为"资产阶级"。事实上,这是一个诗的人文主义的片段。引文 C 摘自其第六段。

2000 年 1 月 26 日

[C]

旅行,旅行者——他们的种类过于繁多!

地球上有太多的民族,太多的职业,太多的人民!

有太多的方向来指引我们的生活,

生活,在算计的尽头,在其本质上一直,一直都是千篇一律!

有太多独特的面庞!所有的面庞都是独特的

不会给出任何神圣的意义,来好好注视着人们。

博爱最终不是一个革命观念。

我们从外在的生活中学到了许多东西,在那里必须容忍一切

我们开始找到我们必须容忍的快乐,

我们几乎不再为我们所容忍的东西而温柔地抽泣。

啊,这一切都如此美妙,这一切都是人并同人的情感紧紧联系在一起,

如此善于交际并且如此布尔乔亚,

如此彻底的简单,如此形上地悲伤!

生活起伏不定,变化多端,它在教会我们做人中终结。

穷人们!所有的人都是穷人!

7. 由于不能将自己并入人文主义之中,他让自己的辞赋屈从于普遍的容忍,这种容忍既是一种机会,也是一种温

柔,诗人尽可能退回他的原始景象中,这是一种孤独,就像那只高高盘旋在码头上空的鹤在空中孤独地翱翔。

《决定》是一部写于 1930 年的所谓的"教育剧"。在其中,它要教育的和要澄清的是什么?党,共产党,被当作一种政治主体,承载着革命的瑕疵,尤其是"我"和"我们"铰合在一起的范式。如果政治活动像这部剧作中那样,那么在布莱希特那里,党是作为艺术家来谈论的。他所感兴趣的不是形势,也不是策略。布莱希特在舞台上表现出党的本质,以及在后列宁主义时代下的党的类性作用。

剧作的标题非常准确。这表明其中心问题是党被理解为一种决定的机器。说党做决定是什么意思?在党的名义下,决定的动机和程序是什么?在其决定的超越性能力的名义下,党向它的战士们提出了什么要求?布莱希特,这是他的艺术选择,一种有限的经验的选择,他把一种糟糕透顶的决定戏剧化了。这部戏剧讲述的是俄国共产党将一名宣传代表送到中国。作为共产国际的抽象的形象,舞台因此就是整个地球,就像佩索阿的海盗是用来形容全宇宙的暴力一样。在那里,宣传代表发现对于人民来说情况非常恐怖,并有着恶化的风险。但政治逻辑要求他们不要马上行动。一位年轻的同志认为尽管这种逻辑不错,但他们必须以处于水深火热之中的人民的名义马上行动,因此他无法忍受任凭他的上级继续完全什么也不做。其他的战士试图将他带回政治理性中,他们反对那种一时头脑发热的冲动。他抵抗着,

2000 年 1 月 26 日

因此也为整个组织带来了彻底的危险，作为我们—主体的党，同志们决定干掉他，并将他的尸体扔到石灰坑里去。

布莱希特倾其所能来让观众对那位年轻同志抱有好感，甚至来认同他。这是因为这个年轻同志是为普通的个体主体说话。在与一种纯政治理性保持了一定距离之后，我们可以将这种主体的正当的情感同"我们"话语之下的逻辑战略做一个对比。

我摘录第六幕中的党的共产主义激进分子之间的争论的一个片段。

年轻同志：

但是党是谁？

他在一间带电话的大办公室里吗？

他们的想法鬼鬼祟祟，他们的决定一无所知吗？

党是谁？

三个宣传代表：

党就是我们。

你，我，你们——就是我们所有人。

同志，在你的衣服上，党就是温暖，在你的头脑里，党就是思想。

在你住的地方，党就是你的家；在我们被攻击时，党就是还击。

看一下我们必须走的道路

我们必须带着你,

但不要甩开我们去走条好路。

没有我们,党就是

所有东西中最糟糕的东西。

你千万不要同我们分开!

我们可以自欺欺人,你也可以拥有理性,因此

千万不要同我们分开!

直路总比弯路好,没有人会否认这一点:

但有些人知道这一点

但他为我们指出来,他的科学对我们还有什么用?

和我们一起分享吧!

千万不要同我们分开!

年轻同志:

我有理性,因此我不会妥协。我用我的双眼看到,苦难不能继续。

歌队:

歌颂党。

因为那个人只有一双眼睛,

而党却有一千双眼睛。

那个人只知道一个城市,

而党却知道七个国家。

那个人只有一个小时,

而党却拥有许多个小时。

2000年1月26日

那个人能被消灭,

但党不能被消灭

因为党是大众的先锋队

并指挥他们的战斗

通过那种经典的方式,这些都源于对现实的熟知。

在形式上,所有的场景都依赖于那些代词(你、我、我们……)。在这一点上非常明显,它吸引了宏大的语言学和雅各布森的批判的注意力,雅各布森写了一篇著名的论文,关于在一个场景中代词的运用①。雅各布森的论文确定了一个观念,即当我们面对创造行为时,真实只有通过在"我们"中包含一个"我"的方式来得到。尤其是布莱希特那个简洁的公式:"党就是我们"。

但这里引述的段落的主旋律是命令:"千万不要同我们分开!""我们"的要求,其具体形式就是"党",显现为一种不可分裂的要求。布莱希特并不赞成我们必须得到一种纯粹

---

① 罗曼·雅各布森那篇论文的标题是《贝尔托·布莱希特的诗"我们是他"中的语法结构》[*La structure grammatical du poème de Bertolt Brecht Wir sind sie*, 德国人柯林(Colin)翻译]。实际上,《决定》中歌队的关于党的同一性的段落也循环地作为分离的诗。

我们加上下面的内容:30 年前,在形式主义语言学的领导性潮流中,雅各布森和本尼维斯特的著作广泛流传。在那时,他们很新,因为他们开创了一个广大的领域,即我们非常错误地叫作"解构主义"的东西,这些著作在这个世纪,是思想进程中的关键著作。我还可以列举同样的包括(人类学上的)莫斯(mauss)和杜梅齐尔(Dumézil),(科学思想上的)科耶夫,或者还有(历史学上的)马克·布洛赫和莫斯·芬莉(Moses Finley)。这里列举的只是那些已经死去的伟人。

而简单将"我"溶解到"我们"中的方式。与此不同,由于"我们可以自欺欺人,你也可以拥有理性"。布莱希特最后提出的格言是"我"隶从于**一个不可分裂形式**下的"我们"。对这种不可分裂性的维持正是争论中的问题。具体来说,这意味着"年轻同志"能并必须在党内为了自己的信念(必须马上行动)进行战斗,但他对之坚贞不渝的追求作为一个决定无法同其他人分割开。当青年同志说:"因为我是对的,我决不放弃",他误解了真实是在"我"和"我们"之间的不可分割的铰合中建构起来的;他也误解了党是抓住这种真实的形式。相反,他应该说:"我有理性,但我的理性只有在妥协时才是真实的,在'我们'那里临时地成为它,因为'我们'是确定政治存在的唯一方式。"或者还可以说:从"我有理性","我不妥协"即采取一种**不与"我们"相分离的形式**,这等于是用道德来取代了政治,因而其正好消除了这种情势之中所有的真实。"我们"的本质不是赞同和熔合,它是对不可分裂性的维系。

在阿尔瓦诺·德·冈波斯那里,是一种完全不同的"我们",即暴力下痴狂的"我们"。在那里,"我们"的结构是通过个体的膨胀和衰竭的暴力繁殖来建立的。"我"是在绝对服从的快感中("让我在血腥的事件和四分五裂的欲感中一直扮演着这卑恭的角色!"),让受虐式(masochiste)的服从大大超越了受奴役的意志。因为这种绝对服从会在快乐原则而不仅仅是赞同的层面上得到制约。"我"的耗散扮演的是反

2000年1月26日

惰性的能量。最重要的问题在于"连根拔起……文明的伪装",砸碎"稳定的、静态的、直线的、标准的"生活,去"你们(海盗)曾经去过的所有地方"。这种连根拔起使得人们作为一个人格主体的消失合法化了,同时也让我们自己被"绝对残酷和卑劣的事物的激情"所激发的残暴的"我们"所吞噬。

最后,阿尔瓦诺·德·冈波斯和布莱希特证明了这个世纪中"我/我们"关系的两种主要的景象。

1. **消散的景象**(une figure dissolutive),这种景象认为"我"如痴如醉地消失在暴力的和有机的"我们"之中。这让"我"在宇宙范围内在极度残酷的"我们"之中自然化。性元素经常在这种景象中显露出来,同样显露的还有吸毒、酗酒或者痴呆①。这里既有诗,也有音乐和舞蹈。

2. 不可分割的景象,这种景象更富辩证性。"我"不可分割地与"我们"联系在一起,但那里仍然存在着"我"是否从属于"我们"的内在问题。政治元素在这里是范式性的,它非常近似于斗士元素,当那些艺术家认可了时代的起源,这些因素也非常接近于小说和电影的因素。

---

① 在宇宙的力量中,性态作为一种对"隐秘"的和文明的自我消解的矢量,这是劳伦斯小说的最主要的主题。如有必要,我们可以读一下他的《查泰莱夫人的情人》[F. 罗格-科纳兹(F Roger-Cornaze)译],但如果关注形而上学的象征和传记的融合逻辑,最好读一下他的《羽蛇》(*Plumed Sepent*)。

关于酗酒对通常意义上的"我"的颠覆最完美的例子毫无疑问是马尔科姆·劳瑞(Malcolm Lowry)的《火山之下》[*Au-dessous du volcan*,斯蒂芬·斯皮雷尔(Stephen Spreil)、克莱利斯·弗朗西伦(Clarisse francillon)和作者合译]。

痴呆作为对自我的"根本性"消解,这是福克纳的小说《喧嚣与骚动》[*Le Bruit et fureur*,科瓦德罗(Coidreux)译]中的角色本伊(Benjy)所颂扬的东西。

对这些文本更详尽的考察应该让我们能够分辨在真实的形式化基础上的痴狂的融合和不可分割的铰合两种模式各自的区别。

1.《航海颂》引文 A

整篇文本被抨击最多的一个基本词汇就是"与"（avec），它意味着"我"被吸收到"我们"的名义下。带着这种挣脱和旅行的顽念，"到你们所去过的任何地方"，我们又发现了远征的主题，当新主体的建构性操作成为"上爬和返回"，变成穿越大洋和沙漠的景象。

阿尔瓦诺·德·冈波斯借助这种**集体性游牧**（nomadisme collectif）指出了其前提：打破一切熟悉和安定的东西。那里有一个极其深刻的变革，我相信这是准确的：对于欲成为主体的个体来说，必须克服恐惧（peur），即"内在牢狱的恐惧"，当然，更可怕的是丧失了一切身份，害怕被褫夺了空间和时间的常规，害怕被剥夺了"规则的、和缓的生活"。

这个问题萦绕着这个世纪，在行动及其词汇中，它经常鼓舞起我们的勇气。有种东西会让个体无法运动，会导致虚弱无力，这就是恐惧。这并不主要是对压抑和痛苦恐惧，而是恐惧我们不再是我们所是的东西，我们不再拥有我们的所有。第一种行为导致了集体合作和超越性的创造，这都让我们不再恐惧。

我们喜欢我们自己的生活井井有条，这让我们可以摆脱不安全的困扰。对这个秩序的主观守护就是恐惧。不过，也

2000 年 1 月 26 日

正是这种恐惧让我们不能追求观念的真实。随之而来的一个根本问题是要知道如何才能不会成为一个懦夫。实际上这需要思想的力量。在1920年到1960年间,在一些无法命名的作品中,如小说,尤其是电影,这个问题得到了考虑。对于这个世纪的这一主题,或许美国的贡献最大,这个贡献就是在美国电影的中心,被植入这样一个问题,即勇气以及内在地战胜懦弱的谱系的问题。这让处于斗争巅峰的西方获得了稳固而现代的形式,这也让其产生了大量卓越非凡的名作。

勇气和观念之间的纽带这一前提在今天毫无疑问,已经丧失了大部分活力。在根本上,对于这个世纪而言,懦弱仍然如故。对平庸的懦夫而言,他们的意义仅仅是保守主义的安全。这正如阿尔瓦诺·德·冈波斯所说:对于一个狂热的"我们"的痴狂来说,成为最大障碍的正是"和平",或者说是"稳固"。然而,这种生活却在今天欣欣向荣。没有什么值得我们将自己同我们平庸的懦弱撕裂开来,尤其是观念,或者"我们"更做不到这一点,因为这些东西都仅仅被当作"极权主义的错觉"。于是,那就让我们干自己的活,自娱自乐吧。正如一个值得注意的思想家和人道主义的庸才,也是卢梭——一个勇者——最恶毒的敌人伏尔泰曾经说过:"必须培养我们的花园。"

2.《航海颂》引文B

这段引文连接了两端明显矛盾的主题,即侵犯("非法的激情","血腥的事件","伟大的狂热")和顺从("卑恭的角色","女性似的过于敏感的神经","空虚的视野"……)。在诗中,这将产生一种长篇的受虐狂想曲,其顶峰是那被撕裂的、消散的身体的想象,"四分五裂欲感"的碎片化的真实。

如果我们不去质问阿尔瓦诺·德·冈波斯及其之后的被动的作用,我们就不能理解在最极端的狂热和最绝对的顺从之间的联姻(仍然是反辩证法的关系)。实际上,被动性不是别的,正是对"我"的消散,放弃了所有的主体身份。最后,为了不再是一个懦夫,我们必须彻底地去生成。其中的关键观念是:**懦弱的背面不是意志,而是在所发生的东西上懂得放弃**。这撕碎了平常的规则,撕碎了"稳定的、静态的、直线的、标准的生活",这是基于事件特殊的无条件的放弃。对冈波斯而言,这种放弃的基础是海盗离港去流浪。

我自己也有一段侵犯和顺从相结合的经历。这发生在1968年的5月及其随后的那些日子里。我感到了我以往的生活被连根拔起。我是一个外省的小政府公务员,一个已婚家庭中的父亲,除了写过几本书之外,就没有别的救世的景象;在离开了一种顺从,一种强烈顺从的生活之后,我去了一些迄今都不知道的地方实现战士的义务,如公寓、工厂、郊区的市场;我和警察发生冲突,在一大清早就遭到了逮捕和审判;这些并不是源于一种平静的决定,而是产生于一种特殊的被动形式,产生于基于所发生的一切的总体性放弃(un abandon total)。

2000年1月26日

被动绝不是放弃。关键在于,一种近似于本体论的被动改变了你的存在,它将你拖拽出来,让你倚靠在一个绝对陌生的地方。很明显,冈波斯在女性象征下处置这种被动,溶化了所有的创造力。实际上,我观察到,女性比男性更深刻地赞同根除这种放弃,相反,与此同时,她们在畏惧和保守中更容易逃避,也更顽固。女性是这样,一旦她们不再拥有内在组织化的安全和恐惧,她们会在消除所有懦弱上走得更远。基于这个因素,我这里可以理解最后在监狱中自杀了的德国红军派的领导人乌莉克·迈霍夫(Ulrike Meinhof)的想法。还有法国革命的"直接行动"的娜塔莉·梅妮根(Nathalie Ménigon),这个组织已经在我们国家的监狱中烂掉了。这些女性在所有情况下,有着"非法而凶残的激情"。

3.《航海颂》引文 C

冈波斯解释了为什么在他的眼中,放弃的图景必然是失败的。如果我们可以说,"推论"就是这样:那些绝对放弃自身的人,他们在普遍性的生活的残酷中痴狂地消散了,他们也将平庸的懦弱远远地抛到脑后。在这个意义上,所有的宏大就是一种抛弃,每一种有力的观念都让他们沦落到命运的掌控之中。但是绵延之中,被动运用了它的创造力。被动只能变成接受和宽容。不过宽容是放弃的对立面。与构建宏大有着天壤之别,宽容提供了资产阶级的人本主义的根基。在这个根基上,他依赖于主体成为他者,将自身置放在悲恸的人本主义之中,在那里,"我们几乎不再为我们所容忍的东西而温柔地抽泣"。在那里,"我们"的海盗的暴力,带来了"仅仅同人的情感联系在一起,如此善于交际并且够资产阶级"。

这是因为一旦起初的能量耗尽,"我"沉浸在消散之中的不可驾驭的多很容易变成一种对差异的有教养的宽容。于是,它"生活起伏不定,变化多端,它在教会我们做人中终结"。这种泄气的辩证法是**他性被动**(Autre passivité),是放弃和忍受,这种被动宣称:"所有的人都是穷人"。

这种暂时的忧伤是一种典型的诗化思维。最终,冈波斯认为没有宏大,只有远行,只有打破平庸的懦弱的非法和多形态的冲动。但当献身于多——从"我"到"我们"的过程——所有东西都是可以接受和容忍的。最后,通过对有机的和残酷的顺从的沉思,我们从第一种懦弱(恐惧、太过太平和稳固的生活)到第二种懦弱(宗教的、资产阶级的,以及宽厚的人文主义,最终到处都可以看到人,这样可以得出,那里只有"生活,在算计的尽头,在其本质上一直、一直都是千篇一律!")。

尤其扣人心弦的是冈波斯在博爱上暗喻,我曾提出去寻找"我们"力量的主观化的典型。当诗人宣布"博爱最终不是一个革命观念",他想告诉我们的是在适度的博爱[它分离于生活的合法性之外,它是在"我们"事件力(la puissance événementielle)基础上的放弃]和一个派生的、腐烂的博爱(构成这种博爱的不过是虔诚的人文主义,他们的信条是容

2000 年 1 月 26 日

忍一切，接受所有的差异和"人类情感"，可以很公正地说，这些"情感"是一种"形而上学的悲伤"，因为它放弃了所有对真实的激情）之间的区别。

在冈波斯的诗性的悲观主义中，是第二种意义上的博爱，赋予了其规则，除非我们再一次容忍懦弱，那么我们将陷入彻底的孤独。因为接近观念的痴狂和熔合的视野，因而"我"/"我们"的关系成为这个世纪的关键，它不会成为任何时代的根基，在世纪之初它就消散了。每一次坚持都已经成为悼念。

对于冈波斯来说，观念是一个行动，它从未构建过一个时代。

4. 布莱希特的引文

对布莱希特来说，党的政治问题，所有的基本的艺术问题，的确都不能满足于艺术和瞬间的权利，而是要去创造一个时间，赋予"我"/"我们"关系图景新的形式，因而能拥有一个绵延。党是政治绵延的物质形式，非亚里士多德式史诗戏剧是新的戏剧绵延的形式。《决定》一剧将这两种形式捆绑起来。

列宁主义的党的概念源于19世纪工人起义的情况，尤其是巴黎公社的情况。这些起义都失败了。他们如火如荼地投入起义之中，但实际上都在血腥镇压中落下帷幕。如果在那一刻仅仅采用一种即时性的权宜之策，革命的胜利根本不可能实现。因此，我们应投入时代的原则之中，这是党的主要的形式作用。成立于1917年十月革命之后的第三国际（即共产国际）的共产党将列宁主义的党的经验一般化。这种一般化的力量是这样一种观念，即这是第一次，底层人民和无产阶级都将会去掌控他们的时代。那里不再有冈波斯笔下的海盗般残酷的阵发性的骚乱。我们创造了一个规驯的身体（un corps discipliné），因为，没有规则，就不能构建时代。但这种规则无非是一种通过无数的"我"同"我们"的连接方式的认可罢了。

仍然革命着的共产党（布莱希特在1930年这样说过，或者这样梦想过）是对无数的"我"的结晶化（cristallisation），一种主观凝结（concrétion subjective）。它和它后来变成的样子没有一点点相同，党-国式的半恐怖主义半煽动性的官僚体制既僵化残缺，又阴森恐怖。这是因为思想和纯粹意志的凝结，如同布莱希特所说，党提出的是**一种"我"和"我们"之间不可分割性的独特形式**。党设定了一种通过无数单独的"我"来构建作为时代主人的"我们"的特殊形式。如同那个宣传代表所说，党是"我们、你、我、你们"，它"在头脑中思考"，从党是所有人而言，党就是"我们"。

我们于是可以理解这样的命令："千万不要同我们分开。"不像《航海颂》中沉迷于被动，"我"和"我们"的政治铰合并不是融合。因此，它是有可能分离自身的，但唯有其不分离，党才能存在。党是不缺乏我们的每个人（chacun-pas-sans-nous）。在这个意义上，这是共同的场所，在那里，除非

2000年1月26日

我们说"我们一起同甘共苦",否则任何知识都不会有价值。

在这个基础上,党的不可分裂性只意味着同甘共苦,但在事先并真不知道同甘共苦的是什么。这个问题的本质是博爱。"我们"就是同甘共苦。如果"我们",作为一个党,仅仅只是由诸多"我"组成,就会有一种建构性循环,这意味着不可分裂就是"我们"的规则。但唯一建立起"我们"的规则的就是不可分裂性。规则是这种循环的名字,这个名字就是那个命令的可能的后果,即"千万不要同我们分开"。

换句话说,在所有的著作和思考的标准中,这个世纪的要求是:"不要缺了我们。"

党的一个非常主要的断言是,我已经说过,观念的物质性力量作为集体性的道成肉身,是不可摧毁的:"单个人能被消灭,但党不能被消灭。"

在1917年到1980年间的这个世纪,创造了一个不可摧毁性。这样做是为什么呢?因为不可摧毁性,或者无-限(non-finitude)是真实的污斑。为了创造不可摧毁性,就必须摧毁许多东西。雕刻家尤其注意到这一点,他对石头的破坏就是为了通过石头的一无所有来将观念永恒化。真实,就是不可摧毁性,真实一直并且永远抵抗着。只有我们感觉到在这种抵抗之上进行衡量,我们才能进行创造工作。

这是一个抵抗和史诗的世纪,他并不后悔去破坏,在富有激情的真实的工作中,这个世纪向往着真正的平等。

2000年3月1日

十一 前 卫

我仍然忠实于建立在每一讲之初的内在性方法,我问道:从其自身能够展现出生产的艺术工作的立足点出发,这个世纪本身所宣称关于艺术的独特性是什么?是宏大的类型?在生产类型中,这也是一种验证这些讲座是否有活力的方式,简单来说,对真实的激情是这个世纪主体性的试金石。在这个世纪之中,是否有一种意愿去萃取现实的金矿,并借助随意的技巧,去采掘一个坚如钻石的真实的矿藏?难道我们看不到,其采用的批判的外表,是一种再现、模仿和"自然"的批判?与这种我们已经使用的验证极其不同的是,有一种强劲的思想潮流宣布,与其放弃真实,不如牺牲艺术来得更有价值。我们可以说出这个世纪的这一潮流的前卫艺术的所有不同变种,这些变种都给自己贴上了一个晦涩难懂的标签，如达达主义（Dadaïsm）、极点主义（Acmeisme）、至上主义（suprématisme）、未来主义（futurisme）、情感主义（sensationnisme）、超现实主义（surréalisme）、情境主义（situationnisme）……我们已经看过，马列维奇的《白色的白色》在这个世纪的精心的对传统的颠覆。这个世纪毫不犹豫地牺牲了图像（l'image），这是为了最终让真实在艺术姿态中乍现出来。毫无疑问，对图像的解构，我们必须立即加上另一种趋势，即减（soustraction）的趋势，这种趋势寻求最小的图像，最简单的线条，以及消失的图像。解构与减的二律背反激活了对图像和肖像画的解构过程。尤其是，那里有一种纯粹艺术（art de la raréfaction），这种艺术获得了一种最细微也最持久的效果，这种效果并不是摆出一种对传统形式的冒犯性姿态，而是通过将这些形式放置在空的边缘，在一个断裂和消失的网络之中。或许其中最为成功的例子就是韦伯恩（Webern）的音乐[1]。

---

[1] 安东·韦伯恩的音乐作品在这个世纪核心处如同钻石一样光彩夺目。在这个世纪中，他受众人景仰，他将真实的减的方法的要求向前推进了一大步。尽管无限复杂，但很基本；尽管令人惊奇的丰富，但又有延搁；尽管在其声音效果上有着不可思议的变化，但仍然难以听见，他用沉默来进行修饰，如同沉默有着不可捉摸的崇高。不过，他通过将自身远离那种让自己毫不迟疑地远离任何政治的解构来展现这一点，他喜欢各种形式的神秘主义但并不因此而下沉。韦伯恩的矛盾在于他50岁之后，他成为一个程序，一个系列程序的普遍性样本，这个程序似乎很正当地想将他的作品有效地结构化，但这只能得到他作品的感知效果，那种为他作品注入生命力的神秘性的祈祷，都在其中消逝于无形。

在美国士兵解放维也纳时，韦伯恩被意外地杀害了。阿基米德，另一个也没有传承下来的（数学）天才，在两千多年前，罗马士兵在征服锡拉库扎（Syracuse）时，并不是意外地杀死了他。

在这个世纪的艺术之中,我们仍然有责任去辨别对真实的激情的牺牲性和颠覆性的形式,所有这些都需要在一个又一个案例中去考察解构和减的关系。

一个靠近这种认同的方式就是去考察"前卫"(avant-garde)的意思。或多或少整个20世纪艺术都已经宣称具有前卫的功能。但在今天,这个词被看成陈词滥调,甚至对之贬损有加。因此,我们已经处在了一个主要的症候之中。

所有的前卫都宣称了在形式上打破了以往的艺术形式。它将自己表达为一种对于在一定时期,定义艺术之名对形式传承性的直接破坏力。不过,明显的是,在整个世纪中,唯一不变的就是这种断裂。其问题在于,它始终希望在根除表象、再现、叙述和本质的道路上越走越远。可以说,一种反现实主义逻辑(logique anti-réaliste)既在纯主体性和表达性姿态,又在抽象和几何式的观念上推进艺术力量的发展。在这里,绘画的发展显然成为一种主要模式,但这也可以同样出现在音乐中,在写作中(将文学的创作汇聚在单一的语言力上),甚至在电影和舞蹈艺术中。最深刻的前卫论采取了一种激进姿态来提高了原先被视为丑恶的东西的地位,它直接反对一种经典模式,即认为一些形式比另一些形式在其存在上更自然,更恰当,更令人愉悦。一种前卫的目标在于去打破所有的现存的关于美的形式规则的观念,这种美的观念在实质上是我们的感官感受同知识分子的表达之间的调和。这是康德美学问题的延续,这种美学强调美是我们各种能力

2000年3月1日

和谐的标志，这种和谐在一种反思判断中综合起来。即使它认为某种形式标准优于其他，前卫仍然坚持**在最后**(in fine)每一种感觉的处理都可能产生一种艺术效果，只要我们知道如何去分享规则。根本没有自然的标准，那里有的仅仅是意志上的步调一致(cohérences)。这种步调一致将我们绝大多数人带离敏感事件发生的风险。

其结果是这个明显的断裂不仅影响了艺术生产的具体情形，同时，那些宏大的新公式慢慢成为欧洲艺术史上的主流：如音乐上的音调，绘画上的图像，雕塑上的人文主义，诗歌上的一下子一目了然的句法，如此等等。突然，前卫艺术不再是简简单单的艺术"学校"，它们变成了一个社会现象，一个立场的坐标系，那些攻击它们的论敌从艺术中释放出来，它们不再局限于讨论它们的作品以及它们熟悉的艺术理论写作。这是因为前卫经常采用极富暴力色彩的字眼，来拒斥那些关于是否符合一种品位的判断共识，并通过艺术"客体"的流通来宣布在平常规则之外的例外。

为了在他们启动的论战风暴中找到他们的立足之地，前卫艺术家通常都很好地组织起来。"前卫"意味着团体，甚至这个团体可能只有几个人，这个团体让他们的存在和分歧都广为人知，他们出版发行著作，他们行动着，这个团体被他们那坚强的人格注入了活力，这些人也不会去瓜分权力。因此，比如在法国，就有安德烈•布勒东领导下的超现实主义以及居伊·德波①创立的情境主义的后裔。

这种有组织的而且带有强烈的宗教密团色彩的方面,已经在前卫艺术家和政治之间形成了一种联系(共产党经常将自己表述为人民大众的先锋队),这种联系不带有任何譬喻修辞。前卫带有一种攻击性,一种煽动的元素,一种介入大众和造成轰动的兴趣。在特奥菲尔·戈蒂埃(Théophile Gautier)②那准军事化的组织在排演雨果的戏剧《艾那尼》(Hernani)的战斗时,就已经明证了并巧妙地参与了20世纪的前卫实践。对于那些前卫艺术来说,艺术远不仅仅是天才作品的孤独的生产。那里有一个集体性的存在,在那里看到

---

① 居伊·恩斯特·德波(Guy Ernest Debord,1931—1994):当代法国著名思想家,实验主义电影艺术大师,激进左派思潮情境主义国际的创始人。德波1931年12月28日出生于巴黎的一个商人家庭。1951年春天,德波从戛纳公立中学毕业,这是他唯一的学历和文凭。他于1957年组建情境主义国际,主编《冬宴》《情境主义国际》杂志。其主要代表作有:电影《赞成萨德的嚎叫》(1952)、《城市地理学批判导言》(1954)、《转向:如何运用》(与乌尔曼合作,1956)、《异轨的理论》(1956)、《关于情境主义国际趋势行动和组织状况的报告》(1957)、《文化革命提纲》(1958)、《关于一体化革命规划的初步定义》(与康斯特合作,1960)、《日常生活意识变更的一种视角》(1961)、《关于艺术的革命判断》(1961)、《关于巴黎公社的论纲》(与范内格姆合作,1962)、《对阿尔及利亚及所有国家革命的演讲》(1965)、《景观商品经济的衰落——针对沃茨的种族暴乱》(1965)、《景观社会》(1967)。在晚年,德波写下了半自传体的著作《颂词》(1989),并继续完成了其《景观社会》的姊妹篇《关于景观社会的评论》(1988),进一步完善了他对当代资本主义景观社会的批判理论。1994年与布瑞吉特·考那曼合作完成自己的最后一部电影《居伊·德波——他的时间和艺术》,并于11月30日在其隐居地自杀身亡。享年63岁。——译者注

② 特奥菲尔·戈蒂埃(1811—1872):法国19世纪重要的诗人、小说家、戏剧家和文艺批评家。他出生在法国南部小城塔尔博,三四岁时到了巴黎,之后一生基本在巴黎度过。他于1830年自己19岁时出版了一本诗集,以后又接连创作了包括《莫班小姐》在内的几本小说。但是,戈蒂埃一生最多的工作是为报纸、杂志撰写报道和评论文章。他曾由巴尔扎克介绍到《巴黎杂志》做编辑,同时在《艺术家》杂志任编辑,为《新闻报》和《朴实箴言报》撰稿。戈蒂埃的文艺批评在当时的文坛受到普遍的重视,影响巨大。戈蒂埃于1842年获得了法国荣誉军团勋章。——译者注

2000年3月1日

的是生命。艺术不再被看作缺乏暴力元素的美学斗争。

这是因为前卫艺术以自己的方式承载这所有最新的对真实的激情，它只从当下来认识艺术，并希望强化对当下的再认识。创新是其内在价值，新总是令人惬意。传统和重复令人憎恶，而绝对的断裂是有益的，因为它将结论只是限定在当下。这里有一个来自前卫诗人兰波的叙述："我们必须绝对现代。"艺术在本质上不是一种永恒的生产，一部作品总是由未来来评说。前卫关切的是那里要有一个艺术的纯粹现在(un présent pur)。那里没有等待。没有子孙后代，只有在艺术上不停地同僵化和死亡进行战斗，今天在这里，我们必须获得胜利。由于现在不断地受到过去的威胁，因为它的脆弱，因此需要呼唤一个组织的介入，这个组织独自拯救着那昙花一现的瞬间，并反抗着那些被建立并被制度化的时刻。

艺术的时间问题是一个古老的问题。黑格尔在其美学讲座中提出，艺术从此以后是一个过去的事物，他的意思只是说，不再会有积极的艺术，但思想的最高价值不再像其在古希腊时代那样驻足在艺术中。艺术不再是绝对观念展现的重要的历史形式。其结论非常明显，过去的作品是不可超越的，因为这些作品在绝对精神的作用下已经得到充分自足的发展，现在的所有作品，无论其是否凝结了天才和才智，都不再值得追求。

我们可以这样理解一种准确的**古典**艺术概念，甚至这个概念在古典主义内部,用现代来反对古代。如果有必要,可以找到更多证据证明,黑格尔的美学绝不是浪漫主义,甚至也不够现代。最伟大的17世纪的法国艺术家都已经相信伟大艺术的时代已经成为过去,希腊-拉丁的古代已经生产了一种无与伦比的模式。更近一点看这种模式,古典主义的真正根基是一种本质主义(l'essentialisme)。即存在一种美的本质,这种美的本质又分化为不同的艺术风格。一种完美的艺术就拥有着恰当的本质高度,并且它成为能够达到这种风格的最高的范例。可是,这种能力已经被裁定和经历过了。给出的例子通常只是再现之。说艺术必须成为其所是(符合其本质),这就是同时说它必须成为它已经成为的机会。最后,对于古典主义来说,艺术的过去和未来没有区别。

前卫艺术,在这个角度上它比古典主义更加浪漫,他们普遍地认为艺术是主体的最高目标;它的力量并未发生,的确,古典主义的保守总是羁绊着艺术的发生。与黑格尔说的完全不同,艺术是一个现在的事物,而且在其本质上就是如此。艺术的时间就是现在,这种说法对于同过去断裂的前卫艺术来说非常重要,过去只是一个结果,而且绝不会被禁止,正如我们已经在超现实主义那里看到的,在过去之中定位一个现代强烈的谱系的先驱[萨德①,一些德国浪漫派,洛特雷

---

① 萨德(Marquis de Sade,1740—1814):法国著名思想家,以撰写色情文学作品而出名。——译者注

阿蒙(Lautréamont)①……]。

前卫团体是一个对现在进行决定的团体,因为艺术的现在并不由过去所决定,而那是古典主义的信仰,但这种信仰只会伤害艺术。我们不是传承者,也不是模仿者,我们在那里用暴力宣布,艺术即现在。

20世纪的艺术本体论问题就是现在的问题。我相信,这种观点与一种信念有关,即我们在前面的课程里反复遇到的这个世纪是一个开端的问题。古典主义也能很好地在物质上来定义艺术的确实性,认为艺术源远流长。前卫艺术说:让我们开始。真正的开启的问题是现在的问题。我们如何感觉,或者我们如何体验这个开启?在前卫艺术家那里最流行的回答是,艺术创作的唯一的生命力确保了对开启的认识。在20世纪,艺术是一种对开启的尝试,如艺术那强烈的现在,一种纯粹的现在,一种它能力中的即时性和当下性。在其趋势上,**20世纪的艺术更多地立足于行动,而不是作品**,因为行动是只在现在之中的一种强烈的开启之力。

我们知道,其中的一个难点在于,时间和绵延的原则如何蕴含在作为尺度的开启之中。正是在这个永恒的开启的问题上踯躅,使得这个问题成为这个世纪狂想之一,这也构

---

① 洛特雷阿蒙(1846—1870):以数量不多、具有罕见的复杂性和极端性的文字,向人们展示了一个患了深度语言谵妄症的病态狂人,长时间默默无闻却被超现实主义作家奉为先驱的怪异神魔,被纪德慧眼视为"明日文学大师"的文字开掘者。作品包括《马尔多罗之歌》及断篇《诗一》《诗二》等。——译者注

成了对自杀的狂想,许多艺术家为之付出了生命的代价。但还有另一个问题,尤其是下面这个问题:如果开启是必需的,它又如何同重新开启(recommencement)区分开来呢?如何让这种生命的艺术保持永恒的黎明,而不会成为复辟的重复?

如同我们在冈波斯那激情横溢的诗中体会到的一样,这个问题产生了开启那种致命的衰退。这种衰退的极其平庸和商业化的结果是,需要不断地发明其他的开启的原则,变革形式上的范式,用一种前卫取代另一种前卫,用超现实主义取代极点主义,用未来派取代情感主义。在 60 和 70 年代,尤其是在美国,其最低形式诱使形式"更迭"过程加速,以至于塑形(plastiques)艺术不得不将自己塑形为潮流。最高形式,即试图保留当下的强度的艺术行动,将艺术本身看作它在开启的瞬间的力量下燃烧殆尽。其指导思想是,开启和结束在一种独特性的行为中同时发生。正如马拉美曾说过,"戏剧突然发生,那一刻又显示了其毁灭,如同一道闪电展现"。这种"毁灭",是纯粹现在的胜利,尤其是在韦伯恩的作品中,几秒钟的沉默轻轻掠过,让听众专心致志于其中的沉默,或者某种只有抹除的塑性构建(constructions plastiques),或者某种诗完全被苍白的页面所吞噬。

由于在这些例子中,作品都是不确定的,甚至在其生成前就已经消失了,或者更关注的是艺术家的姿态,而不是其后果(如各种不同形式下的"行为艺术"),必须在理论中,在

2000 年 3 月 1 日

评论中,在宣言中保留那种意愿。我们必须通过写作来守卫被转瞬即逝的形式扭曲的一丁点真实的**程式**。

这就是为何这整个世纪宣示和宣告了前卫艺术的本质行为。据说,这正是艺术贫瘠的证据。我们可以看到,我直接反对这种回溯性的轻蔑。相反,宣言展示出来的是试图让所有形式与表象从属于真实的暴力的张力关系。

什么是宣言?这个问题对我来说特别有意义,我在1989年撰写了《哲学宣言》。宣言的现代传统是马克思在1848年的《共产党宣言》中建立起来的。看起来宣言是某种通知、某种程序。马克思得出结论:"无产阶级失去的只是枷锁,而他们获得的将是整个世界。""获得整个世界"是一种对未来的选择。似乎其程序并不是真实当下呈现的秩序。这关乎一个终极目的,一个展望的条件,一个诺言。如何理解行为的命名以及现在将自身刻画到诸多宣示和宣言之中?现在和未来,立即介入和天使的预言之间的辩证法是什么?

无疑,是说一下布勒东的时候了,我即将引述他的文字作为今天的文本。在整个世纪中,除了他还有谁会将新艺术的诺言同宣言的政治形式绑在一起?《超现实主义》的第一宣言和第二宣言都是其中最清晰的证明。但从更为坚定的方式上,布勒东的风格正是转向了未来的风暴,在诗中的一个确确实实的**到来**:"艺术是痉挛的(convulsive),或者完全不是。"因此,这个美居于何处——我们尽管知道美的熟悉("痉挛")是对真实的践踏,但它超越了现在,依赖于另一个

"是完全不是"的选择,如同马克思提出的人类历史那令人恐惧的窘境——"社会主义还是野蛮"?布勒东的天才在于他经常在这些原则下进行关注,在这些原则中,图像赋予了其突发性(l'urgence),但也在那里,与此同时,并不能确证已知的**事情本身**。在文本中,我想说,你们会发现:"它(背叛)是寻找火药库的火花。"火花(l'étincelle)是现在的圆满,但哪里是他们要寻找的"火药库"呢?这个问题被写作具体化了,它也是一个被广泛关注的宣言的作用问题。我们在哪里可以找到真实的压力(它是现在的绝对意志,是在单一行为中能量的消散)和在一个不确定性的未来之中一个目的通过它的程序、通知、宣言预先设定的它所等待的和倚靠的东西之间的平衡点?

我的假设是,至少对于那些在这个世纪中的捕捉真实的激情的人来说,宣言不过是一种只是用来保护在其命名之外的某些东西的修辞。真实的艺术行动一直远离那种厚颜无耻地宣布自己是新的程序,例如在海德格尔的思想中,保留了一种不同于其悲壮的宣言的东西,这产生了一种宏大的效果,即"拯救乡愁",或者上帝那诗性而思性的到来。

问题再一次落到了时间之上。宣言是一种在不确定未来之中的重构,其中的行动的秩序,消失的闪电都不能在现在之中进行命名。在一种业已消逝的存在的单性之中对之进行重构,根本没有可以拿来命名的名字。

从维特根斯坦到拉康,这个叙述颠覆了这个世纪:"不存

2000年3月1日

在元语言。"这意味着语言与真实紧密相关,而通过次生性的语言对之进行主题化的方式是不可能的。语言**说着**(dit),这种"说"不能在任何合适的言述中重说(re-dir)。前卫艺术的宣言的谆谆教诲往往必须以这样的公理来开头:没有艺术生产的合适的元语言。只要宣言关心着艺术生产,它就无法捕捉到现在的生产,因此,宣言的所有本质就是去为之发明一个未来。

那种以自己的方式存在于行动的类型中的修辞创新是有益的,也是必要的,在政治、艺术甚至在爱中,只要说"我爱你到永远",就明显是超现实主义的不确定行动的宣言。当拉康说:"从来不存在性关系",这也极好地表达了从来不存在性的元语言。然而,这个是一个原理,即不存在元语言成为一个投射性的(projective)修辞。这种修辞为在语言中所发生的东西提供庇护,而不管是否可以命名和理解它。"我爱你到永远"是一种用来保护积极的性关系权力的修辞图景,即使它绝对没有承担同这些权力的任何关系。

这是一个糟糕的美学批评,它只是确认了它的任何诺言没有一个得到兑现。的确,在布勒东的诗歌艺术中那不可抗拒的美从来不是"痉挛的"。我们可以看到,这是一种业已被遗忘的法国语言的复辟,同时也复辟了肉感、意象(imagée)、演说句法中的固定的结构。但这个程序既不是一个契约,也不是一个诺言。这不过是一个修辞,它忠实于它包含在其中并为之提供庇护的真实发生的事件。

前卫艺术同时激活了在形式上的断裂的现在和生产,这种生产以宣言的形式,在修辞上包含了这些活力。它生产出一个假象的未来的包含性,并在其中涵括了真实的现在。它们所谓的"新艺术体验"正是这种双重生产。

所以,我们对消失的作品和喧嚣的程序之间的关联不要感到惊奇。真实的行动总是不牢固,也总模糊不清,它的存在总是在强烈的宣言中被指明和强调,这有点像罗亚尔小姐(Monsieur Loyal)①的喧嚣的马戏团,在一阵鼓声的助威下,进行了一次空中飞人的换位表演,难度很大,也很新奇,但昙花一现,大众不会对之视而不见。

最后,所有这些都致力于将所有的能力都投入现在之上,即使对现在的主体化落入了修辞愿望的圈套。只有在对现在的制作的认识的基础上,才能将人民聚集起来投入解放政治或当代艺术之中。除了其名字之外,每一个未来主义都是对现在的生产。

对我们现在的特征描绘,很少有一个合适的称谓,借用马拉美的话来说,"一个美丽的今天",在真实的现在的意义上,它是所有现在的匮乏。1980年之后发生的一切让我们想起了马拉美正确地谈到在1880年之后所发生的事情:"现

---

① 塞戈莱娜·罗亚尔是法国左翼政党社会党议员,曾在2007年与萨科奇竞选法国总统。巴迪欧在这里,针对的是此前的罗亚尔的政策,他批评罗亚尔的政策如同马戏团中的马戏表演,只是一种修辞游戏,只是玩弄昙花一现的花哨的政治手法,没有什么实质内容。——译者注

2000年3月1日

在是匮乏。"反革命的时代比革命的时代更近似这一点,我们不必惊奇,在60年代的"左派"之后,我们遭遇了出现在巴黎公社之后的那些反动观念。真实存在于一个解放事件和另一个解放事件之间的间隔中,我们被那种虚伪的观念所囚禁,这种观念认为,什么都没有开始,也永远不会开始,即使我们发现自己被囚禁在这个地狱般的不变的动荡之中。这样,我们没有办法,回归了古典主义:所有事情都已经发生过了,设想一个建立在虚无之上的我们可以创立一种新艺术、新人的根基是徒劳的。

真的,这让我们可以说,这个世纪已经完了,因为20世纪的艺术,及其前卫艺术对之的形式化,只能定义为实践一种非古典的艺术的激进企图。

一些用于这种非古典的主体化根基,以及它程序中的一些要素,加上对之修辞性庇护的例子,都包含在我引述的安德烈·布勒东下面的这段文字中。

  在那里,在那个新生的时刻,当所承受的苦难似乎要吞噬一切的时候,正是过剩的考验产生了一种变革的象征,它试图穿越不可靠近的人,到达可以达到的一边,并让后者沾染上一种伟大,没有它,这种伟大就无法理解……我们必须纵身到人类苦难的深处,去发现它那神奇的力量,为的是向它自己的那可以在苦难中生存下去的无限力量发出欢呼。在这种痛楚面前,唯一给我们带来的有限的羞辱将会使我们面对屈从,因为它让象征的转变成为不可能。无论从何种角度来看,你都会发现那种造反,即你所能设想的最糟糕的恶都敞开在你面前,我通常看到你们将最强的重音落到造反之上。实际上,没有比这更厚颜无耻的谎言了,即它们断定,即便面对了一个无法逆转的存在,造反毫无益处可言。造反有着自己的判断,它完全独立于那种导致它的并必须去改变的国家事务机遇之外。它是风中的星星之火,但是一个寻找着火药桶的星星之火。我对这些昏暗的星星之火发出崇敬,它们每一次掠过你的双眼,你回忆起发生在你身上那不可超越的错误,在那些龌龊的牧师试图在那种情形下靠近我们时,它的火焰燃烧得更浓烈,也更忧郁。我也知道,正是同一个火焰用它的焰火的光芒照亮了我,把它编织成我眼前的已知活生生的怪兽。我还知道,在这里爱一文不值,但它本身无法挽回,而我对你的爱在太阳的灰烬中重生。同样,每一次观念的联盟都背信弃义地返回那一点上,即有一天所有的希望都会否定你的看法,在你立足的绝壁之上,威胁着你,如同一只寻找翅膀的箭,将你再一次掷回深渊之中,我自身已经体验到所有安慰话语的空乏,保持着所有的在无意义中消散的企图,我自己已经相信,那里只有一个魔法咒语管用,但这句咒语的拼法灌注在自身之中,并在瞬间给予你全部的生命力,带有所有可能的生命厚度,我们什么

2000年3月1日

时候能够知道它如此缓慢回到你那里？我决定将自己限定在其中，当你突然倚靠在对立面上，唯一我们琢磨着可以接受的回到你那里的东西包含在那些词语之中，亦即，当你开始扭头离开，我正好想轻声地在你耳边说一句：**俄塞里斯**($Osiris$)①**是一个黑人神**。

这段优美的文字，其中融合了不稳定的和阴郁的爱的修辞，里面包含了大量的前卫艺术真实行动的颇具价值的信条，无论这些信条被叫作什么名字。这段文字摘自《奥秘17》，或许这是布勒东最不被人知的散文集，它绝不会比《娜伽》($Nadjy$)或者叫作《疯狂的爱》更出名。这是一个布勒东比较晚的文本，一个比较成熟的文本，但也是一个在模模糊糊中失去幻想的文本，它创作于战争到战后那段时间里（《奥秘17》写于1944年）。即便在这本书中没有提出造反的自足性和对结果的计算程序的冷漠这样的原则，但在今天，它仍有可读性。

我在这里用四个评注来掌握这个文本。

1. "正是过剩的考验产生了一种变革的象征"

这段节选文字的开头提出的问题就是对于一个确定性

---

① 俄塞里斯(Osiris，也作 Usiris，乌西里斯)是埃及神话中的冥王，九柱神之一，是古埃及最重要的神祇之一。他是一位反复重生的神，最终被埋在阿比多斯(Abydos)城，是那里的守护神。——译者注

的过剩的(excès)条件。如何向着生命厚度的方向来生产这种过剩,"无限力量","伟大","编织进活生生的怪兽中"的"焰火的光芒"?我们此后就熟知了这个问题的本质。关键在于要了解**真实**生命的火焰如何保证思想的创造性燃烧。

在这一点上,布勒东坚持一种有着辩证外表的浪漫关系:寓居于痛楚之中唯一的根源就是一种**否定性的过剩**。一种创造性的根本的或艺术的设计,必须将否定性过剩转换为肯定性过剩;将一种不可名状的痛楚转化为一种无限的反抗。这就是布勒东所谓的"象征的变革",亦即"象征的转换"。关键这是一个颠覆。然而,这并不是在倚靠矛盾作为动力的辩证过程下的效果,而是一种类似于炼丹术的技术操作(众所周知,这个主题在超现实主义那里复兴了),它将铅的象征的转换变成了金的。

必须注意到,布勒东并没有宣布一个创造性过剩能够直接通过对平常生活的直接否定来实现。不,在那里已经存在着过剩,这正好就是"体验的过剩性"。这并不是从平常状态中进行象征变革的炼金术,它不能产生一种魅力四射的过剩,或者在中立的象征的基础上生产一种创造性的反抗。我们只能穿越这痛苦而折磨的过剩,或者从一种恐怖而否定的象征中,从一个**黑色**的象征(如同俄塞里斯神那样)中,在对创造一个"更值得去生活的生命"的庆典中到达一种胜利的可能性。这个过程同时是意志的和神迹的,在这个过程中过剩的象征巅转了,而布勒东称之为"造反"。

2000 年 3 月 1 日

整个过程中的主要教训是知道怎样承受这种最恐怖的苦难是一种创造性的德性,如果我们不**暴露在**过剩之中,这些苦难就不会有任何价值。在那里我们发现了一种特殊的斯多葛主义,它们提出要从包含着所有的生命厚度中剥离出欲望。还有,这里我们遇到了我们已经在佩索阿的诗中遇到过的对被动创造的悖论性颂扬。去接受这个最糟糕的教训是生命厚度的前提条件。它必须通过反叛性的接受,"纵身到人类苦难的深处,去发现它那神奇的力量"能够在"全部的生命力,带有所有可能厚度的生命"中保存下来。每一种肯定都必须征服,或者再征服,这一切都建立在赞同曝光于过剩的否定性象征下的基础上,被动地暴露在最糟糕的情况下是肯定性生命的非常深刻的根源。因为创造只能在过剩的象征中才成为变革,它并不会发生在过剩本身之中。在这个意义上,当其将精神的否定性一极的碎屑推向肯定性一极,它就成为一种**磁场操作**(opération magnétique)。这样的操作,通过"可以靠近的一边的不可靠近的人",面对主体自身的不可能,因此面对了他那真实的能力。

2. "造反有着自己的判断"

在否定性的经验中,"承受苦难的重担",在妥协和造反(rébellion)之间形成了一个根本的二律背反。在否定性过剩中,所有的问题就是要知道在我们生命之中,应该去选择哪一个方向。在这里,磁铁的魔力和意志都是不可分辨的。

"造反"说的是,在否定性过剩的极端体验中,顺从于那种我们对象征变革的确定性。相反,妥协就是对不可避免的和难以逾越的痛苦的特征的接受。妥协坚持对于痛苦来说唯一可以接受的字眼就是安慰。然而,布勒东认为这个字眼太过卑贱,因为它"试图消散",没有什么可以为他们指出生命厚度的生存的任何可能性。

于是,通过这段非常优美的段落,我们肯定了造反的生命的彻底的自足性,它不需要任何尺度来衡量其结果。造反是生命的星星之火(因此,是纯粹的现在)"完全独立于那种导致它的并必须去改变的国家事务机遇之外"。造反是一个主体景象。它并非情势变革的发动机,它只是我们用来赌我们能够改变过剩象征的赌博。

正是在这种场景中,角色投降了,布勒东称之为**龌龊的牧师**。他们的吊诡是,他们并不是简单地认定造反的内在邪恶。"牧师"用他们那在今天到处都是的狡黠的声音,在政治家、评论家和记者那里要么低声默唱,要么大声怒斥责。一天接着一天,这些声音迫使我们去衡量造反的价值及其后果,按照那里唯一的标准去比较它,去放弃它。随后他们在最朴实无华的胜利中,构建了可比较的,或者更差的客观性结果,即造反是极度地浪费我们的生命,它是苦难和悲剧。未来回应这种万能的"现实主义"的声音,布勒东傲慢地宣布,那里只有"最厚颜无耻的谎言",造反与那种实用主义的算计的结果毫无关系。

2000 年 3 月 1 日

一种新的对真实的激情，行动思想的最有力的形式，亦即一种造反的内在价值，直到最近一些年，仍然在高傲地拒绝着那种阴险狡黠的法庭对之做出的经济的、社会的、"人道的"以及其他的审判结果。在这些牧师们的现实主义借口的基础上，那里只有一种反动的欲望，即他们将主体限制在他们只能选择妥协的扁平的透镜之中。

如果这个世纪是尼采的世纪，那也是由于他认为牧师的作用绝不仅仅是建立一个宗教。牧师是这样一些人，即对他们来说，造反不再是一个无条件的价值；一个牧师要从他的"客观"结果来衡量一切。在这个世纪末，哎！牧师到处都是。

3. "我对你的爱在太阳的灰烬中重生"

从爱作为一个真理的视野来看，这个世纪是一个伟大的世纪，这里的爱与瓦格纳在《特里斯坦与伊索尔德》(*Tristan et Isolde*)中表达出来的那种不朽的浪漫主义的宿命论式的和熔合的爱情的概念极为不同。在这个转换之中，精神分析所扮演的角色绝不是无意义的，它仅仅是在保卫女性权利的斗争中掀起一波接一波的惊涛骇浪。在爱的思想中关键的问题并不在于命运,而是在于相遇(rencontre)和思想①,在不对称的平等中生成,发明自我。

超现实主义曾经一只脚套入了爱的重构的真理的场景,在这个场景中,爱成为生产差异真理的程序②。他们只是踏入了一只脚,这是因为超现实主义仍然囚禁在性的神话之中,这个神话围绕着一种神秘而致命的女性特征,如同我们在大都市的街道上闲逛时,发现一个在皮毛大衣下赤身裸体的女性。这导致了一种片面的男性视野,在这种视野中,对女性夸张的颂扬是一种古典的颠覆。在引述的文本中,当"忧郁的火焰跃入我们的眼帘",我们可以看到,偶像比恋人更具美学色彩。但与此同时,超现实主义,尤其是布勒东,并不纯粹是跟随这场运动,看到女性登上爱的舞台,如同大众登上历史舞台一样:这都是为了成为一个真理的主体。当布勒东写道:"在这一点上,只能等同于自身的爱不可能重新开始",这指出了事物的本质。爱不再是神秘的熔合,星辰般的相遇,为男性提供的一个永恒的女性,即使这是为了将他带

---

① 在那些当代哲学家中,毫无疑问,让-吕克·南希(Jean-luc Nancy)是那些最完全地沉思过爱同肉体而不是性之间的关联的人之一。但这不过是他质问的许多不同的主题之一,问题有点尖锐,但也有如他风格那样泰然而稳重,从这些问题我们可以概括出这个世纪的结局。如果不太关心的话,可以读一下他的《有限的思考》(*Une Pensée finie*, Galilée, 1990)。

② 雅克·德里达的著作中一个重要方面不仅仅是围绕着差异所赋予的命运意义[他60岁后关于这一点的重要贡献广为人知,可以读一下或重读一下他的《书写与差异》(*L'Écriture et la différence*, Seuil, 1979)],但在更坚决的方式上——在他那实际的迷宫般的思想中,他对一些潜在的"宗教"的怀疑——他解开了差异和他性(他者)之间的关联,对于伊曼努尔·列维纳斯(Emmanuel Levinas)来说,在这一点上,他者是一个必要的对话者,是在无穷无尽的母体中的性化(sexuation)。

2000年3月1日

到"高处"①。爱是精神和身体的双重冒险,其中二的思想和体验是,一个在二的对照中折射和变样的世界。这样的世界,不可再生。

实际上,通过将爱连接在过剩的反辩证法(l'anti-dialectique)中,布勒东将爱放置在生命源泉的思考之中,放置在生命厚度的赌博之中。毕竟,如同我们的文本证明的那样,毫无疑问,今天是女性而不是男性在这场赌博之中成为彻底的毋庸置疑的英雄。

4."那里只有一个魔法咒语管用"

我已经讲过行动和纯粹现在的真实的力量并不能命名,而应该让之在宣布和宣言之内保持"一定的距离"。然而,不能忽视前卫及其艺术家通过他们在名义上的萃取来直接达到创造性的艺术。在兰波之后,我们可以称之为"咒语",在这个意义上,兰波写道:"我已经发现了地点和咒语。"很明显,在这个意义上,"魔法咒语"有着开启所有秘密地点的力

---

① 评述一下18世纪(包含拿破仑的世纪),这个世纪看到了女性的性革新,老歌德在他的《浮士德二世》中得出[亨利·布拉兹(Henry Blaze)在1875年的译文]:

  暂时的和要消亡的一切
  都只是一个象征。
  这成为这里的瑕疵。
  无法理解的东西
  已经既成事实,
  无法言述。
  永恒的女性呀
  把我们吸引到天国。

量("芝麻,开门!")。

爱驱使布勒东寻找了一个咒语去毁灭女性,即连续地对绝对的不幸的造反在"再一次抛入深渊之中"中展现出来,这是她唯一的尊严,她唯一得不到一点安慰的东西,也就是说,让她屈从于那句咒语:"俄塞里斯是一个黑人神。"这句咒语提炼了所有的变形,所有的重生,所有的次等神化的观念,其前提是让女性站立在生命中最恐怖的黑暗之中。在这句咒语中,它在否定的形式下结合了过剩最初的贡献,造反创造出来的瞬间的力量以及宣言那严肃的语言。

这是因为这句咒语:其假定了它将行动和包含着程序的未来结合在一起。在政治上,所有人都知道这句咒语,在捕捉到情势之后,在被成千上万的游行人重复之后,它就成为一句口号。一旦咒语被发现,我们就无法再在物质身体和寓居于其中的创造精神之间做出区分,像兰波一样,再一次在《地狱的一季》(*Une saison en enfer*)的结尾写道:"我在一个灵魂和身体中认识了真理。"对于布勒东来说,咒语命名了象征的变革,命名了那个从苦难到肯定性的生命厚度的造反历程。这个世纪在政治上和艺术上的大部分所作所为都致力于去找到这个咒语,在这个最微不足道的点上靠近可以宣布它的新意的真实,这是一个可以在语言中爆发的词,仅此一个,它和身体完全一样。

在精练的高度上,这个世纪的艺术——但也包括其他的依赖于自身资源的真理程序——试图去将现在,也就是生命

2000 年 3 月 1 日

真实的厚度,和作为一个咒语所给予的现在的名字结合起来,这个咒语通常同时也是一种形式的发明。于是,世界的痛苦变成了欢乐。

通过咒语和瞬间总是不太可能的交叉,在痛苦的深处,生产一种未知的厚度:这正是这个世纪的欲望。这解释了为何尽管它自身存在多个方面的残酷,通过它的艺术家、科学家、战士和爱侣,它试图成为行动本身。

2000年3月28日

十二 无 限

1. 黎明的类推

在我们今天总体来说,对此如此陌生之时,如何来思考贯穿整个世纪的艺术和政治的亲密关系?这个关系并不是唯一的,甚至不是主要的,这让艺术从属于政治,从属于官方的警探,最终从属于国家的审查。日丹诺夫对腐朽的资产阶级艺术的抨击(的确,从当代艺术整体上),或者毛泽东在延安时期关于艺术和文学的座谈,都并不是真正的问题,或者说只是间接和次要的问题。最为重要的问题,主要是在西方,尤其是那些革新派和激进主义潮流,是艺术本身的政治价值和攻击力。前卫艺术甚至经常会说,在艺术的形式变革中有着比政治的"专门话语"(propretion dite)更具有政治力的东西。"泰凯尔"①在60年代仍然怀抱着这个信念。在今天,雅克·朗西埃②的某些作品对之提出了一个复杂的回应③。在

---

① "泰凯尔"(Tel Quel)是20世纪后半叶法国文化中的一个重要现象,由于它培养了一大批重要的思想家、理论家、批评家、文学家、艺术家乃至科学家而影响了法国和欧美文化的发展,在某种意义上,也可以说决定了人类思想在20世纪末以及21世纪的历史进程。"泰凯尔"是一个多义的名称。它是一种文学杂志,一个文学团体,一场文学/文化/理论运动,也是一种意识形态。作为一种杂志,《泰凯尔》是季刊,自1960年至1982年在巴黎定期刊发,总共有94期。菲利普-索勒尔(Philippe Sollers)、朱丽娅-克里斯蒂娃(Julia Kristeva)、马尔塞林-普雷奈(Marcelin Pleynet)、丹尼斯-罗什(Danis Roche)、让-路易-鲍德里(Jean-Louis Baudry)和马克-德瓦德(Marc Devade)均为其编委,其中普雷奈自1960年至终为其主编。作为一个团体,"泰凯尔"并没有严格的组织和制度,而只与众多的研讨会、研究班和大型的学术会议密切相关。如果把这些会议看作它的标志,那么,罗兰-巴特、古伊-斯卡佩塔(Guy Scarpetta)、让-约瑟夫-古克斯(Jean-Joseph Goux)和小说家皮埃尔-古约塔(Pierre Guyotat)、莫里斯-罗什(Maurice Roche)、塞沃罗-萨都伊(Severo Sarduy)均属其成员。此外,"泰凯尔"还与一些"大师"的名字息息相关,如福柯、德里达、露丝-伊瑞格蕾、勒内-杰拉尔德(Rene Girard)等。对这些理论大师来说,他们与"泰凯尔"的关系与其说是所属,毋宁说是松散的介入。作为一场运动或一种意识形态,"泰凯尔"在其22年的历史中,始终是与不同时刻的社会历史语境相关的一种现象。因此,如果把"泰凯尔"视作一场运动或一种意识形态而称之为"主义"的话,那么,就只能将其固定在1968年五月风暴为轴心的一场特殊的历史运动中,通常称为"理论的时代",或者据其与特定语境相关的策略性质,将其定义为在历史偶然性之下不间断的一个连续过程。——译者注

② 雅克·朗西埃(Jacques Rancière):法国哲学家,巴黎大学(圣丹尼)教授。1968年,他曾与其恩师阿尔都塞,以及同门巴迪欧、巴里巴尔等人一起合著了著名的《读〈资本论〉》。1968年巴黎五月风暴之后,他偏离了原先的研究路线,在1983年的《哲学家及其贫困》中,朗西埃正式同阿尔都塞设定的路线决裂,开始转向人权和平等的研究,现在他成为绝对平均主义(égalitarianisme)的代表人物,其主要著作包括《劳动的暗夜:19世纪法国工人的梦想》(1989)、《无知的学校教师》(1991)、《历史之名:论政治诗学》(1994)、《政治的边缘》(1995)、《异议:政治与哲学》(1998)、《美学政治学:感性的作用》(2004)、《图像的未来》(2007)、《民主的憎恨》(2007)。——译者注

③ 在思想的线索中(在朗西埃那里,有一个双重而细腻的人类学工人的线索,但这条线索在19世纪仍然保留着犬牙交错的状况),我们可以首先引述他主持的非常著名的研讨班,在这个班上的所有表述都收集在一个重要的题为《诗的政治》(La Political des Poètes, Albin Michel, 1992)的著作中。但也可以看一下他主要讨论散文问题的小书《无声的话语》(La Parole Muette, Hachette, 1998)。

世纪的创造性操作中，什么是使得这个判断成为可能的东西？

在所有的描述中，最主要的意见是将这些文本同以前的文本联系起来。当然，在这个世纪的重要的格律分析中，我们必须考察一下那些明显将自己看作政治诗学的团体的出现。这些团体认为，在学院派艺术创作和对政治性断裂的知识前提进行保留和实践的组织化之间有着一种同一性。在"政治诗学"中，对"诗学"一词需要在更广域的意义上来理解，即作为一种解放的主体美学基础上的设定。超现实主义、情境主义以及《泰凯尔》杂志末期，它们各自在 20、30 年代，50 年代，直到 60、70 年代阐释了艺术和政治在职业上的不可分性。

所有的政治都在联合起来的集体讨论和决议的行为中没落了，这使得政治诗学在其起初就无法仅仅依赖于分立的艺术家的创作，它必须是一种联合的结果，是一种集体决定。在艺术家的如同一个小型政治团体的世界中，不要说精神分析学院①，事情的这个方面都无法摆脱一种巨大的分裂主义的怒火，它们不断抨击着这样或那样的排他性的契约。

去研究作为这个世纪中甚至是最轻微的创作组织中一种基本实践的排他性体制（institutionnelle de l'exclusion），将会是一个非常有趣的研究，它们拥有着像共产党一样的国家

---

① 拉康晚年开办的一个专门讲授精神分析的学院。——译者注

2000 年 3 月 28 日

性(étatique)权力①，或者有着像情境主义那样的小型美学派别。似乎最终的一个庄严的信念是，我们在触及真实的过程中导致了主体的极度狂热，它们的宣言之一就是不停地提出异见和怀疑。长期的清洗并不是斯大林主义的专利，与之完全不同，诸如弗洛伊德、安德烈·布勒东、托洛茨基、居伊·德波、拉康这些不同的人物，都在其过程中无情地谴责、排斥或者消灭了大量的异端。

排他性当然涉及的是当评价一个行为真实性的试金石被颠覆之后，在确立正当行为标准上的难度。所有事情都推向了一种我们讨论过的否定性认同：一的本质在于二之中，我们只能在分裂的考验中才能确信我们的统一性。分裂与排他浓妆艳抹地登上了舞台。在斯大林主义时期，法国共产党的一个伟大的信条是——真的可以说，这是这个平庸的政党唯一**有意义**的东西——如果你不自己退党，你就会被开除出去。如果你触及了真实，你并不能随意地处置它。这是一个用来判断你是否有资格的真实。换句话说，我们已经在布莱希特那里读到的："千万不要同我们分开。"

准确地说，在政治诗学团体中对排斥和分裂的质问带来的是对"政治"一词的强调。当，在定义上，这个词命名了这

---

① 国家性(étatique)权力和国家(État)权力在巴迪欧那里有着明显的区别，前者是对某种情势下的状态的结构化认识和组织的权力，后者是具体国家的规范性权力。巴迪欧巧妙地利用了法语中 état 一词的双关性，另一个利用这种双关性的典型例子是情境状态(état de la situation)。——译者注

个世纪,是什么让我们将传统权力斗争的暴力变成艺术的命令?"政治"这个词有一个历史,我们必须指出,这个世纪重新发明了这个词的含义。当我们将艺术当作一种政治工作,"政治"的意思是什么?在20年代,这个词以一种模糊的方式,对每个激进的断裂,每个从连续性中的脱离的点进行放大。"政治"是在集体中不可认知的断裂的共有名称。在这个意义上,我们就能够想象为什么会有无数个"政治"团体,有艺术家也有精神分析家,有戏剧家也有公民,有诗人也有音乐家,等等;这也是为什么我们能够在1968年的五月风暴之后,尤其是在性态上,仍然坚持"一切都是政治的"。"政治"命名了开启的欲望,这是欲望使得真实的碎片能够通过人们的创造活动的后果,最终毫无恐惧、毫无规则地展现出来,例如艺术创造、科学创造,等等。如果"政治"一词不是在这种扩展的主观意义上来理解,艺术与政治的联系就是不可理解的。

然而,如果发生了转变,"政治"一词在前一个例子中就会总是指向一种包含国家和权力的专业政治学。作为政治的艺术和政治艺术共享着"造反"、"革命"和"前卫"的概念(列宁曾明确指出暴动是一门艺术)。所以,艺术的政治工作是开启真实,但这样做的危险在于其将这种工作转变为听从党和国家的机会主义的奴役。我们面对的是两个相互重叠的过程:一个过程内在于艺术,这个过程通过形式激活中的创造,触及了断裂,触及了作为存在的黎明的对真实的激情;

2000年3月28日

另一个过程是一个外在的过程,通过与效果和有组织的政治,尤其是革命政治,这个过程关心的是艺术和艺术家的地位,革命政治也谈论断裂和黎明,但是它是在一种无限的集体形式下去谈论,这种形式通常被描绘为超越了所有的特殊的断裂。于是,不可避免地要说说艺术革命的自治程度的问题,因此前卫艺术依靠与政治革命的关系,依靠与领导这场革命的政党的关系,或者至少这是对其可能性的保障。对于那些理性地承认艺术革命涵括在政治之中的人来说,一旦艺术宣布了它的绝对自由,那么在那一刻就必须绝对服从于党的领导。这个辩证法的难题正是诸多断裂性综合中的一个,通过这些断裂性综合,实现了这个世纪的对真实的激情。这并不是一个形式矛盾。超现实主义的路易·阿拉贡(Louis Aragon)①在遮遮掩掩中传播了他的淫梦《艾莲娜的阴部》(Le

---

① 路易·阿拉贡(1897—1982):生于巴黎,1982年12月24日卒于同地。父亲曾任巴黎警察局长和法国驻西班牙大使。母亲生他时父亲已有妻室,故而在名义上把阿拉贡作为小弟弟抚养。1916年在瓦尔-德-格拉斯学医。1917年应征入伍,获十字奖章。1919年因参加矿工罢工而复员,同年和勃勒东、苏波一起创办《文学》杂志,加入达达主义运动,并发表了诗歌《欢乐之火》,毕加索为之作了插图。后又和布勒东等建立了超现实主义小组。1927年1月加入法国共产党。1928年11月结识苏联诗人马雅可夫斯基及其女友艾尔莎·特里奥莱,不久娶后者为妻。此后阿拉贡走上了社会主义现实主义的道路,多次访问苏联,并撰有歌颂苏联的诗集《乌拉尔万岁》,以及小说《巴尔的钟声》,并任法共《今晚报》主编。第二次世界大战爆发后于1939年9月应征入伍,曾获军功勋章、被俘和脱逃,参加地下抵抗运动,发表了《断肠集》和《法兰西的晓角》等爱国主义诗歌,也写了不少以艾尔莎为主题的情诗,还根据烈士事迹写作了《共产党人》。战后发表长篇小说《共产党员们》,1959年获列宁和平奖金。1958年发表的历史小说《受难周》标志着他已脱离社会主义现实主义的道路。1963年为加洛蒂《论无边的现实主义》一书作序,高度评价"无边的现实主义"。他晚年的作品如小说《处死》《白朗茹与遗忘》、短篇小说集《欺骗真实》、诗集《永别》等重新具有超现实主义的倾向。——译者注

Con d'Irène），阿拉贡后来将这些线条作为女性的象征：

你的眼眸如此深邃，我感兴趣的是看看
我曾经看到所有的太阳在那里洋洋自得
你的眼眸如此深邃，深邃得我不想再去回忆

同样是这个路易·阿拉贡在谈论社会主义者莱昂·布鲁姆(Léon Blum)①时提出："社会民主的精明的熊身上的火焰！"他看到了在认同日丹诺夫方向上的一个文学悖论；还有他写过一首怪异的诗，主张回到法国共产党的主席莫理斯·多列士(Maurice Thorez)②那里，这首诗写在他在苏联

---

① 莱昂·布鲁姆(1872—1950)：法国政治家和作家，知名的文学和戏剧评论家。1937年当上人民阵线联合政府的首脑，成为法国第一位社会党籍(也是第一位犹太人)总理，执政100天左右，实行了变革，提高了工人待遇。1940年他被"维希政府"逮捕，被监禁到1945年才获释。战后成为法国主要的元老政治家之一。——译者注

② 莫里斯·多列士(1900—1964)：法国共产党主要领导人之一，国际共产主义运动活动家。1900年4月28日生于法国加莱海峡省一矿工家庭。青少年时便开始做工谋生。1919年3月加入法国社会党。同年12月社会党分裂后，加入法国共产党，从此开始成为一名职业革命家。1925年7月起为法共中央政治局委员，12月任法共中央组织书记。1928年任共产国际执行委员会委员。1930年7月起任法共总书记。1932—1939年当选为法国议会议员。30年代，参与组织反法西斯统一战线——人民阵线，提出"一切为了人民阵线，一切经过人民阵线"的口号。1939—1943年任共产国际执行委员会主席团委员。第二次世界大战爆发后应征入伍，后逃亡国外。1940年来到莫斯科，在国外领导法国人民的反法西斯抵抗运动。1944年11月法国基本解放后，从苏联返回法国，当选为咨询议会议员和立宪议会议员。回国后，主张共产党领导的游击队放下武器同戴高乐政府合作。1946年11月后，在资产阶级政府中任国务部长、副总理等职，直到1947年5月法共被排挤出政府。1956年支持苏共二十大关于和平共处和和平过渡的立场，但对全盘否定斯大林持保留态度。1964年当选为法国共产党主席。同年7月11日，在赴苏联途中病逝。——译者注

2000年3月28日

的医院里待了一段时间之后，这首诗的抒情充满了谄媚阿谀的味道。"操作工停止了他的机器，要回去，要回去……"在"两个"阿拉贡之间，不需要假定某种分裂症的形式，尽管后来他自己努力让别人相信他患上了分裂症。创造与顺从之间真实的矛盾变得模糊不清，相反另一种矛盾，或许它是第一种矛盾的变种，这个矛盾通过一个将"我"消解在"我们"之中的命令来涵括造反和创新的精神，"我们"偶尔会不能很好保证一种被看作组织化的集体性自由。同样有一种更司空见惯的混淆，即分不清造反的酸味和品尝在他者之下的权利的有点发腻的味道之间的区别。

  在思考了这些矛盾，考察了这些混淆之后，最后在没有独特性过程中的断裂的情况下，来把所有的思想黎明的许诺都称作"政治"。真实的报复采用了对其碎片极端统一的理解，这表明了前卫艺术、革命政治的实践能无法得益于那种所谓的熔合。在今天，我们知道，它们构建了两种不同的真理程序，两种完全异质地对形式的思想创造和真实的晦暗不明的对比。然而，我们知道这仅仅是由于我们重新思考了前卫艺术的命运，并且一直在为它们的壮丽而暴虐的雄心欢呼。

  同样，正是在政治诗学团体的那个时代，"熔合"的真正本质是作为一种极古老的问题的指引，指向艺术真正的真理，即艺术客观性问题，以及艺术生产的问题。

2. 浪漫的无限，当代的无限

当代艺术家都在某个时间内，被引导着去质问作品的真正观念。对于我们已经说过的那个因素而言：行动的至上性，是衡量当下真实的唯一的尺度。例如，我们很早就批判过有限的和不动的图画毫无生气，只有商业上的客观性。今天，它总是被临时性"装置"所取代。正如在政治上生产一个理想的共同体的观念已经被抛弃了，因而布朗肖和让-吕克·南希才会设想了一个"非劳作"(désœuvrée)共同体，以及阿甘本①谈论一个"到来"(vient)的共同体，在艺术上，我们提出行动和姿态被算作什么，它们不是产品。总之，它与拜物教批判的结合的结果是我自己推进的。在其最激进的形式上，向着一种非劳作的艺术方向前进，这意味着艺术本身作为一种分立的行为，必须消失，必须把自己实现为生命。这种超级-黑格尔主义(hyper-hégélianisme)立场指出，通过一个美学化的日常生活来征服艺术。在作为内在的生命的生

---

① 阿甘本(Giorgio Agamben)：1942 年生于罗马，现为意大利威尼斯国际大学(Università IUAV di Venezia)哲学教授，同时他任教于巴迪欧领导的国际哲学学院(Collège International de Philosophie)。他早年就读于罗马大学，以西蒙娜·薇依(simone weil)的政治思想完成了研究论文。1966 年，阿甘本参加了海德格尔的讨论组，专门研究赫拉克利特的黑格尔，此后，他主要将海德格尔和本雅明作为自己的研究方向。阿甘本的政治思想主要源于亚里士多德的《尼各马可伦理学》和《论灵魂》，后来又受到了晚期中世纪政治传统和汉娜·阿伦特、福柯，以及让·吕克-南希的《非劳作共同体》(La communauté désoeuvrée)的影响，由此他发展了"生命风格"和"生命形式"的概念，形成了极具特色的"生命政治学"。阿甘本的主要著作包括《来临中的共同体》(1993)、《被献祭的人：主权和赤裸生命》(1998)、《例外状态》(2005)等。——译者注

2000 年 3 月 28 日

成性艺术的前提下，它强烈地主体化，从不作为一个景观（spectacle）出现，这些都表达出情境主义的一个基本方向。居伊·德波的电影的目的，尤其是他在《我们一起游荡在夜的黑暗中，然后被烈火吞噬》（*In girum imus nocte et consumimur igni*）中所捕捉的东西，让动作既进行破坏又对动作本身进行宣示；他说明的是电影的结局是作为一种景观的生产，在电影结局中实现这一点是非电影（non-films）的（在现实中，这已经值得考虑，这不过是一种绚丽的乡愁。但这是另一码事）。

在我看来，认为作品和行动登上舞台是无用的，那痛苦而无法明证的讨论，这在艺术中到处都是，在这个世纪的艺术为自己设定的任务中，并不能得到这种结论。这个任务就是找到一个同浪漫主义彻底断裂的方法。

这个世纪的痛苦是什么呢？正是它着手去实现的浪漫主义观念，站立在实际的真实的绝壁上，用主观的方式（阴郁的热忱，狂热的虚无主义，战争的崇拜……）来保持继续并始终浪漫下去。

这有助于我们理解这个世纪的不确定性，以及它的残酷无情。所有人都说："必须停止幻想，停止赞美观念。行动！冲向真实！结束对意义的判断！"但在那种紧张的主体性中，正是这种关系，在有限的欲望和无限的情势之间，仍然沾染了浪漫主义的夸夸其谈。在这个反浪漫主义的世纪，我们认识到由于浪漫的元素继续存在，有一种明显的愤怒，即反对自己和所有人反对所有人的无情的斗争,这种斗争会一直持续下去,直到弄得虚弱和疲惫之后,才在今天建立起痛苦的和平。

但最后,什么是浪漫主义?它在所有的著作和宣言中很好地确立两个方面的事情。

a) 艺术是无限的观念在有限的作品中的堕落。艺术家在他的天赋的提升下,成为这种堕落的牺牲品。这是对基督道成肉身主题的转换:天赋赋予其形式,即它是精神上的主性(maître),人们能够认识到,在他有限的作品中的那无限的精神。因为最后正是作品承载着对无限道成肉身的明证,浪漫主义不能绕过它的神圣化的过程。

b) 艺术家通过证明他拥有介于现实与观念之间的权力,将其主体性提升到崇高的高度。正因为作品是神圣的,所以艺术家是崇高的。我这里所谓的"浪漫主义"是一种美学上的宗教,即让·勃雷耶(Jean Borreil)称之为艺术为王的时代的来临①。

在完成对艺术中的浪漫主义的思考之后,带来的是对作品的去圣化(déscraliser)[在这一点上,摈弃了对杜尚的"现成品"(ready made)艺术,或者那种临时性装置的喜好]并剥除艺术家身上的光环(在这一点上,可以看一下艺术家行为

---

① 让·勃雷耶过早地离开了人世,但他已经通过研究那些伟大的原型形象,在社会效应和文学创作的衔接点上建立起了他自己的原创性,这就是我们能称之为艺术话语的东西。他的文集标题正是《艺术为王》(*L'Ariste-roi*)。

2000 年 3 月 28 日

在日常生活中的消逝)。在这个意义上,毫无疑问,20世纪第一次将自己确立为无神论艺术,即一种唯物主义的现实艺术的对象,这就是将布莱希特(或者他是最直率地意识到问题所在的艺术家)作为这个世纪为数不多的几个关键性角色的原因。但是,为什么艺术家、哲学家、评论家总是停留在他们所反抗的成分之中?为什么他们仍然沿用着浪漫主义的浮夸?为什么布勒东和德波的韵文,没有涉及任何马尔罗的论艺术作品的著作,或者海德格尔将诗作为存在的寓所的内容,还有勒内·夏尔,这个天才诗人将自己当成赫拉克勒斯?为什么所有这些修辞形式最后都与雨果的方式相差无几,甚至玩弄了一个让艺术家对历史的沉思以崇高的**姿态**登上舞台的小花招。

这个问题的关键在于无限是有问题的,当其与真实扭结在一起,这个问题就远远不是在这个世纪之中去实现的问题,这需要有能力阐明它可以从容地离开浪漫主义。甚至在今天,康托尔孤独并颤抖地预言了无限的总体世俗化的概念,他讲座的基本内容在穿越艺术现代性话语的路途上仍有很长的一段路要走。

当在其思想中加入了存在的无限性时,如何接受其意义上的必然的有限性?浪漫主义提出,艺术正是无限的到来在作品的有限性的躯体上的道成肉身。但他们仅仅只能以像基督教的普遍化那样为代价来做到这一点。如果我们想打破这种潜在的虔信,就必须引入其他的有限和无限的结合点。很明显,这个世纪在集体上和程序上都无力做到这一点,它在掌握着无限,至少作为一种解放程序的浪漫主义主体性的持存和作为一种内在牺牲,即实际上消除了艺术作为一种思想形式在无限之间的摇摆不定。面对无限折磨的当代艺术需要在宣布返回到浪漫主义的浮夸的程序性力量和虚无主义的彻底去神圣化之间找到自己的位置。

不过,没有任何艺术家真正会将自己限定在集体性的绝境之中,即使当他们公开地共享着这些条件时也是样。艺术家的工作找到了一条介于浪漫主义和虚无主义之间的路径,而且这条路径每次都会再创造出来,尽管很少用很明朗的方式,这是真实无限的最起初的观念。一旦有限并不是在其有限的对象中,而是从其结果中的行为来思考,这种观念就会随着仿佛这种无限仅仅是一种有限本身而消逝。根本不存在分离的观念的无限。无限不可能在形式中捕捉得到,只是**通过形式来转化**。如果它是一个事件,它是**所发生的一切**,有限的形式就可以等同于无限的开启。

20世纪的艺术,并不是在其前卫的宣言中,而是在其有效的行动中,披上了长期在形式上的不稳定外衣,这在总体上不可能提出一个具体行动,甚至元结构的信条。为什么?因为形式只是对存在的转化,形式从内在性上克服了其有限性,这并不是对一种道成肉身的观念的潜在性(virtualité)的简单抽象,在这种观念的冲击下,只需要"变动"一下现成的装置就行了。确实,任何现成装置不可能再成为艺术的产品。有

2000年3月28日

的只是**形式化的多元性**(la multiplicité des formalisations)。

那些评论家，其中大部分都可以归入现在复辟的一派——很明显，它们同样也是对艺术的反动，他们甚为险恶，他老古董式地将所有类型的音乐都解释为"巴洛克"风格——经常讲"当代艺术"（一种怪异的表达，当我们谈论尤其是勋伯格、杜尚，或者马列维奇的作品时，这些似乎与之相隔了一个世纪）是"独断的"，甚至是"恐怖主义的"。他们把对真实的激情称为恐怖，我赞同，但当他们宣布用一种先验的形式来作为他们坚固的根基，那就是耸人听闻的胡说八道了。与之完全相反，这个世纪在其建构和修饰的命令中，有一层史无前例的潜在性的外衣遮蔽着，因为其要求并不是各种形式之间进行均衡的历史运动，而是这样或那样的体验的形式化的突然出现。

打上复辟烙印的艺术试图同时既带回来那道成肉身的废墟，即一种作品有限性的基督景象，又要支持一种形式的开启，在开启中，无限将**作为去道成肉身化**（comme désincarnation）而出现。很明显，更激进的视角是用事件的不确定性取代了艺术的客观性，对之做出这样的形式处理导致了艺术被连根拔起，亦即它的"发生"同其绵延一并共存着。也有的艺术求诸各种形式的即兴发挥，因为即兴发挥是一种没有限制的形式，它不允许引入甚至认同任何一种固定的参考系。毕竟，这就是为什么作为即兴发挥的令人惊异的试验场，爵士乐真正是这个世纪的艺术的原因。

安置、事件、发生、即兴发挥:所有这些都引导去研究一种一般化的戏剧,因为戏剧总是被认为是一种不确定的艺术,一种手工艺式的艺术,其中萦系着无数的公开的偶然性①。一旦部分但严格地确定了其形式,那种无限性从一种科学的偶然性中诞生出来:这是这个世纪的理想。这样无限性会从浪漫主义中艰难地萃取出来。这是一种**唯物主义的形式化观念**。无限**直接**破茧于有限。

在这一点上,哲学家应该注意到,出于对"艺术终结"问题的关心,这个世纪不断地与黑格尔进行争论。但这一次,毋宁是与之在无意识层面上的近似,而不能按照一个纠缠不休但斗争着的参照系来理解。

由于采取了这种近似的尺度,就必须在黑格尔的《逻辑学》中读一下"量"这一部分,下一级的小标题是"定量的无限"。我用的是 P.-J. 拉巴利耶(P.-J. Labarrière)和戈文多林·雅克兹(Gwendoline Jarczyk)的译本。黑格尔提出的综合定义(我这里用的是他的词汇)是一种[量的]无限,其来自自我超越行为不断地叠加自身。黑格尔还指出,一旦这种无限超过了一定量的范围,就会变成质,变成"有限本身的纯粹

---

① 这个世纪对所有东西的解释都要归功于戏剧,需要有时无限地、巧妙地将这种艺术同这个世纪不同的知识形式连接起来,对这种时尚的解释包含在弗朗西瓦·雷诺(François Regnault)的书和论文中。从《观众》(*Le Spectateur*)开始(1986年在贝达剧院、南特的阿曼迪耶剧院、夏洛特国家剧院上演)。随后,要了解雷诺所创造的戏剧史上一种新思想的原则,可以参看《未曾听说过的学说:法国戏剧十讲》(*La Doctrine inouïe: dix leçon sur le theater classique français*, Hatier, 1996)。

2000 年 3 月 28 日

质"。总而言之：如同当代艺术对自身真实概念所表达的那样，无限是一种**有限的质的决定性**。但其条件是什么呢？在这里，黑格尔的分析对我们十分有用。

黑格尔一开始就告诉我们，有限在其具体现实中通常是作为一个具体范畴出现的，它是一个生成或运动。让这种运动成为有限的正是其重复性特征。有限从自身中跃现出来只是为了保存自身。黑格尔把它叫作"溢出"（Das Hinausgehen）。有限是在自我之内对自身的溢出，换句话说，溢出自身是为了生产他者，并在同一成分中延续下去。与那种对自身的改变不同的是，这里只是一种迭代。

我发现了一种非常深刻的观念，即有限的本质不在于边界和限制，边界和限制只是一种模糊的空间直觉，而毋宁说在于重复。这正是弗洛伊德，还有拉康归因于人类欲望的有限性的"重复的冲动"，这种欲望的目标通常是回溯到同一位置。

黑格尔进一步提出溢出作为一种重复，作为在同一之中出自自身的原地踏步，是一种"恶的无限"（das Schlechte-Unendilche），例如它让在一个数字之后跟着另一个数字，依次下去，"达到无限"。这种恶的无限表达了溢出的重复性空洞。在这个意义上，这种无限不过是在其否定的规定性上（即重复）的有限本身。

正是在这个节骨眼上，黑格尔的分析发生了一个有趣的转向。直到今天，我们仍然思考着作为有限的具体存在的溢出，只是发生在**其结果中**：空洞的重复、迭代，亦即对同一的延续。不过,正如黑格尔所预言的,今天的艺术家不再在其结果中,即仅仅作为一种"恶的无限"溢出,而是在**其行动中**超越。因此,这里必须区分行动和结果,区分溢出的创造性本质和创造的失败,并将二者分立开来。或者我们在今天可以说,即区分姿态和工作。我们并不因为一个行为是空洞的,就完全不去**如其所是地**思考它。于是,黑格尔发现了在"恶的无限"中有某些东西是**真正无限的**,在表面上自我溢出的行为为我们提供了将之同重复区分开来的方式。远离重复,也远离结果,用黑格尔的话说,即"返回自身"。不同于客观结果的专制,溢出行为的"返回自身",让我们可以思考有限的"主观"基础,也就是说,真实的无限内在于有限的运动中。于是,我们通过恢复"在自身中"计算的顽固的溢出行为,来得出作为一种纯粹创造的无限,毋庸借助于一个依次下去的重复。正是这种内在性创造力,这种不可摧毁的能力跨越了那个曾经让无限作为有限的**质**的边界。

需要注意的是,20世纪的艺术同样在一种新的重复形式下进行自我质询(s'interroge)。在一个非常著名的文本中,本雅明(在对照片、电影和印刷技术讨论的基础上)指出,这个世纪引入了一种艺术系列,一种"可复制技术"的力量。艺术家重视的是系列对象(杜尚的自行车轮,或者在立体主义那里已经展现出来的各种拼贴形式),关键在于,重复行为的边界与登上舞台,超越了重复的原始价值。这些艺术家的姿态展现为黑格尔的"返回自身"。许多这个世纪的艺术家

2000年3月28日

计划试图在一次重复中,来理解一种重复行为自身的力量。黑格尔称之为定量的无限,即**有限力量的可见性**。

在观念上,20世纪的艺术不过是自己行为的可见性。正是在这个意义上,他们克服了浪漫主义的那种浮夸,即他们让无限在有限的作品中道成肉身。因为艺术作品本身无法显现无限,有的只是它自己的**积极的**有限性。如果艺术"作品"受制于这种规则,我们就无法很好地理解为什么这并不是一个真正的作品,为什么这甚至是一个不太神圣的对象。如果一个"艺术家"不能让其内在于重复的行为可见的话,很明显,他就不是一个在观念和感觉之间进行崇高沉思的艺术家。同样我们可以发现,在反浪漫主义的程序中,完成了对艺术作品的去神圣化,并祛除了艺术家身上崇高的光环。

现在出现的一个根本问题在于轨迹(la trace),即可见物的可见性问题。如果我们唯一的无限的资源只能从纯粹积极的质中找到,这种质的轨迹是什么,当它同重复相分离时又是什么让它变得可见?那里有行动的轨迹吗?我们如何将行动同其结果分离开来,而无须求助于一部作品的不可避免的神圣形式?

让我们通过一个类比来阐明这个问题:我们能够完全严格地评述舞蹈吗?在俄罗斯芭蕾和伊莎多拉·邓肯(Isadora Duncan)[①]的复兴中,舞蹈是关键的艺术,因为它是唯一的艺

---

① 伊莎多拉·邓肯(1880—1927):生于美国旧金山,是美国现代舞蹈的奠基人,也影响了世界舞蹈的进程。——译者注

术。它是消逝的艺术范式,舞蹈并不生产通常意义上的艺术作品。但它的轨迹是什么,又是什么限定了舞蹈自身独特的思想?那里曾经存在过重复的轨迹吗,从未有过行动吗?因此,艺术在其一次重复中是不可重复的(d'irrépétable)。艺术唯一的目的就是要赋予这种不可重复性以一种形式。我们已经解决了这个问题了吗?我不敢确定。因为一旦一种不可重复性认可了一种形式,难道不是因为它自己的结果就是本身的一次重复?这岂不是意味着艺术只能这样来对待不可重复性,即似乎它成为重复的形式要求?在这里,我们需要区分两种不同的"形式"。第一种是传统意义上(或者亚里士多德意义上)的形式,在这个层面上,涉及的是其物质形式,作品的有机表象,也是其整体性的展现。第二种正是这个世纪的意义上的形式,它将形式看成**艺术行为赋予一种新的思考方式的正当性**。因此,观念的形式是在其物质迹象中给予的,其独特性在于它只能通过对行为的真实的把握来激活。这一次,在柏拉图的意义上,形式是艺术行为的属性(eidos),它必须**从形式化**的角度上来理解。因为形式化建基于这个世纪伟大的统一性力量的目的,从数学(形式逻辑)到政治学(党作为所有集体性行动的先验形式),还通过艺术,如散文(乔伊斯以及形式的奥德赛),绘画(毕加索,面对所有可见之物的发生,创造了一种合适的形式化),或者音乐[阿

2000 年 3 月 28 日

尔班·贝尔格（Alban Berg）①的《沃采克》中复调式结构]。但在"形式化"中，"形式"一词并不与"物质"或"内容"相对立，相反，它是行为真实的耦合（se couple）。

这些极其困难的问题，困扰着这个世纪。我提出一个假设，即正是由于后浪漫主义（post-romantique）的那种定性但消逝的无限概念，这个世纪的艺术将自己刻画为舞蹈和电影之间的范式。电影提供了一种总体上的技术再生产，但对观众视而不见。电影将自己当作一种"迭代"，一种永恒的无拘无束的不纯性。舞蹈则相反：它是纯粹的瞬间，永远的偏移。在舞蹈和电影之间存在的问题是，一种非宗教的艺术能够存在吗？在这种艺术中，无限只能从行动的效果中获得，真实的效果只能展现为重复性的空洞。这毋宁说是形式化的艺术，而不是艺术作品，亦即一种远离了人类的商业活动的艺术。

3. 单义性

在艺术行为中的无限意义上，艺术的目的并不是用来满足平庸的日常生活中人类动物的。相反，它的目的在于去迫使思想宣布，在其关心的领域内，存在例外状态（l'état d'exception）。当我们考查行为，定性的无限正是总是溢出

---

① 阿尔班·贝尔格（1885—1935）：勋伯格高徒，与勋伯格、韦伯恩开创"新维也纳派"，表现主义音乐的代表人物。他在作曲技法上的探索为整个20世纪音乐带来了一场革命。——译者注

其每一个结果、每一个客观的重复，所有的"正常"的主体状态的东西。艺术不是平庸人类的表达，这种表达囿于人类固有的面向生存的奋斗之中，或者像斯宾诺莎所说的，"存在的持存"(persévére dans l'être)。艺术明证了人类之中的非人性。其目的无非是迫使人去超越自身，这就是为什么艺术家们的宣言和宣示是如此之庄严，如此之肃穆。在这个意义上，这个世纪的艺术都是一种政治，或者其科学的形式主义，都是清楚明了地反人本主义。

这正是我们在今天指责它的地方。我们希望的是一种人本主义的艺术，希望一种当人类彼此攻讦时进行哀叹的艺术，一种人权的艺术。当然，从马列维奇的《白色的白色》，贝克特的《等待戈多》，韦伯恩的沉默，到古约塔(Guyotat)的抒情的残酷，这个世纪的基本艺术真正关心着处于厄运中的人。非常简单，这是因为人如此平庸而无足轻重，没必要对他大惊小怪，这些都是对的。这个世纪的艺术是一种超人(surhumanité)的艺术。我赞同，第一次看的时候，它是一种忧伤的艺术。我不会谈论悲伤，萎靡，神经症，虚无：阴郁。一种在其中愉悦着自己的艺术正是忧伤。布勒东是对的，俄塞里斯是一个黑人神(dieu noir)。甚至当它像狄奥尼索斯那样癫狂，艺术也是忧伤的，因为艺术不能为我们带来任何东西让我们立刻感到轻松，人类动物总是忙于他们自己的生存。甚至在对太阳神的祭祀中，其中的旋律仍然是忧伤的。

2000年3月28日

奈瓦尔(Nerval)①的"黑太阳"是这个世纪的艺术早先出现的最好的图像，或许它完全就是这个世纪。那里没有平静的光照射在这个新生的世界上。只有一个凤凰炼成的太阳，我们无法忘却它在灰烬中涅槃重生。让我们再听一下布勒东怎么说吧：在其更高远的雄心壮志中，艺术是爱，是政治，是科学，它在"太阳的灰烬中重生"。是的，这个世纪就是：太阳的灰烬。

超人需要消除所有的独特性。不过，我们像动物一样，唯一的快乐是寻求独特性。于是，这个世纪保留在人们的记忆中并不会让人们感到满意。这个世纪的欲望，在作为一种最低限度的艺术的社会主义的建构中，在作为疯狂的爱的火光中的形式的公理体系中，这是一种没有残余、没有附着任何独特性的普遍性。如同建筑上的包豪斯一样：这是一种没有给予任何独特性的建筑，因为它被减少为半透明的，可以普遍地认知的功能，这种功能忘却了所有风格的独特性。我们清楚地看到，在真实的边界上，这里恰当的词是形式化，正是形式化立刻生产出与人的判断无关的严格的效果。

---

① 奈瓦尔(1808—1855)：法国诗人、散文家。父亲是拿破仑远征军中的医官，母亲早死。他在巴黎远郊瓦卢瓦长大，这地区风景秀丽，富于民间传说和幻梦色彩，给诗人很深的感受。中学时与戈蒂耶同窗，后来同为浪漫派诗人，然而两人发展的方向迥然不同。戈蒂耶雕词琢句，追求形式美；奈瓦尔的组诗12首十四行诗《幻景》则富于音乐美，用神秘的词语表达他对宇宙的幻觉，像行云流水。散文《西尔薇》(1854)、《奥蕾丽亚》(1855)等篇，写瓦卢瓦地区风物与童年的回忆，呈现一片梦幻气氛，像是现实又像是超现实，这是后来的象征派诗歌和超现实主义文学的渊源。——译者注

超人在消解了独特性之后便从所有解释中隐退了。如果作品必须并能够得到解释，那是因为其中留存着大量的独特性，因为它没有达到行为的纯透明性，也因为它没有彻底揭露它的真实。它还没有一种单义性(l'univocité)。人类是多义的，但超人是单义的。不过，所有的单义性都是形式化的结果，而行为正是形式化的可具体化的真实。

这个世纪将会成为一个单义性的世纪，我希望它比眼下的复辟能够更长久地存在，而复辟更多的是欺骗和多义，但它自称是人道主义和普及性的。德勒兹有力地肯定了存在的单义性，实际上我们通过一个沉积在没有残余物的普遍性中的作品，将试图去同存在进行非人的竞争①。在所有的领域中，它都会毫不动摇地探寻形式化的路径。

我提出存在之所为存在(l'être en tant qu'être)的思想只能是数学。在我看来，不必感到惊诧，20世纪的宏大计划的

---

① 我精心用"存在"这个词，是因为我毫不犹豫地将我自己放置到"西方"本体论传统中。我们需要注意到这一决策本身在弗朗西瓦·拉吕艾勒(françois laruelle)的假设中是价值互动的。拉吕艾勒在靠近真实的过程中遇到的最大的障碍正是将存在作为中心概念的哲学决定。这种靠近真实的方式，往往冠以"科学"的名义(相当的出乎意料)，拉吕艾勒称之为"一的视野"。这样的方式，悬搁了哲学决定，采用了非哲学的命名。对于这一情况，如同我们经常考虑的一样，可以读一下《哲学与非哲学》(Philsophie et non-philosophie, Liège-Bruxelles, Pierre Mardaga, 1989)。

2000年3月28日

母体正是这个世纪在希尔伯特（Hilbert）[①]和格罗滕迪克（Grothendieck）[②]之间的数学家的目的："打破二"（casser en deux），如同尼采所说，数学史为了建立一种广泛的形式化，需要在纯思想范围内建立起一个一般理论。要生产出这样的确定性，所即有的正确的公式问题都可以在其中得到解决。数学被简化为这样一个行为：一种形式主义的单义性力量，一种字母和符号赤裸裸的力量。布尔巴基的伟大的契约化正是法国为这个巨大的精神计划做出的贡献。必须引出一个统一的公理，让形式主义展现它自身的连贯性，一次性地完全生产出"数学事物"，不要将之扔弃在哀怨和偶然的历史中。必须为所有人提供一个匿名的和完整的数学普遍性。数学行为的形式化，是对数学真实的阐明，并不是一种紧贴在无法理解的物质之上的归纳性的（a posteriori）形式。

布尔巴基不朽的**契约化**（Traité）在数学上可以等同于马拉美的**书**的诗的计划。与**契约化**不同，尽管没有完成，但毕竟存在，正如马拉美希望的那样，"在许多分卷中"，与**书**完全不同。如同我们一开始就提出的，更多的证据在于 20 世纪实际上贯彻了多少 19 世纪所乐衷于宣布的东西。

[①] 希尔伯特（1862—1943）：德国数学家。他于 1900 年 8 月 8 日在巴黎第二届国际数学家大会上，提出了新世纪数学家应当努力解决的 23 个数学问题，被认为是 20 世纪数学的制高点，对这些问题的研究有力地推动了 20 世纪数学的发展，在世界上产生了深远的影响。希尔伯特领导的数学学派是 19 世纪末 20 世纪初数学界的一面旗帜，希尔伯特被称为"数学界的无冕之王"。——译者注

[②] 格罗滕迪克（1928—2014）：生于法国，1966 年获菲尔兹奖，他创立了一整套现代代数几何学抽象理论体系，对同调代数也有建树。——译者注

正如在这一点上马拉美所提出的"失败"正变得平庸化，今天，甚至当在数学中这种"具体的真诚"就是一种模式，尤其是当数学家过多地成为金融分析家，我们喜欢说，布尔巴基的计划失败了。如果我们将之贬低为其中的一个方面，即一种最过时的，最缺乏革新性的方面，这一结论才会是正确的：一种封闭逻辑的渴望（或者像逻辑学家说的那样，"完备性"）。当然，哥德尔揭示了对于只将基本的算术作为其渊源的数学形式主义（这真的是最低限度的数学……）来说，不可能证明它自身的连续性。但在布尔巴基的计划中，他们对真实的激情，只是次要地涉及了完备属性，他们宁可返回古典形而上学的系统的雄心上。重要的是，在数学上形式表达包含了一种建构的激进性，这种激进性将行动的本质作为其特质。在我看来，对于数学家和哲学家来说，这一点仍然需要思考。

一些人已经在下述意义上揭示了哥德尔技术上的结论：所有思想的形式主义姿态都有一个残余物，因此，作为其结果，这个世纪追求单义性的梦想必须抛弃。未被契约化或不能被契约化的残余物，必须被形式化，它们无法得到明确的解释。我们必须回到纷繁复杂和模糊不清的解释学古老路径中来思考这个问题。

很明显，这并不是哥德尔（他是在考察数学的本质上，继

2000年3月28日

康托尔之后最伟大的天才）自己的论证①。他看到的是无限性的教训，也就是我们怀疑所有的对真实扭曲的知识的那种无知的代价：参与一个真理的同时也是衡量其他我们并未参与真理的存在。这正好将形式化，还有思想和计划，与一个形式的实用用途区分开来。我们不要泄气，去发明其他的公理，其他的逻辑，其他的形式化方式。思想的本质通常都寓居于这些形式的力量之中。

毫无疑问，今天我们完全可以保留哥德尔的遗产，至少如果我们希望在我们之中保卫真理的非人性，以之来反对特殊主义的动物"人性"、需要、利益以及盲目的生存。

什么是我们的公理？我们必须遵循什么样的不可避免的从这些公理中推导出来的结果？忘却复辟的观点吧，我们需要回答这些问题。的确，也不会有人能让我们偏离方向。

这个世纪已经完结，我们必须补偿我们的赌注，即用真实的单义性来反抗表象的多义性的赌注。宣布再来一次，或许这次会赢（天知道？），属于这个世纪的思想中的战争，但它已经用柏拉图来反对亚里士多德：形式化反抗解释的战争。

这场战争，有另外一些并不晦涩难懂的名字：观念反抗

---

① 当然，通过读哥德尔的一篇主要论文来结束对这个世纪简短地触及并不是什么坏事，即他的《康托尔的连续统假说是什么？》。我再说一遍：这并不是因为"结构主义"的思考让这些作者变得无懈可击，这些在今天看来，没有阅读过康托尔、弗雷格、哥德尔等人的非常严谨规范的文本，也没有读过卡瓦雷（Cavaillès）、劳特曼（Lautman）、德桑蒂（Desanti）等人论文，这些都是极其伟大的以数学为前提的哲学文本。

现实。自由反抗本质。事件反抗事物状态。真理反抗观点。生命厚度反抗生存的无意义。平等反抗等同。造反反抗宽容。永恒反抗历史。科学反抗技术。艺术反抗文化。政治反抗管理。爱反抗家庭。

是的,像那个楚瓦什(Tchouvache)诗人①说的:"在未言述的呼吸的颠簸之中",所有这些战争都会赢。

---

① 这里的楚瓦什诗人指的是俄罗斯当代大诗人艾基。根纳季·艾基(Gennady Aygi),1934年8月21日生于俄联邦境内的楚瓦什共和国,本姓李辛(Lisin),后改为艾基,意为"那一个"。——译者注

2000年3月28日

后　记

十三　人和上帝的共同消失

　　这已经是 21 世纪的第四个年头，近些日子，问题只剩下人权和回到宗教。一些在魅惑性和破坏性的 20 世纪中带有最粗野的异议的思乡愁绪的人们提出我们现在的世界是在一种生死斗争中组织起来的，即西方主导的人权（或自由、民主、女性解放……）和宗教的"原教旨主义"，一般都是伊斯兰教的大胡子，它们那野蛮的党羽试图返回到中世纪的传统那里（囚禁女性、强制性信仰、肉体惩戒……）。

　　在法国，我也看到，的确某些知识分子也渴望推进这个游戏——在这片充满着冲突的大地上，从今往后，主导它的就是人（或者法律）和神（恐怖主义）的战争——一个可供替换的主人能指（signifiant maître）。然而，在背叛了 70 年代的左翼之后，正是他们对"革命"不再是所有真正的事件的名字而感到郁郁寡欢；政治斗争不再是我们理解世界历史的钥匙；党、大众、阶级的绝对性已经消耗殆尽。因此在这里，这些贫乏的知识分子没有了真理的源泉，他们对称地转到相反的反面，即在那些大胡子们的虚假的预言和或多或少带点石油气味的上帝那里寻找安慰。他们将纳粹对犹太人的灭绝转变成20世纪唯一神圣的事件；他们肯定排犹主义是欧洲历史上的一个命中注定的内容；他们将"犹太"一词转化为一种替代性的绝对设计的受害者；而"阿拉伯"一词，正好隐藏在"伊斯兰主义"的背后，变成了野蛮的设定。

从这些公理出发，得出的结果是对伊斯兰国家的殖民政策是民主文明的前哨，美国军队最终是这个令人惬意的世界的守护者。

在我的立场上，关于这种病理性的人道主义的民主同野蛮的宗教之间的终极斗争的"宏大叙事"惊人的简单：一神论的上帝已经死了很久了，无疑已经至少有两百年了，人道主义的人没有拯救20世纪[①]。既不是中东的政治状况无限复杂，也不是这些国家乐于吸纳我们国家的"民主"模式，至少有复兴的机会。

[①] 关于上帝，建议参看我的《临时性本体论简述》(*Court Traité d'ontologie transitoire*, Seuil, 1998)第一章"上帝死了"。这本书的德文版将这个标题当作全书的标题,Gott ist tot。至于人之死亡，我建议参看我的《伦理学：论恶的意识》(*Éthique: Essai sur la conscience du Mal*, Hachette, 1993)。在那本书中，我详细剖析了人之死。总而言之，借用无政府主义的一个词，其原则是："非人非神"。

后　记

文明的战争，民主与恐怖主义的冲突，人权和狂热的宗教权之间你死我活的较量，种族、历史、殖民或者受难等能指的提升，诸如"阿拉伯人"、"犹太人"、"西方"、"奴隶"，所有这些不过是意识形态阴郁的戏剧，在其背后，上演的却是独一无二的真正的剧作：痛苦、消散、混淆不清，以及慢慢地用另一种政治解放的理性路径，即让今天的人类大众遭受着混乱，来取代已经死亡的共产主义。

我们很清楚地知道，我们不能关心"法国"或者"欧洲"。在其他地方，我已经提出了一个纯粹而简单地消解这些民族国家范畴的方式①。

在此基础上，去重读一下我曾亲眼看见了的20世纪的篇章会非常有趣：在有限地返回到神圣层面上，我们可以看到传统的人的概念最后的挣扎。

让我们先退一步。

我们知道陀思妥耶夫斯基和其他许多人一起提出了一个尖锐的问题：如果上帝死了，人会怎样？真的能存在一种"没有上帝"的人吗？

为了确定这个问题的英雄，我们必须知道以往的"人"与"上帝"之间的关系，现代形而上学制造了这个概念。其开始于人作为主体的问题（这建立在后笛卡儿自我意识问题的基

---

① 在《情况2》(Circonstances 2)中，我提出德国和法国的融合，最终产生了一种新的力量，即它废除了其原先的组成部分，并将自己归属于一个缓慢而混乱的欧洲的建构。

础上），它后来如何在哲学上演变成人与上帝之间关系的呢？

让我们推动着历史的车轮前进吧。

对于笛卡儿来说，上帝是真理的保障。科学确定性都可以在上帝那里找到答案。所以我们正确地用拉康的话来说，笛卡儿的上帝是科学主体（sujet）的上帝：将人和上帝扭结在一起的只能是这样的真理，在确定性的名义下，它将自己设定为主体。

第二个篇章是康德。在这里，我们遇到了一个关键的置换：同上帝绑在一起的人不再是一个科学主体的操纵者，康德新命名的主体是"超验主体"。人与上帝的真正关系由实践理性来揭示。这个关系——如同卢梭希望的那样——是由道德意识来建构的。我们可以说，根据康德本人的解释，宗教仅仅处于实践理性的限度之内。人在理论上无法靠近感觉之外的东西。是善，而不是真，为人类敞开了通向上帝的大门。

这非常近似于今天美国的上帝，在其他方面非常不清楚，但唯一明确的是，它是"人权"和"民主"的人道主义。上帝全部的国家功能就是去祈福那些人道主义的士兵们去轰炸和攻占那些野蛮的土地。除此之外，还有一个私人性作用：祈祷这个大家庭有个好兆头。

至于黑格尔，他有一个新的置换。他将上帝称作精神的绝对生成，或者绝对观念，即"作为主体的绝对"，或者具体的普遍性。更准确地说，主体性精神的绝对生成，这也是我们自己的生成，作为上帝的彻底展开。我可以说，黑格尔提出一种内在性关联：上帝是设想的完善的人的过程。

这种末世论视野，尤其是不同于 21 世纪那混乱的开局。每一种绝对形象都遭到了怀疑——在有限性的名义下，这是"民主"的本体论本质——我们内在地将之绝对化，并让之变成一个前卫的人。

然而，也只有在这个意义上（"上帝"被简化为一个真理的古老的名字，在这个真理中，我们能够将我们联合起来），像 20 世纪的有价值的东西一样，我坚持作为一个黑格尔主义者。

最后，实证主义将黑格尔描绘的内在于人的上帝形象激进化了。实际上，对奥古斯特·孔德来说，上帝就是人本身，生与死都混合在一起，人被重新命名为"大写的存在"。实证主义提出人的宗教，这是大写的真（Vrai）的科学的内化过程。

我们看到了整个发展脉络，穿过了内在性的真、善、历史，对我们来说，有一点十分重要：在"人"和"上帝"之间循环的名字上的不确定性。我们拥有一种作为基督教反面的神圣化的人吗？或者，近似于道成肉身问题，存在一种人性化的神圣吗？这二者之间存在着一种可巅转性（réversibilité）。神圣的类比维持了一种与人不可分割的图景。可以说，古典形而上学的人道主义的本质是一种对人与神圣之间不确定关系的预言的建构。

尼采那令人沮丧的介入仅仅是废除了这种预言,他的决定在这一点上是不可决定的。上帝必须死去,而人必须超越。

仅仅从表面看,似乎尼采是反宗教的,尤其是反基督教。他关于上帝和牧师的预言仅仅是为了构建一幅人的力量(或无能)的图景。他的著名命题"上帝死了"明显是关于人的命题,在那一刻,在笛卡儿、康德、黑格尔、孔德之后,上帝不可确定地与人绑在了一起。"上帝死了"意味着人也死了。人,最后的人,死人,就是要被超越的人,这一切都是为了超人的出现。

什么是超人?一个没有上帝单纯的人。像这样的人只能在神圣关系之外来思考。超人决定着不可确定性,这样就砸碎了人本主义的预言。

问题在于,超人并不存在。他只是必将**到来**。由于超人不过是一个人,严格来说,是一个脱离于上帝的人,我们必须在这里说,尼采预言着整个20世纪,并将人导入了一个程序。"我是我自己的先知",查拉如斯特拉如是说。超人摆脱了人的历史的到来。

20世纪这样开始了——我们以不同的方式重复了这一点——在作为程序,而不再是作为给定的人的主题之下。

要注意到,在作为自然的生命存在的、有限性的、屈从于其所是的权利的人权中,一个确定的21世纪,试图将人返回到给定的人那里。我已经这样说过:在科学将人变为动物物

后　记

种的基础结构合法化时,它就已经如此了。这意味着这种"返回"已经失败了。我们的问题仍然存在,现在比以往更多:一个没有上帝的人的程序能够给予我们什么样的许诺?

然而,我们在我所说的那个世纪的光辉的60年代中,感觉到这个问题有两个相互冲突的命题。

这里能为大家提供的文本,对于第一个命题,是萨特的《方法问题》(Questions de Méthod),这个文本包含在1959年出版的《现代时间》(Les Temps modernes)中,后来成为《辩证理性批判》(Critique de la dialectique)的导论。还有,对于第二个命题,可以参看福柯的名著《词与物》(Les Mots et les choses,1966)中的段落,在其中提出了著名的人之死。

第一个宏大命题是没有上帝的人必须占据死去上帝空出来的位置。关键并不在于内在性的神圣化过程,而是在于占据一个空空如也的位置。

毫无疑问,很容易理解,占据这样一个位置是不可能的。在《存在与虚无》(L'Être et le néant)的末尾,萨特实质上指出,人的激情巅转为对基督的激情:人为了拯救上帝而自我消逝了。此外,他还说到,上帝的观念是矛盾的,因而人是在虚空中自我消逝的。在那里,他借助那个著名的公式在书中推断出:"人是一个无用的激情。"

后来,萨特认为这种浪漫主义的虚无主义仍然装饰性地残留着。如果人的计划是让他自己从绝对的位置上凸显出来,人的本质就是这个计划本身,因此,其"现实化"并非其展开的尺度。在这个计划基础上,有一种同质性的历史实践,有并不存在着的他者。因而一种可能的人本主义告诉我们,哪些可以做,哪些不能做,即便这种设定的人-神的完备的图像在本体论上是不连贯的。

占据上帝留下来的空位的问题是不可能的,但是必须的(或者真实的),我相信我们能将之叫作**激进的人本主义**(un humanisme radical)。人是他自己的绝对性,或者更准确地说,他是其所是的绝对的无限生成。我们几乎可以说,萨特转向了绝对(absolu),或者将形式转变成形而上学,尤其是在其共产主义版本中的革命政治的程序维度。人是必须去发明的人。这就是让人自己不仅仅是作为一个道德的人,而且要作为一个解放的人的命题的内容。人唯一的责任就是去让自己升华为一个独一无二的绝对。

当然,这个假设与一个整体的马克思主义的结构有着某种交融关系。它与马克思在《1844年经济学哲学手稿》中的原创性洞见重新联系起来。类性的(générique)人依靠其支撑(在"无产阶级"的名义下),随机地创造了他的本质,超越了在具体人类历史中的异化。这就是为什么萨特在提出实证主义认识中的真是对人的异化的同时,又提出这种认识的真正风险在于我们"存在"的运动——一种去异化程序的异化。我们可以同时说:"马克思主义的知识关心的是异化的人"(因为奴役是一种现实历史的情境,自由存在于这种情境之中,这样让一个自由的人变成一个纯粹程序),以及"提问者要知道如何提问——这是说他自身——在异化之外存在，他如何超越它，并在这种超越中异化自身。"

作为程序的人是这样：对超越人的异化的生存性理解，在解放的观念中，其阶段通常构成了**新的**异化形式。还有：通过对其前提的（主观）理解来将奴役性的（客观）知识辩证法化，这就是自由："实践自由只能被理解为奴役的永久的具体前提，也就是说，通过这种奴役，实践自由才得以可能，并成为其根基（fondement）。"

"根基"一词概括了激进的人本主义的形而上学：人是以自己的程序，通过同一个运动，根植于他自己程序性知识的可能性的存在。正如萨特所说："人类学的根基在于人本身，它不能作为实践知识的客体，而是要作为生产知识的实践有机体，如同在他自己的**实践**（Praxis）中一样。"

占据上帝死后的位置，成为我们存在的唯一**根基**。

第二个宏大命题，作为尼采思想中的主要内容，上帝的缺位实际上是人缺位的一个名字。欢悦的灾难影响了神圣的图景（诸神，尼采重复道，在大笑中死去）也是人类灾难的快乐的知识，太人性了：人的景象消解了，解构了。人本主义的终结。正如福柯所说："在我们的时代我们不能再在人死去后的空缺中进行思考。"像尼采一样，福柯不再反对那些"仍然希望去谈论人，谈论人的范围和解放"的人，这些人可以称作"一个哲学上的笑——也就是说，在某种程度上，即沉默"。

这个命题披上了笑和沉默的外衣,它是激进的反人本主义的历史生成中的真理。

我们于是可以说:这个哲学的20世纪在它自己的情景中,在50、60年代通过激进的人本主义和激进的反人本主义的碰撞,让其自己得到认识。

如同在矛盾的辩证思想中所希望的那样,那里存在相互冲突的方面的统一体。这是因为它们都要面对这样一个问题:没有上帝,人会变成啥样?它们都是程序性的。萨特希望在实践的即时性上建立一种新的人类学。福柯宣称人的图景的消逝是"一种空间的展开,在这种空间中,最终存在着思考的新的可能"。激进的人本主义和激进的反人本主义都赞同,没有上帝的人是一个敞开的、可能性的思想程序。这就是为什么两个方向都穿插了大量的情景,尤其是穿插了所有的革命时代。

在某种意义上,这个世纪的政治,或者更一般地说,革命政治创造了位于激进人本主义和激进的反人本主义之间主观的不确定性的情势。正如梅洛-庞蒂正确地看到——但只是从这些不确定性的非决定性的结论中得出的——他的一本书的标题正好能表达这种结合的状态:《人道主义与恐怖》。于是,21世纪开启了这样一个选言性的精神:人道主义**或**恐怖。即(人道主义)反恐怖主义的战争。

这种结合的维度,"与"字已经镌刻入罗伯斯庇尔和圣茹斯特(恐怖与德性)的思想中,这种结合让我们在40年后,可以没有问题地写下:"萨特与福柯",这个结合不会被禁止,而且是一种必需,这是为了我们可以珍视所发生的东西,去将激进方向的冲突形式化。这个冲突在这个世纪的 50 年代和 60、70 年代之间,在经验上也形成了这种转变。也就是在 80 年代退回到像条死鱼一样的表层之前,这种选择不仅剥夺了所有的激进成分,也剥夺了所有可普遍化的希望。

激进人本主义的哲学是什么?萨特大声而清晰地说道:它是人类学(anthropologie)。那是一个哲学的人类学生成。这种生成明显依赖于人对于人的创造。哲学最终是一种临时的人类学,它等待着人的绝对性构建起来的程序在历史中延续的效果。

在激进的反人本主义的框架中,我们反感"哲学"一词的游戏。为什么?因为福柯告诉我们,"人类学构成了一种统治并控制了自康德以降直到我们今天的哲学思想路径的基本设置",但对于尼采来说,讲"人类学"就是讲"神学",或者"宗教"。突然,长期被当作人类学形式的哲学开始遭到怀疑。所以,我们——和海德格尔一样——宁可用"思想"一词,不愿用"哲学"。在这个基础上,"思想"在激进的反人本主义的视野中(据海德格尔在 20 年代所预测),当我们抛弃了人类学(在这种人类学之中,哲学已经妥协了太长时间了)之后,哲学也就被取代了。不过,像福柯一样,关键在于保留程序的样态,即"在没有即时性思考中思考就是人在思考"。去"在人消逝后的空缺中"思考,因此,**开始**思考吧。

在 50 年代和 60 年代的衔接处，在上帝死了的口号下，哲学有两个明确的任务：

1）具体解放过程中的一般人类学（萨特）；

2）一种让非人开始出现的思想（福柯）。

萨特出现得太晚了。他提出的反动的激进人本主义，已经成为斯大林唯意志论的恐怖主义的基础，斯大林让我们重述并写下："人，最宝贵的资本。"还有，正是在黑格尔的意义上（对于"青年马克思"来说），萨特设想了自己的人本主义的人类学，这种人类学不仅是伴随着革命**实践**的广泛性的知识，也是思想的具体生成，就像历史同哲学知识的结合一样："人的再组合，在人类学中心，作为具体的存在，像其不断主张的那样，必须将自己展现为哲学'生成世界'的一个阶段。"

最后，一切事情似乎都这样发生着，即萨特提出，当国家和党被简化为一个如同解放的范式性图景的政治外壳时，就需要为苏联和共产党提供精神上的补充。

萨特描绘了在没有路的路上的一个悲怆的，令人生畏的旅伴。

如果，在 60 年代末，激进的反人本主义的程序流行起来（在我看来，保留这个出发点），这是因为它承载着空和开始这一对观念。但是，这对观念只有在 1968 年的暴动和 70 年代初期展现了它们的价值。于是，我们可以一起想象，一些东西靠近了，而一些东西发生了。这里的"一些东西"值得珍惜，因为它并不是人本主义的第 n 个版本，准确地说，这因为它是一种非人开始的景象。

我们看到，人本主义的问题被在历史中设定的一个篇章所终结。激进的人本主义坚持黑格尔的真的历史性问题。程序性的"人"一词设定的是人的历史性的工程。《辩证理性批判》的第二卷最终提出从古埃及到斯大林投身于历史之中的过程。"人"在本质上是一种标准的观念，即它是对解放的历史的纪念性过程的理解。

在反人本主义的象征之下，福柯提出了一个不连贯的序列的历史视野，历史的独特性，被他叫作**知识**（épistémè）。"人"必须仅仅被理解为现代哲学话语所使用的一个词汇。突然，历史作为意义的连续性，或者作为人的形成过程，是一个像支撑它的话语体系一样被荒废了的范畴（作为人类学的哲学），我们必须绝对和一心一意地注意的问题是要知道是否某物正在开始，而在其中推理的网络是否也正在成形。

历史是对开端的遗物或延续吗？在这个世纪，"人"支持这个选择吗？

没有上帝的人的程序因此在其安排中有两个不同的方案。要么人是他自己的绝对本质的历史创造者。要么人是一个非人的开局，他将思想安置在这种呈现的不连续性的出现和存留之中。

今天，这两个方案都被同时抛弃了。唯一留给我们的只有古典人本主义的复辟，但没有了上帝的效力——无论在场或缺席——来维持其实践。

没有上帝的古典人本主义,没有了计划,没有了绝对的生成,有的只是一种将人还原为动物性身体的表达。我坚持认为如果我们存在于同时消除了激进的人本主义和激进的反人本主义的世纪,那么我们必然忍受着让人还原为其物种的景象。

萨特已经说过,如果人不能在计划中设计共产主义、总体性平等,那么人就只不过同猪狗和蝼蚁一样沦为了一种动物物种。

那就是我们所在。在萨特和福柯之后,一种恶劣的达尔文主义。在一种"伦理"感觉下,因为我们担心,在这种物种的话语中,我们如何去生存?生态学和生物伦理学给我们提供了一条"正确得"像猪狗蝼蚁一样发展的道路。

不过,我们不要忘了,一个物种首先是**被驯服的**。

如果我们应该愤怒,我们应该说我相信,这种我们承受的让我们臣服于一种没有程序的人本主义的驯服已经在其身体蒙难的进程中,像景观和标准一样发挥了作用。

在今天,除了酷刑、屠杀、饥饿、种族灭绝等形式之外,人不再是一个沉着的问题,这究竟源于何处?这是由于人不过是动物性身体,对其最蔚为壮观的证明,唯一可以拿出来叫卖的(我们都在这个巨大的市场中),正如我们在轮盘游戏中知道的那样,难道就只是苦难?

要说的是,当代"民主"赋予这个世界的是一种动物式的人道主义。人只能以恻隐之心的价值来存在。人是一个**有**

同情心的动物。

21世纪开启的主流意识形态绝对地想去摧毁萨特和福柯的共同点。在名义上,如果人不是自己绝对性的无限程序,它就注定要消逝。萨特和福柯这样说道:要么做一个未来的人(萨特),要么他是他的过去(福柯)。他不能是不被贬低为它所拥有的动物的轮廓,抑或表达出其基本框架的现在。今天的反动分子,诸如那些写《为什么我们不是尼采主义者》的小册子的人①,反过来宣布:人仅仅是现在的人。

不过,我们将会认可,如果这成为事实,从我们的现在看来,人的价值不超过一根钉子。

在回溯到动物性人道主义的过程中,我们很清楚地知道,激进人本主义和激进反人本主义之间的共同特征。

这些共同特征有三个:

1. 萨特和福柯在人或者他自己的空位上概括出一个开放的图景。在两人那里,问题都在于整体计划。对于萨特来说,人类学拓宽了哲学在世界范围内的视野。对于福柯来说,按照人的缺位的原则,要去超越"顽固反对一种新生思想"的障碍。对于萨特和福柯来说,关键问题都是去开启一个前所未有的可能性,一种对于一的思考的可能性,一种为了他者的存在的人道化的可能性。"人",作为生成和缺位,

---

① 以此为题的文集出版于一段时间以前,让许多年轻(或者比较年轻)的小人企图在公众中扼杀20世纪60年代知识分子的伟大形象——他们的一些企图已经付诸行动,出了本名为《思考68年》(*La Pensée* 68, Gallimard, 1985)的小册子。

不过是这些开启的可能性的名字之一。

2. 萨特和福柯都展现了一种对实体论(substantialistes)范畴的强烈的敌意。萨特对将实践自由在实体上从异化中分离出来进行了口诛笔伐。他认为不可能"假定自由的规划能够在建立在处于我们的社会异化之下的所有现实之中找到"。由于人不可能脱离那种将他同自己的绝对性分开的东西,人是一个摆脱异化的轨迹或计划,但他从来就不是一个可以分割的身份。福柯从他的角度出发,无情地嘲笑那些"仍然问他们自己关于人的本质是什么的人"。

相反,动物性人道主义下的人,是一种实体论或者自然的范畴,我们通过在苦难的景观中的恻隐之心获得了这一范畴。即使像居伊·拉赫多(Guy Lardreau)[①]这样的天才,也感觉必须加上这同情的宰制性的形而上学。但是同情,当其并不是作为"人本主义"的干涉的宣传的主体性姿态时,它仅仅是一种对人的自然本性论的肯定,即一种当代人本主义将人简单地等同起来的深刻动物性(l'animalité)。

我们的时代,至少从"西方"的小资产阶级的角度看来,是一个生态的时代,一个环境的时代,是禁止捕猎的时代,无论其捕杀的是狐狸、白鲸还是人。必须在我们的"全球村"中

---

① 在《真诚》(*La Véracité*, Verdier, 1993)一书中,拉赫多绝望地试图找到一种建立在通过他者的苦难引发的感觉的感性(或者唯物主义)的道德体系。在这里,它仍然是一种"新哲学",换句话说,一种常有人本主义关怀的观念论,不过,我们可以说,那并不是**真实的**。

生活，让自然干自己的事情去吧，这肯定了无处不在的自然的权利。事物都有其自然本性（nature），且必须受到尊重。重要的是，去发现并巩固自然的平衡。比如说，市场经济就是自然的，我们必须发现其在不幸的必不可少的富人和不幸的无数的穷人之间的平衡，就如同我们必须尊重刺猬和蜗牛之间的平衡一样。

我们生活在亚里士多德的安排之内：有一种自然本质，在正确的角度上，如果有必要，应试图尽可能地纠正对自然本质的过剩。我们害怕的是，如果既不是自然的，也不能单独通过权利来弥补，那么就将其干掉。总而言之，干掉所有**畸形**的东西。实际上，在畸形怪兽的阴影下，亚里士多德遇到了一个麻烦的哲学问题。

福柯和萨特培育了对于这种新亚里士多德的自然主义的真正的仇恨。实际上，他们俩都是从这只畸形的怪兽，从例外，从不被普遍性的自然本质所接受的东西出发的。在那里，他们从这个唯一的基础上思考这类性人类，如同那些对所有正确的东西的超越。

3. 萨特和福柯提出了一个中心概念，他们将人和思想都定义成一个开启，一个计划，一个敞开。萨特的存在（或实践）这个类型的操作者。对于福柯来说，它是思考，是思想。对于前者，存在的关键是在异化本身中理解，它不能简化为知识。对于后者，思想并不单纯是消散的**知识**形式的实施。我们赞同（像柏拉图主义一样）称之为观念的操作者。所以我们可以说,动物性人道主义的基本要求是:"没有观念的生活。"

通过萨特和福柯伟大的声音,这个世纪问道:到来中的人,必须到来的人,在存在或思想的名义下,是否它是一幅超人或非人的形象?人的形象要辩证化,要被超越吗?我们还能在他处(ailleurs)安身吗?"他处"就是德勒兹所说的"星空"(interstellaire)。

动物性人道主义在这个世纪末,试图废除关于自己的讨论。它大声提出——其顽固性我们已经好几次遇到了——超人的政治意志(或一种新人的类型,或者一种激进的解放)毫无益处,只会导致非人性。

但因为其必须从非人**开始**:从那些真理开始,即我们参与其中可能发生的真理。只有从那里开始,我们才能培育出超人。

非人的真理,福柯正确地指出(正如阿尔都塞正确地指出)它们的"反人本主义",或者拉康以及他真正的彻底消除人性的观念迫使我们去"在不人类学化的前提下形式化"。

故而我们回想起我们的哲学任务,在新世纪的边缘上,**以形式化的非人本主义**来反抗这种围剿我们的动物性人道主义。

参考文献

Aïgui Guennadi Nikolaevitch, *Hors commerce Aïgui*, texts réunis et traduits du russe par André Markowicz, Le Nouveau Commerce, 1993.

Agragon Louis, *Le Con d'Irène*, Mercure de France, 2000.

Bonnefoy Yves, *Ce qui fut sans lumière*, Mercure de France, 1987.

Bossuet Jacques Bénigne, *Sermon sur la mort et autres sermons*, édition de Jacques Truchet, GF, Flammarion, 1996.

Brecht Bertolt, *Écrits sur la politique et la société (1919 - 1950)*, traduit de l'allemand par Paul Dehem et Philippe Ivernel, L'Arche, 1971.

——*La Décision*, in Théâtre complet, vol. 2, L'Arche, 1988.

Breton André, *L'Amour fou*, Gallimard, 1998.

——*Arcane 17*, Pauvert, 1971, Fayard, 1989.

Celan Paul, *La Rose de Personne*, traduit de l'allemand par Martine Broda, José Corti, 2002.

Eluard Paul, «Joseph Stalin», in *Hommages*, recueilli dans *CEuvres complètes*, 1913 - 1953, Gallimard, coll. «La Pléiade», 1968.

Foucault Michel, *Les Mots et les choses*, Gallimard, 1990.

Freud Sigmund, *Cinq psychanalyses*, traduit de l'allemand par Marie Bonaparte et Rudolph M. Lœwenstein, PUF, 1999.

—*Le Petit Hans*, in CEuvres complètes, t. IX : 1908—1909, PUF, 1998.

—*Le Président Schreber*, traduit de l'allemand par Pierre Cotet et René Lainé, PUF, 2001.

—*L'Homme aux loups*, PUF, 1990.

Genet Jean, Les Nègres, in *Théâtre complet*, édition présentée, établie et annotée par Michel Corvin et Albert Dichy, Gallimard, coll. «La Pléiade», 2002.

Goethe Johann Wolfgang von, *Faust* II, traduit de l'allemand par Jean Malapartemédition de Bernard Lortholary, Flammarion, 1990.

Hegel Georg Wilhelm Friedrich, *Phénoménologie de l'esprit*, traduit de l'allemand par Gwendoline Jarczyk et P.-J. Labarrière, Gallimard, 2002.

Heidegger Martin, *Essais et conférences*, Gallimard, 1980.

Mandelstam Ossip, «Distiques sur Staline», in *Trstia et autres poèmes*, traduit du russe par François Kérel, Gallimard, 1982.

Mao Zedong, *Problèmes stratégiques de la guerre révolutionnaire en Chine*, Édition en langue étrangère, Pékin, 1970.

—*Problèmes delaguerreetdela stratégie*, Édition en langue étrangère, Pékin, 1970.

Pessōa Fernando, *Ode Maritime*, in *CEuvres poétiques d'Alvaro de Campos*, traduit du portugais par Patrich Quillier, avec la participation de Maria Antónia Câmara Manuel, Christian Bourgois, 2001.

Saint-John Perse, «Loi sur la vente des juments», in *Anbase*, Gallimard, 1966.

Sartre Jean-Paul, *Questions de méthode*, édition d'Arlette Elkaïm-Sartre, Gallimard, 1986.

Valéry Paul, *Le Cimetière marin*, Gallimard, 1922.

译后记

当我合上《世纪》的最后一稿的校样时,时间已近2010年的阳历新年。眨眼间,这个对我影响十分重大的2009年已经如同白驹过隙一样悄悄地从我身边流过。于我而言,这一年有着太多的不平凡,不仅仅是因为我第一次尝试翻译一部在世界上颇有影响力的法文著作,更重要的是,在这一年里,我遇到了许许多多良师益友,他们让我不仅在学术发展,而且在为人处事上,都受益匪浅。

正如阿尔都塞晚年提出的"偶然相遇的唯物主义"一样,我可以翻译巴迪欧的著作完全可以归结于两个重大的"偶然相遇"。这两个偶然相遇都充满了神奇,可以说,它们对我学术思考和发展产生了不可磨灭的影响。我的第一个偶然相遇是与巴迪欧的"偶然相遇"。记得原来我还对伦理学和政治哲学感兴趣的时候,有一次我在国图看书,突然发现了一本名为《伦理学》的书,这本书还有一个副标题,即"论对恶的理解"。我一下子就被这个充满着反叛精神的标题迷住了。

当然，在那个时候，我才第一次注意到，这本书的作者就是阿兰·巴迪欧。不过由于对作者的不太了解，加上我对这本书的内容十分感兴趣，于是开始寻找这个作者的其他著作，或许这才是我开始研究巴迪欧的最初的动机。后来我陆续接触了巴迪欧的其他一些关键性著作，如《存在与事件》《元政治学概述》《哲学宣言》《世纪》，等等。不过，这并不是我唯一的撞见巴迪欧的途径。记得我在北师大做博士后时，选择了做德勒兹的电影哲学，在搜集资料的时候，发现了一本书，名为《德勒兹：存在的喧嚣》，这本书记载了作者在思想上同德勒兹的恩怨纠葛，我赫然发现，这本书的作者居然也是巴迪欧。巴迪欧在我的学术思想的路径上撞出了两道深深的凹槽，使得我不得不将视野转向这个我"偶然"撞上的思想家。我开始大量地阅读他的著作，也闲散地发表了一些关于巴迪欧的短论，这些东西由于是一些零星的思考，所以只被我贴在我的博客上，而这一贴却无意中引出了我的第二个重大的"偶然相遇"。

  世上或许有诸多的机缘巧合，但我从未想到这一次巧合和幸运会降临在我的头上。有一次，我在浏览自己的博客时，突然收到了一封站内信息，告诉我他是南京大学的张一兵老师。当时，我的确感到十分意外。毕竟张一兵老师一直以来都是我十分仰慕的一位大师，他的每一部著作，我都曾细细读过。记得我还在读硕士的时候，正是张一兵老师的一本《回到马克思》，如同醍醐灌顶，让我彻底转变了对马克思的学术思考的方式。此后基本上张一兵老师的每一篇论文，每一本新书，我都会尽心去学习，去理解。也正是张一兵老师，让我真正走上了学术思考的道路。不过，这一切都是在文字的阅读中完成的。这一次，让我震撼的是，张老师居然不拘一格，以大师的身份主动和我这样一个无名后辈联系，这足以体现张老师对晚生后学们的关怀和照顾。也正是这一次，不仅在思想上，而且在人格上，我彻底被张老师所折服。张一兵老师正是看到了我的关于巴迪欧的博客，提出让我试着翻译一些巴迪欧的著作，我当时毫不犹豫地就答应下来。一方面是因为我的确有意想将这位在国外已经是如雷贯耳，但在今天之中国，仍然闻声寥寥的思想家引介到中国来；另一方面正是被张一兵老师的魅力所感召，我觉得我应该做点什么来感谢张老师对我的知遇和提携。

此后，在张老师和南京大学出版社的帮助下，我选定了巴迪欧的《世纪》来小试牛刀。这部著作相对于巴迪欧的其他著作而言，言辞上不算晦涩，也更多的是政治和文学艺术的评论，容易切入，同时可为我以后来翻译其他著作奠定良好的基础。在此，感谢南京大学出版社，联系了巴迪欧著作的版权，也对他们为第一部巴迪欧著作中文版的出版付出的努力表示感谢。

最后，在我翻译本书期间，我的儿子出生了，妻子承担了大部分照顾的工作，使得我有比较充裕的时间来完成翻译。儿子的可爱和顽趣，为我的生活增添了不少欢乐，也替我减轻了在翻译过程中的压力,在此,也将我的感谢献给他们,没有他们,我完成本书的翻译也是不可想象的。

蓝 江

2009 年 12 月 30 日

图书在版编目(CIP)数据

世纪 / (法)阿兰·巴迪欧著；蓝江译. 一 南京：
南京大学出版社，2017.6(2021.5 重印)
(当代激进思想家译丛 / 张一兵主编)
ISBN 978 - 7 - 305 - 17971 - 6

Ⅰ.①世… Ⅱ.①阿… ②蓝… Ⅲ.①现代哲学－法国 Ⅳ.①G565.59

中国版本图书馆 CIP 数据核字(2016)第 298296 号

Alain BADIOU
Le Siècle
Copyright ⓒ Editions du Seuil，2005
Simplified Chinese Edition Copyright ⓒ 2016 by NJUP
All rights reserved
江苏省版权局著作权合同登记　图字：10-2017-100 号

出版发行　南京大学出版社
社　　址　南京市汉口路 22 号　　邮　编　210093
出 版 人　金鑫荣

丛 书 名　当代激进思想家译丛
书 　名　世　纪
著　　者　[法]阿兰·巴迪欧
译　　者　蓝　江
责任编辑　冯晓哲

照　　排　南京南琳图文制作有限公司
印　　刷　南京爱德印刷有限公司
开　　本　635×965　1/16　印张 19.5　字数 187 千
版　　次　2017 年 6 月第 1 版　2021 年 5 月第 2 次印刷
ISBN 978 - 7 - 305 - 17971 - 6
定　　价　58.00 元

网址：http://www.njupco.com
官方微博：http://weibo.com/njupco
官方微信号：njupress
销售咨询热线：(025) 83594756

* 版权所有，侵权必究
* 凡购买南大版图书，如有印装质量问题，请与所购
　图书销售部门联系调换